Family welfare theory

가족복지론

박귀영 오현숙 이우언
전미숙 정명희 최병태 공저

양성원

머리말

닭 울음소리에 일어나 굴뚝에서 연기나면 동녘에서 해님이 찾아와 조용한 정적을 깨우던 시절, 마을 앞 냇가에서 멱감고 뒷산에서 다래와 머루를 따먹고, 들에서 메뚜기 잡으며, 하루 종일 일터와 학교에서 더불어 생활한다. 저녁이면 옹기종기 모여 앉아 저녁 먹으며 자랑거리 늘어놓고 때로는 아버지의 엄한 꾸중도 들어가며 할아버지와 할머니를 가정의 어른으로 모시고 살았었다.

산업사회에 밀려 이리저리로 일자리가 멀어지고 떨어지기 시작하더니 가족이 흩어져 이제는 큰 명절을 제외하면 만나기조차 어려운 형제들이, 낯선 사람들처럼 느껴질 때도 있다.

IT물결과 함께 유비쿼터스 시대를 접하는 등 사물인터넷의 도입과 인공지능과 로봇기반의 제4차 산업혁명시대를 맞이하는 우리가 가족에 대한 고민을 할 시기에 와 있다.

그럼에도 불구하고 우리의 현실은 편리함을 더할 나위 없이 누리고 있지만 우리들의 마음은 닫히고 고독하여 자살이 늘어가고 삶에 만족하지 못하고 불안하며 부족하기만 하다. 웃어른도 모르고 형제자매도 잊은 채 먹고 살기에 바쁜 시대에 살고 있다.

행복하고 만족할 줄 알았던 우리의 기대와는 달리 조상을 잊고 자연을 잃고 사랑을 놓치며 꿈을 상실한 어리석은 모습으로 목표의식도 없이 앞으로 경주하듯 달려가고 있다.

65세 노인인구가 전체 인구의 13.2%(2015. 12월 말 현재)를 넘어선 고령화 사회에서 이제 고령사회로의 진입을 바라보고 있다. 또한 합계출산율이 1.16(2015년 9월 말)명을 나타내면서 출산율이 낮아지고 있어 저출산 고령화 사회의 다양한 형태의 가족문제를 가져오고 있다.

어느 날 갑자기 직장을 잃고 집에서는 출근하지만 정작 출근할 곳이 없는 아버지가 있는가 하면, 부부들은 이혼을 하고 자녀들은 부모를 잃은 고아가 되어 시골 할아버지, 할머니 댁으로 가야만 하는 기가막힌 사연들도 접한다. 미혼자들이 늘어나고 1인 가족이 늘어나는 등 가족의 다양한 모습들이 나타나고 있다.

이와 같은 모습들 속에서 가장 먼저 회복해야 할 것이 무엇일지 생각해보면 그것이 대부분은 가정의 문제에 기인한다고 할 수 있다. 가족도 상호관계가 변화되어 가족해체로 인한 사회문제의 원인이 되고 소년소녀가장에서 한부모가정 등이 될 수 있으며 사회문화의 급격한 변화는 가족원들의 삶에 커다란 영향을 주고 있다. 글로벌 시대라는 신조어처럼 다양한 나라의 사람들이 가족의 일부가 되어 더불어 살아가는 다문화가족 시대에 살고 있다.

가족 상호관계를 회복하고 가족해체를 막으며 사회의 기초가 되는 가정의 올바른 터전 위에 다문화를 받아들이는 가족들의 미래를 준비하기 위한 필독서로 가족복지의 기본교재로 집필하였다.

급변하는 환경 속에서 가족에 대한 가치관의 변화와 함께 가족의 변화로 인한 다양성의 확대에 따른 사회복지사로서 관점을 정립하고, 다양한 수준에서 가족복지에 접근하는 방법을 학습하고, 가족문제를 해결하는 과정에서 돕는 능력을 함양한다.

또한 한국과 외국의 가족정책을 이해하고 외국의 가족정책을 탐구함으로써 한국가족정책의 현주소와 문제점 및 개선방안을 알아본다. 가족복지서비스와 가족중심의 실천방법들을 소개하여 일반주의 사회복지사로서의 실천능력을 키우는 것을 목적으로 한다.

이러한 목적을 달성하기 위하여 다음과 같은 목표를 선정하였다.

첫째, 사회변화에 따른 가족의 변화와 가족에 대한 다양한 관점들을 이해한다.

둘째, 한국사회 가족들이 경험하는 문제를 이해하고 사회복지 대책과 개입방안을 모색한다.

셋째, 우리나라의 가족복지정책을 이해하고 가족복지전달체계 및 관련 법률을 학습한다.

넷째, 가족복지실천의 방법론을 이해하고 가족복지 대상자별로 특화된 서비스를 효과적으로 제공할 수 있는 방법을 익힌다.

그렇다면 가족복지론을 왜 배우는가? 사회복지가 개인의 삶의 질을 유지, 향상하는 데 있어서 가장 중요한 제도라고 한다면, 사회복지실천은 복지제도와 정책을 구현하고 실현해 가는 일련의 과정이 될 것이며, 가족복지론은 사회화의 기본이 되는 실천지식과 기술을 적용해 정책과 제도를 실현해 나가는 사회복지사에게 꼭 필요한 전문가 활동 영역이 된다.

가족복지론에 요망되는 목표를 달성하기 위해 어떻게 공부할 것인가? 먼저 강의, 발표, 사례, 시청각 교육(영화, 현장사례 등)을 통해 이론을 습득하고, 다음 영역은 제1과제로 가족복지실천의 이슈(빈곤, 이혼 및 재혼, 폭력 및 학대, 다문화가족 등)에 대하여 발표 및 토의를 통해 가족복지 대처방안을 제시하며, 사회복지의 현장을 익히기 위하여 제2과제로 종합사회복지관, 노인복지관, 장애인복지관, 건강가정지원센터 한부모가족지원시설 등을 방문하여 가족복지실천의 현황을 알아보고 쟁점 혹은 이슈를 발굴하도록 한다.

따라서 본 교재는 가족의 중요성을 인식하고 가족의 구조와 기능을 분석하였다.

다양한 가족문제들을 통하여 발생되는 모든 문제를 복지적 차원에서 논의해 예방적 대안을 제시하고자 한다.

미래 가족정책이 어디로 가야 하는지에 대한 대안을 제시하는 능력을 향상시키기 위하여 본 교재는 크게 3부로 구성되어 있다.

제1부는 가족복지 개관으로 가족과 가족복지의 이해와 가족체계와 가족생활주기를 다루었다.

제2부는 가족복지정책으로 복지국가와 가족복지정책, 가족복지정책과 관련법, 가

족복지정책의 실제를 논의하였다.

제3부는 가족복지실천으로 가족복지실천 과정, 가족복지상담, 그리고 가족치료를 다루었다.

제4부는 가족복지실천의 대상과 영역으로 빈곤가족, 한부모가족, 가정폭력가정, 다문화가족을 논의하였다.

제5부는 가족복지의 미래로 가족복지의 전망과 과제를 논의하였다.

본 교재는 사회복지사와 건강가정사, 요양보호사를 공부하는 학생과 가족복지를 연구하고 현장에서 가족 분야에서 근무하는 모든 전문직들에게 가족복지를 이해하고 가족복지의 문제와 예방법을 찾는데 필요한 기초 지식을 제공하고자 한다.

부족하지만 독자의 아량으로 보아 주시고 미흡한 분야에 대한 충고와 사랑을 아낌없이 베풀어 주시기를 부탁드린다.

책을 쓰며 앞만 보고 달려온 후 완성된 원고를 보니 만감이 교차한다. 가장 먼저 하나님께 모든 영광을 돌려드리고 언제나 밝은 웃음으로 힘이 되어 주는 아내와 세 딸들에게 감사의 마음을 전한다.

본 교재를 만들 수 있도록 어려운 여건 속에서도 출판을 허락해 주신 양성원 출판사 대표님과 직원들에게 진심으로 감사를 드리며, 이렇게 가족복지를 쓸 수 있는 용기를 준 가족과 친구 동기들에게 감사하며, 가족복지론을 공부하는 모든 동역자들에게 늘 하나님의 은총이 함께 하시기를 기도할 것이다.

2017년 8월

대표저자 **박 귀 영**

Contents

Part 01 가족복지 개관

Part 02 가족복지정책

Contents

Part 04

가족복지실천 대상과 영역

Contents

제 1 부

가족복지 개관

제1장 가족과 가족복지의 이해

제2장 가족체계와 가족생활주기

제 1 장

가족과 가족복지의 이해

이 장의 내용

가족이란 무엇인가? 우리가 일상생활을 함께 보내는 사람들이 가족이지만, 가족이란 무엇인지 명쾌하게 개념을 정의하기가 쉽지는 않다. 인간은 사회적 관계 속에서 살아가는 존재이다. 이를 구성하는 일차적인 집단이 가족이기에 사회의 변화에 적응해 나아가면서 삶을 윤택케 하기 위해서는 가족에 대한 이해가 필수적이다. 가족은 사회의 여러 제도 중에서 가장 오래도록 지속되어 온 기본적인 사회제도이다. 사회의 변천에 따라 가족은 사회 환경과 상호작용하면서 다양하고 역동적으로 변화되어 오고 있다. 특히 오늘날처럼 다양한 모습의 가족들이 공존하고 있는 경우에는 가족에 대한 한 가지 정의만을 강조할 수 없다.

가족복지란 무엇인가? 조화로운 가족관계를 활성화시키고 가족생활이 지닌 적극적 가치를 강화함으로써 가족구성원 개개인의 건강한 인격 발달과 사회구성원으로서의 기능을 수행할 수 있도록 제도적으로 원조하는 모든 사회적 서비스를 포함하는 활동이라고 말할 수 있다. 문제를 갖고 있는 개인을 대상으로 하는 일반 사회복지와는 달리 조화로운 가족관계를 형성하고 가족생활이 갖는 긍정적인 가치를 강화하며 건전한 인격의 발달과 사회인으로서의 기능을 촉진하는 것이 되기 위한 기초이론을 정립하고 이해시키는데 있다.

따라서 이 장에서는 가족의 이해, 가족복지의 이해, 가족복지의 대상 영역, 가족복지의 서비스적 접근방법을 살펴봄으로써 다양한 가족복지 영역 속에 들어갈 열린 시각을 갖고자 한다.

1. 가족의 이해

1) 가족이란

가족은 사회의 가장 기초적인 단위로서 현대의 가족에 대해 한마디로 규정하기는 어렵다. 가족은 인간이 가져온 제도 중에서도 가장 오래된 것으로 사회의 변천에 따라 여러 가지 영향을 받으며 꾸준히 지속되어 온 기본적인 사회제도이다. 자신이 곧 가족의 구성원이기 때문에 가족은 우리에게 가장 친밀한 집단이다. 그러나 개인이 경험하는 가족은 역사와 민족, 시대적 변천에 따라 다양하므로 한마디로 정의하기는 어려운 일이다. 그러나 가족에 대한 보편적 정의를 내려 보는 것은 필요하다고 하겠다.

가족이란 단어를 생각하면 먼저 머리 속에 떠오르는 것은 그 가족을 구성하고 있는 가족구성원의 모습이다. 즉, 아버지와 어머니, 그리고 한 명이나 두 명 정도의 자녀로 구성된 행복한 표정의 가족사진을 생각하면서 핵가족적인 이미지를 떠올리게 된다. 그리고 우리는 이러한 질문에 '사랑이나 신뢰, 따뜻함, 안식처, 자애로움'이라는 단어를 떠올리면서, '부모와 자녀로 구성된'이라든지, '사랑을 기초로 혈연으로 구성된 집단' 혹은 '한 집에 거주하는 동거동재 집단' 등의 정의를 내리게 된다. 그러나 우리 사회에서 실제로 존재하는 가족의 모습은 이와 같은 이미지가 아닐 수도 있다. 그것은 단지 이상적인 개념이며 현실 속의 가족의 모습과는 상당한 차이가 날 수 있다.

머독(Murdock, 1949)은 "가족은 공동 거주, 경제적 협동, 재생산이라는 특징을 갖는 집단으로서, 가족은 사회적으로 인정받는 성적인 관계를 유지하고 있는 최소한 두 명의 남녀 성인과 한 명 이상의 자녀를 포함한다"라고 정의하였다. 이를 흔히 핵가족적 정의라고 하며, 가족은 구성원들이 함께 거주하며 경제적으로 협동하고 결혼관계와 혈연관계로 이루어진 집단임을 나타내고 있다. 이와 같은 머독의 정의는 지나치게 간단하여 다양한 가족을 보편적으로 정의하는데 적합하지 않다는 주장도 있으나, 현대 산업사회의 가족을 정의한 것으로는 적절하다고 볼 수 있다.

이에 레비스트로스(Levi-Straus, 1971)는 "가족은 ① 결혼에 의해 출발한다. ② 이것은 부부와 그들의 결혼에 의해 출생한 자녀로서 구성되지만, 이 집단에 다른 근친자가 포함될 수 있다. ③ 가족구성원은 법적 유대, 경제적 · 종교적, 그리고 그 외에 다른 권리와 의무, 성적 권리와 통제, 애정, 존경, 경외 등의 다양한 심리적 정감으로 결합되어 있다"고 정의한다. 이러한 정의는 확대가족적 정의로서 좀 더 가족의 기능과 범위를 구체적으로 명시하고 있다.

인구주택총조사(통계청, 1995)에서는 조사단위를 '가구' 단위로 하고 있는데, 이때의 가구란 "1인 또는 2인 이상이 모여서 취사, 취침 및 생계를 같이 하는 단위"를 말한다. 이는 한 식구라는 낱말과 일치하는 개념이며 생계를 같이 하는 주거단위로서 결혼이나 혈연관계의 유무와 관계없는 동거집단을 의미한다. 기본적으로 가족의 실체에 관해서는 두 개의 상이한 시각에 기초하고 있다고 볼 수 있다(이혜경, 1995: 102).

사전적 정의에서 가족은 "부부, 부모, 자녀, 형제 등 혈연에 의하여 맺어지며 생활을 함께하는 공동체, 또는 그 구성원"이라고 정의하고 있다.

유영주(1993)는 가족이란 "부부와 그들의 자녀로 구성되는 기본적인 사회집단으로서 이들은 이익관계를 초월한 애정적인 혈연집단이며, 같은 장소에서 기거하고 취사하는 동거동재 집단이고, 그 가족만의 고유한 가풍을 갖는 문화집단이며, 양육과 사회화를 통하여 인격형성이 이루어지는 인간발달의 근원적 집단임과 동시에 사회변동과 함께 의도적인 정치적 개입에 의해 변화하며, 그러한 변화에 대하여 역동적으로 적응할 수 있는 사회제도의 하나"라 하였다.

2) 가족의 유형

가족의 유형은 가족의 형태라고도 할 수 있으나 가족유형이란 가장이나 호주 한 사람 또는 부부를 중심으로, 가족구성원이 이들과 어떤 관계에 있는가를 조사하여 가족 내에 동거하는 구성원에 따라 가족을 분류하는 것이다. 가족을 이해하기 위해서는 우선적으로 인류사회에 존속하여 온 수많은 가족들이 어떠한 모습으로 모여 살고 있는가를 알아볼 필요가 있다. 이러한 가족의 구성형태와 생활모습은 가족의 외형뿐만 아니라 그들의 문화와 정신구조를 나타내 주기 때문에 가족을 이해하는 데 필수적인 부분이다. 인류사회에 나타난 많은 종류의 가족은 다음과 같이 가족의 크기, 가족구성의 범위, 가족 내에서 권위의 소재, 가구원의 결합형태 등의 구분요인에 따라서 다양하게 분류할 수 있다.

(1) 가족구성원의 수와 혈연관계에 따른 분류

가족구성원의 범위를 따져서 가족의 유형을 분류하는 가장 기본적인 방법은 소가족과 대가족, 핵가족(nuclear family)과 확대가족(extended family)으로 구분된다. 먼저 소가족과 대가족의 개념을 살펴보면, 대소의 구별이 단순히 식구수의 많고 적음을 의미하기도 하지만 혈연관계의 범위와 관련지어 사용되기도 한다. 가족구성원의 수를 기준으로 5인 이하를 소가족, 6인 이상을 대가족이라고 하였는데, 보통 소가족이란 부부와 그들의 자녀로 구성된 가족이고, 대가족이란 부부와 친자 이외에 근친자 등이 포함되어 보통 가족원 수가 많은 가족을 일컫는다(김두헌, 1969).

핵가족은 부부와 그들의 미혼직계자녀들로 구성된 가족으로서, 자녀들은 결혼 후 부모의 집을 떠나 새살림을 시작하는 것이 원칙이다. 그러므로 가족구성은 2세대로 한정되며, 이런 핵가족을 부부가 중심이 된다고 하여 부부가족(conjugal family)이라고도 하고 또는 확대가족을 구성하는 요소라 하여 요소가족(elementary family)이라고 한다.

확대가족은 핵가족이 종적 또는 횡적으로 연결되어 형성되는 것으로서, 자녀가 결혼 후에도 그들의 부모와 동거하는 가족형을 말한다. 먼저, 가족이 종적으로 확대된 가족을 직계가족(stem family)이라고 하며, 이때 맏아들만 본가에 남아서 부모를 모시고 가계를 계승하며 그 이외의 아들들은 분가하게 된다. 또한 가족이 횡적으로 확대된 가족을 방계가족(collateral family)이라고 하며, 형제들이 결혼 후에도 그들의 부모와 동거하는 가족이다. 우리나라와 일본의 가족이 직계가족에 속하고 중국의 전통가족과 인도의 힌두족, 발칸반도의 '자두르가'라고 불리는 가족이 방계가족에 속한다. 방계가족의 핵심국가라고 할 수 있는 중국의 경우 출가한 딸을 제외하고 아들들이 전부 결혼 후 부모와 동거하는 부계확대가족이자 대가족에 속한다. 전통적으로 조상숭배와 효를 중시하여 대가족 동거를 이상화하고, 한 가구 속에 여러 세대의 가족이 20~30명씩 사는 것을 이상화하지만 경제적 뒷받침이 필요하기 때문에 극히 소수층에 한정되고 통계적으로 실제적인 평균 가족 수는 5~6명에 불과하다.

(2) 가장권과 권위에 따른 분류

가정 내에서도 가족을 대표하기 위해 가장권이 주어지고, 가족을 대표하려면 권위를 가져야 하는데, 가장권이란 사회가 법적으로나 관습상 인정하는 가장의 공적 권리로 가장과 가족성원은 지배와 복종의 관계가 된다. 그리고 가장권은 가족의 대외적 관계에서의 대표권과 대내적 관계에서의 지배권 및 결정권으로 이루어지는데, 이것이 부부 중 어느 편에 속하느냐에 따라서 가족을 분류한다.

가장의 권위가 부계에 속하면 가부장제(patriarchalism)라 하고, 모계에 속하면 모권제(matriarchalism), 양계에 공동으로 속하면 동권제(equalitarianism)라고 한다. 가부장제는 역사적으로 가장 발달해 온 제도로서, 가장 많은 가족유형으로 사회에서 나타나고 있다. 가부장권은 대부분 가명(家名) 및 가산(家産)의 장남상속권과 함께 계승되었는데, 부자의 혈통에 따라 가명이 전해지고, 장남이나 아들 한 사람에게만 가산이 상속되는 단일 상속권 등이 동반되었다.

모권제는 가장의 권위가 모계를 통해 이어지나 부계만큼 절대적이지 않다. 즉, 모계사회에서는 가족의 혈통계승과 가산의 상속이 모계를 중심으로 이루어지고 여자들이 가족의 통솔권을 가지나 대외권을 갖지 않는다. 부계사회에서는 재산권을 가진 아버지가 대외권도 함께 갖는 것에 비하여, 모계사회에서는 어머니의 남자형제, 즉 외삼촌이 대외권을 가지고 집 밖의 일을 처리하고 남자아이(조카)의 교육을 맡는다. 이를 숙부권이라 하며, 부자관계는 하나의 인정(人情)이며 사적인 성질을 띠고 있을 뿐 실질적인 권리와 권한을 갖지 않는 형태로 주로 원시사회에서 행하여졌다.

(3) 결합형태에 따른 분류

가족의 유형은 가족의 구성범위 및 가장권의 소재와 함께 결혼형태도 중요한 요인으로 작용하게 된다. 결혼형태는 다시 사회적으로 용인되는 배우자의 수, 결혼 후의 거주형태, 가계의 계승방법에 따라서 여러 가지 양상을 보이게 되는데, 이것을 항목별로 살펴보면 다음과 같다.

① **배우자의 수** : 부부의 결합은 남자와 여자가 1대 1로 이루어지는 것이 원칙이지만 사회에 따라서는 부부 중 어느 한쪽이 단수이고 상대방이 복수로 되어 있는 경우가 있다. 부부가 각기 1인으로 결합되어 있는 형태를 단혼제 또는 일부일처제(monogamy)라 하고, 남편이나 아내가 동시에 한 사람 이상의 배우자와 결혼생활을 할 수 있는 제도를 복혼제(polygamy)라고 한다. 복혼제는 다시 남자가 1인이고 여자가 다수인 일부다처제(polygyny)와 여자가 1인이고 남자가 다수인 일처다부제(polyandry)로 나눈다.

② **가계의 계승** : 가족의 명예와 족보를 유지하여 오는데, 가명과 친족의 계보가 부의 혈통에 따라 계승될 때 이를 부계제(patrilineal system)라 하고, 모의 혈통을 따를 때에는 모계제(matrilineal system)라 한다.

또 어느 한 혈통에만 치우치지 않고 가보에서 차지하는 친척의 범위와 비중이 양계 동격이거나, 가명이나 가산의 상속이 혈통보다 개인 위주여서 형편에 따라 양계 어느 쪽에서나 계승자를 택할 수 있는 경우 이것을 양계제(bilineal system)라 한다. 그러나 문두구모(Mundugamor)사회에서는 아들은 모계를, 딸은 부계를 따르며, 브라질의 아피나예(Apinaye)족은 그와 정반대로 아들이 부계를, 딸은 모계를 각각 따르도록 하고 있어 이중적인 계승제도를 볼 수 있는 사회도 있다.

③ **거주제** : 결혼 후 부부가 어디서 사느냐에 따라서 가족의 유형이 구별되는데, 즉 거주제는 가족제도에 따라 다르게 나타난다. 주로 시가살이 또는 부거제(patrilocal)와 처가살이 또는 모거제(matrilocal) 및 단가살이 또는 신거제(neolocal) 등 세 가지로 구분한다.

시가살이 또는 부거제는 자녀가 혼인 후 그의 친정집을 떠나서 남편의 집으로 입주하여 시가 식구들과 동거하는 제도이다. 반드시 시부모와 한 집에서 동거하지 않더라도 시가의 근처에 살면서 시부모의 지배와 간섭을 받는 것도 이에 속한다.

처가살이 또는 모거제는 결혼 후 남편이 아내의 집으로 입주하여 처가 식구들과 동거하거나 처가의 근처에 살면서 처부모의 지배와 간섭을 받는 것으로서 주로 모계가족에서 볼 수 있는 형태이다.

단가살이나 신거제는 결혼한 부부가 새살림을 차려서 독립적으로 살아가는 것인데, 시가나 처가의 어느 쪽에 의존하거나 지배를 받지 않고 단독으로 한 가정을 꾸려 나가는 경우가 이에 해당된다. 때로는 부모들의 경제적 도움을 받을 수도 있으나 그것은 일시적인 것이며, 그로 인하여 지배를 당하거나 부모를 부양해야 할 책임을 지지는 않는다. 이러한 단가살이나 신거제의 예로는 미국의 전형적인 신혼가족을 들 수 있다. 우리나라에서는 아들이 혼인하면 다른 살림을 차려서 부모와 따로 살게 하는 경향이 점차 증가하고 있지만 서구에서처럼 완전히 독립된 관계라고 할 수 없다.

3) 가족의 기능

가족의 기능이란 가족이 수행하는 역할, 행위로써 가족행동을 의미하며, 그 행동의 결과가 사회의 유지, 존속이나 가족성원의 욕구충족에 어떠한 영향을 주는가?라는 문제와 관련된 개념이다.

전통적으로 가족은 서로 다른 성(性)을 가진 두 사람의 성인과 그들이 낳은 자녀들이 물리적 거주지를 공유하고, 상호 간에 묵시적 목표를 지니는 하나의 사회적 체계이다. 따라서 가족의 기초는 두 사람의 성인들 사이의 특별한 관계이자 정이 묻어나는 일심동체(一心同體)의 마음의 안식처로부터 시작된다.

최근 사회적으로 높은 이혼율을 보이고 있는데 우리나라도 이에 따른 한부모가족과 배우자 및 자녀 학대문제로 인한 역기능적 가정이 증가하고 자녀가 없는 무자녀 가정 그리고 동거가족과 동성애 가족이 점점 증가하고 있는 추세이다. 따라서 전통적 가족의 개념은 퇴색되어 가고 가정의 해체문제가 심각해지고 있다. 그러므로 현대의 가족을 이해하기 위해서는 가족의 구조적 형태에 초점을 맞추기보다 가족구성원들의 상호작용을 중요시하는 인격체들의 공동운명체로 인식하여야 하며 가족의 기능적 측면을 이해하여야 한다.

가족은 그들의 구성원들을 위해, 그리고 가족이 소속된 지역사회를 포함하여 함께 잘 사는 복지사회를 위해 다음과 같은 고유한 기능을 수행해 나간다. 가족의 기능은 문화의 차이나 시대 혹은 사회체계의 변천에 따라 변화되어 왔으므로 가족의 기능을 연구하기 위해서는 가족기능의 의미로부터 현대가족의 바람직한 기능변화 과정을 주목하여야 한다.

(1) 가족기능의 의미

가족의 기능은 그 가족이 체험하는 문화의 차이나 시대 혹은 사회변화에 따라 의미를 달리 할 수 있겠으나 가족이 담당하는 기능이라는 개념에는 적어도 다음과 같은 3가지 서로 구별되는 개념이 포함되어 있다.

"가족은 여러 가지 측면에서 사회를 위해 기능적이다."

"가족의 기능은 변천하였다."

"가족은 여러 방식으로 기능한다."

이를 구체적으로 살펴보면 다음과 같다.

첫 번째 쓰인 기능은, 사회를 유지하고 통합하는데 가족이 유익하다는 뜻이다. 자녀 출산과 자녀의 사회화와 같은 가족기능은 가족이 사회 발전에 기여한다고 보는 핵가족의 보편성과 밀접하게 관련된다.

두 번째 쓰인 기능은, 가족이 수행해야 할 과업을 뜻한다. 그러므로 가족의 기능적 중요성을 언급하는 것은, 바로 그 사회의 중요한 과업이 가족이라는 제도 안에서 변화되어진다는 것을 의미한다.

세 번째 의미의 기능은, 가족이 실제로 어떻게 작용하고 있는가를 단순히 서술해 주는 동사로 쓰인 것이다. 이런 점에서 가족기능이란 "가족이 수행하는 역할"이라고 할 수 있다. 다시 말하면 "사회를 존속시키고 가족원의 욕구를 충족시켜 주기 위하여 기족이 수행하는 활동이나 서비스"가 가족기능이다.

어떤 사회이든지 유지 · 존속하기 위해서는 수행해야 할 어떤 목표가 있다. 우선 사회구성원을 계속 충원하기 위해서는 다음 세대를 출산해야 한다. 또 개인들이 적절한 사회적 역할을 담당하도록 동기 부여를 해야 하고, 신체적 생존을 위해서는 경제문제를 해결해야 한다.

위와 같은 필수적 사항을 위해서 어떤 사회의 가족이나 수행하고 있는 기능이 있다. 이러한 기능을 '보편적 가족의 기능'이라고 한다. 데이비스(Davis)는 생식, 유지, 지위 부여, 그리고 사회화의 기능을 가족의 보편적 기능이라고 하였다. 머독(Murdock)은 생식, 사회화, 경제적 협력 그리고 성적인 기능이 보편적 기능이라고 하였다. 또한 라이스(Reiss)는 새로 태어난 아이를 양육하는 사회화의 기능만이 가족이 지닌 유일한 보편적 기능이라고 하였다.

(2) 가족의 바람직한 기능

가족의 기능에 대한 학자들의 견해는 가족을 어떻게 보느냐 하는 입장과 밀접하게 관련되어 있는데 현대사회에 바람직한 가족의 기능을 살펴보면 다음과 같다.

① **정서적 안정과 애정의 기능** : 가족은 정서적 표현을 위한 심리집단으로서 가족원 개개인의 행복을 우선시하면서 평등과 애정을 바탕으로 친밀한 상호관계를 유지시키는 기능을 한다. 친밀한 관계의 근원 및 성적 기능을 제공하는데, 인간이 집단생활을 할 초기에는 젊은이들의 무한한 성적 욕구를 규제할 필요가 있었다. 이것이 가족(부부)제도로 정착되었다. 이후 사회가 산업화되고 복잡해질수록 개별화되면서 가족의 기능이 약화되고 있기에 가족 내에서 친밀성을 발견하려고 노력한다.

② **출산과 양육보호 및 사회화 기능** : 자녀를 출산하고 사회화시키는 것은 가족의 기능 중 가장 중요한 것으로서 인간사회를 존속시키기 위한 재생산 제도이다. 전통적으로 자녀출산은 가족의 주된 기능이었다. 자녀가 한 사람의 책임 있는 성인으로 성장하도록 걷기와 말하기, 자신을 돌보는 방법을 가르치며, 특정 문화에 알맞은 인성교육을 통하여 인간답게 살아갈 수 있는 각종 기술을 습득시키는 사회화를 담당한다. 즉, 인간사회를 구성하는 기본적인 삶의 생활양식으로 제도화하면서 유기적이고 체계적인 사회를 만들어 나가는 기능을 수행한다.

③ **가족구성원의 물질적 공급 기능** : 가족에게는 인간다운 삶을 유지하기 위한 기본적인 경제적 재원이 필요하다. 이처럼 가정은 경제적 협조의 단위로서 기능한다. 가족은 보통 하나의 소비단위가 되기도 하지만 중요한 생산단위이기도 하다. 가정 내에서 이루어지는 가족구성원들의 모든 역할 수행을 재화의 가치로 환산, 지불하기는 어렵지만 이것은 모두 생산적이며 중요한 활동이다. 동시에 이러한 과정을 통하여 가족구성원이 필요로 하는 물질적 욕구를 충족시키고 자아를 실현하기 위한 뒷받침이 된다.

④ **문화의 유산과 종교적 기능** : 가족은 전통적 규범과 문화적 풍습에 의하여 결정되는 관습들의 종교적 기능을 수행하기도 한다. 그러므로 가족구성원에게 사회적 지위와 역할을 감당하도록 하고 적응시켜 나간다. 결혼에 의해 새로운 가정이 탄생하면, 남편이나 아내라는 새로운 가족 역할이 생기고, 그것은 사회로부터 진정한 성인의 지위를 획득하도록 돕는다. 또한 개인의 인성과 사회경제적 수준 및 인간사회의 특성이 나의 의지와는 다르게 결정되기 때문에 가족은 사회 내에서 특정한 지위와 위치를 획득하도록 하게 하는 기능을 담당하는 보이지 않는 제도로 존속된다. 이러한 과정을 통해 형성된 가족문화를 보존하기도 하고 다음세대에 전통적 문화유산으로 물려주는 기능을 한다.

4) 가족관계의 변화

가족은 각자 다른 특성을 가지는 개인들의 집합체이며, 내부적인 이해관계가 서로 상충될 수 있을 뿐 아니라, 가족 외부와의 관계 역시 매우 상이한 역동적인 조직체이다. 개인의 삶에 있어서 가족이 중요한 만큼 가족 간의 인간관계도 중요하다. 그러나 가족구성원들 간의 관계인 가족관계는 여러 구성원들의 복잡하고 미묘한 역동성을 바탕으로 하기 때문에 원만한 가족관계를 형성하는 것이 쉽지만은 않다. 기족관계는 가족구조와 밀접하므로 가족구조의 변화는 가족관계 변화의 주요한 요인이 된다. 가족관계의 구조 중 부부관계와 부모-자녀 관계를 중심으로 변화된 특성을 살펴보고자 한다.

(1) 부부관계

일반적으로 권위적인 지배관계에서 민주적인 상호의존 관계로 남편주도형에서 부부의논형으로 가족의 변화와 더불어 부부세력의 평등한 방향으로 변화되어 가고 있는 것으로 보인다. 우리나라의 전통적인 부부관계는 남편이 높은 지위와 권리를 가지며 부인은 남편을 따르고 공경하는 관계로 불평등한 형태였다. 즉, 남편과 부인의 관계가 동등한 동반자적 관계가 아니라 지배와 복종이라는 수직구조로 상하관계를 유지하였다. 특히 직계가족에 의한 혈통과 가부장권을 중요시하는 가운데 부자관계가 더 강조되고 부부관계는 그 다음이었다. 이는 가족이 부부중심이 아니라 부자중심에 기반을 두고 있다는 것을 나타낸다.

전통적으로 여성은 결혼하면 시댁과 남편에 종속되어 시부모와 남편을 잘 섬겨야 하며 대를 잇는 남아를 출산하는 의무를 갖고 있었다. 또한 가족의 화목을 위해 가족구조의 하위에 있는 부인의 순종과 희생을 요구하고 이를 당연한 것으로 미화하였으며 부인의 욕구는 무시되고 통제되었다. 따라서 여성은 칠거지악이라 하여 어떤 일이든 참고 견뎌야 하며 이를 하나라도 거슬렀거나 시부모가 좋아하지 않으면 시댁을 떠나야 하기도 하였다.

그러나 사회가 급격히 변화하면서 과거 가부장제 중심의 가족구조는 점차 단순화되고, 이에 따라 부부관계도 큰 변화를 겪게 되었다. 부계를 중심으로 한 대가족과 확대가족에서 소가족화와 핵가족화되면서 부부관계를 중요시하게 되었다. 부부관계가 수직적 상하관계가 아닌 평등한 동반자로서의 관계가 강조되고 부인도 가족 내에서 자신의 권리를 찾고 욕구를 표현하게 되었다. 가족의 모든 권위와 결정이 남편에게 집중되었던 것에서 현대는 부부공동의 역할로 변화되고 있다. 또한 남편과 부인 간의 뚜렷한 역할분담이 약화되고 부부가 상호 협조하는 경향을 보이고 있으며 여성의 사회 참여로 인해 이는 점점 강조되고 있다. 그러나 이러한 과정에서 부부 간의 가치관과 기대 차이 등의 불만으로 인해 부부 갈등과 가족문제를 일으킬 가능성은 더 많아지고 가족의 해체라는 사회문제를 낳기도 한다.

(2) 부모－자녀관계

우선 부모와 자녀 관계를 보면, 급격한 사회변화는 혈연관계인 부모-자녀관계에 세대갈등, 세대단절을 초래하고 있다. 전통사회에서 부모－자녀 관계는 효사상을 근간으로 하여 부모에게 절대 복종을 요구하는 상하관계였다. 특히 아들은 가문을 이어가는 계승자로서 부자관계는 가족 내의 그 어떤 관계보다도 중시되었다. 아버지에 대하여 최대의 존경을 표해야 하고 부모 생전에는 안락하게 모셔야 하며 부모 사후에는 상례와 제사를 잘 치러야 한다(유영주 외, 1996).

부모에 대한 효도는 일생동안 끝이 없는 의무이며 이를 제대로 수행하지 못하면 불효자로 낙인찍히고 죄책감을 가지고 살아가기도 하였다. 이와 같은 효사상은 모든 부모-자녀관계에서 지배적으로 영향을 미쳤다. 부모는 상위의 지위에 있으면서 자녀에게 일방적으로 무한한 사랑과 보호를 베풀고 이에 보답하기 위해 부모에게 무조건적으로 복종하고 순종하는 것이 자식 된 도리이며 당연한 의무라고 받아들였다.

사회와 가족구조의 변화 등으로 인해 부모-자녀관계도 변화하고 있으나 여전히 많은 측면에서 전통적인 의식구조가 뿌리깊이 남아 있다. 사회분화와 전문화로 인해 가족의 기능을 부분적으로 다른 사회기관에서 수행하게 됨에 따라 자녀들은 가정 밖에서 생활하는 시간이 증가하게 되었다. 그러므로 과거에 부모가 자녀의 모든 것을 통제하고 자녀는 이를 따르던 부모-자녀관계에서 부모의 지배권과 역할은 축소되었다.

자녀들은 평등과 인간의 존엄성을 강조하는 사회의 가치와 학교 교육 등을 통해 자신의 권리와 의사를 주장하면서 독립된 인격체로 인정받고 싶어 한다. 이로 인해 수직적인 부모-자녀관계는 거부되고 민주적인 부모-자녀관계에 대한 기대를 갖고 있다. 부모들의 자녀에 대한 가치관도 변화해 가고는 있으나 자녀들의 급속한 변화와는 달리 부모들의 전통적인 가치관은 내재되어 있어 부모-자녀 간의 갈등을 초래하기도 한다. 이러한 갈등이 청소년 문제 등의 요인으로 작용하는 등 문제가 심각함에 따라 최근에는 현대사회에 적합한 부모-자녀관계를 형성하기 위한 크고 작은 모임들이 대두되고 있다.

[참고자료]

다양한 가족에 대한 이해

당신은 어떻게 생겼나요? 당신은 무엇을 좋아하나요? 당신은 어떻게 무엇을 하면서 살고 싶나요? 이 질문에 대한 대답은 사람마다 다를 것이다. 왜냐하면 각자 저마다의 삶의 조건과 취향을 가지고 있기 때문이다. 생김새가 다르고 꿈꾸는 미래가 다른 것처럼 내가 어떤 가족형태를 이루고 살 것인가 하는 것도 다를 수밖에 없다. 이렇게 저마다 다른 사람들에게 똑같은 방식으로, 똑같은 것을 추구하며 살라고 하는 것은 분명 폭력일 것이다.

그리스 신화에는 이런 이야기가 있다. 몸은 짐승의 모양이고, 얼굴은 뱀의 모양을 한 어떤 괴물이 길목을 지키고 있다가, 지나가는 나그네를 붙잡고 수수께끼를 내는데 괴물은 나그네에게 두 가지 선택 조건을 제시한다. 수수께끼를 풀거나 혹은 죽임을 당해야 한다. 어쩔 수 없이 나그네는 절대 풀 수 없는 그 수수께끼를 맞추게 되어 괴물의 침대로 끌려간다. 괴물은 나그네를 침대 위에 눕혀서는 나그네의 키가 작아 침대가 남으면 나그네를 침대 크기에 맞게 늘려서 죽이고, 키가 커서 침대가 모자라면 침대에서 남는 부분만큼 잘라서 죽인다는 끔찍하고 무서운 이야기이다.

우리 사회는 그 괴물처럼 모든 사람에게 말도 안 되는 조건을 제시하고는 원하지 않는 선택을 강요하는 사회는 아닐까? 삶의 취향과 조건이 다른 사람들에게 억지로 맞지 않는 옷을 입도록 강요하며, 그 옷을 거부하는 사람들에게 그 괴물과 같은 방식으로 폭력을 휘두르고 있는 건 아닐까? 누구든 이 땅에 사는 한 그 사람의 의사에 상관없이 결혼해서 아이를 낳을 것을 요구받기 때문이다. 부부와 자녀로 구성된 가족을 이루고 살지 않으면, 어른뿐만 아니라 아이들조차도 '비정상'이나 '일탈'적인 사람으로 취급받는다.

주변을 돌아보면, 우리가 '정상'이라고 생각하는 가족의 형태가 아닌 다른 방식으로 살아가는 사람들이 많이 보인다. 엄마와 자녀, 또는 아빠와 자녀로 이루어진 가족, 결혼하지 않고 그 대신 자신이 좋아하는 일을 하면서 폭넓은 인간관계를 즐기는 독신, 자녀 없이 부부간에 사랑과 동지애를 키워 가는 가족, 혈연과 상관없이 서로 자기 꿈을 키워갈 수 있도록 지지해 주는 공동체 가족 등 가족의 형태는 매우 다양하다. 이렇게 다양한 가족의 형태 중에 무엇이 더 우월하다고 평가할 수 있을까? '내가 어떻게 살고 싶은가?'에 대해서 우위를 따질 수 없는 것처럼, 가족의 형태만을 놓고 무엇이 더 우월하다고 따질 수는 없을 것이다.

당신이 살고 싶은 삶, 당신이 살고 싶은 세상은 어떤 것인가? 그것이 어떤 것이건 우리가 가족을 이루고 사는 건 그 안에서 행복을 찾기 위해서이다 '내 뜻대로' 사는 삶이 가능하기 위해서는 우리 사회에서 무엇이 달라져야 할까? 그러기 위해서는 적어도 우리 사회는 '다양한 가족을 구성할 수 있는 권리를 존중하고 이를 제도적으로 뒷받침 해주는 사회', '가족 내 평등한 관계를 인정하는 사회', '인간의 자기결정권을 보장해주는 사회'가 되어만 한다. 우리가 가족을 이루고 사는 것은 행복하기 위해서일 것이다. 하지만, 각자가 행복을 찾는 방식이나 그 행복의 내용은 다를 수밖에 없다. 나 개인의 행복 추구권, 이것이 보장되기 위해서는 '다양한 가족의 행복 추구권'이 보장되어야만 한다.

한국 여성 민우회, 2000.11

2. 가족복지의 이해

1) 가족복지의 개념

(1) 복지라는 용어

웹스터 사전에 의하면 복지라는 용어는 welfare로서 "행운 · 건강 · 번영 · 행복 등의 상태(state or condition with regard to good fortune, health, prosperity, happiness ect)"로 정의되어 있다. 이처럼 복지란 well-being의 상태로 만족스러운 상태를 의미하고 있다. 따라서 복지는 행복, 건강, 만족, 번영의 뜻을 모두 포함하는 아주 좋은 상태라 할 수 있다.

(2) 가족복지의 정의

조화로운 가족관계를 활성화시키고 가족생활이 지닌 적극적 가치를 강화함으로써 가족구성원 개개인의 건전한 인격 발달과 사회인으로서의 기능을 수행할 수 있도록 제도적으로 원조하는 모든 사회적 서비스를 포함하는 활동이라고 말할 수 있다.

① 협의적 의미 : 가족복지는 가족복지사업(Family Social Work, Family Social

Welfare, Family Service)이라고 할 수 있는데, 가족의 현 생활에 있어서의 곤란, 즉 빈곤, 질병, 실업, 가족관계의 붕괴, 행동상의 문제, 정신적 또는 신체적 장애 등으로 인해 가족 개개인의 존엄성이 상실되고 가족생활에 중대한 위기를 직면하면서 겪는 가족의 문제를 해결하고 가족생활을 강화시키기 위하여 행하는 조직적 활동을 의미한다.

② **광의의 의미** : 가족구성원의 만족스러운 생활에 관한 이상적 상태의 달성을 위하여 가족구성원 개개인뿐만 아니라 가족 전체 자체를 대상으로 하여, 보다 통합적이고 예방적인 서비스를 제공하는 공사(公社) 차원의 사회 공동체적인 개입노력 또는 활동이라고 말할 수 있다. 즉, 전체로서의 가족의 욕구와 문제에 대응하는 것으로 가족문제의 해결 및 예방, 인간의 상호적 기능 수행의 활성화, 삶의 질적 향상 등에 직접적인 관심을 갖고 가족의 욕구를 자력으로 충족시킬 수 있도록 잠재력을 개발시키거나 전문적인 지식과 기술을 동원한 제도적 · 정책적 · 기술적 서비스를 제공한다.

이러한 관점에서 가족복지는 요보호 가족을 우선하되 결국에는 모든 가족이 국가나 사회로부터 인간의 존엄성과 인간다운 생활을 할 권리를 보장받음으로써 가족구성원 전체가 만족스러운 삶을 살 수 있도록 하는 것이며, 가족복지서비스 측면에서 요보호 상태에 있는 가족들의 보호 및 재활, 자립기반의 조성은 물론 이들의 지위향상과 권익옹호, 그리고 능력의 개발을 위해 제공되는 일련의 사회복지서비스를 총칭하는 것이라고 정의할 수 있다.

문제를 갖고 있는 개인을 대상으로 하는 일반 사회복지와는 달리 조화로운 가족관계를 형성하고 가족생활이 갖는 긍정적인 가치를 강화하며 건전한 인격의 발달과 사회인으로서의 기능을 촉진하는 것이 가족복지서비스의 목적이라고 할 때 이는 가족의 속성, 기능, 가족문제 발생원인, 서비스의 효과성 등에 관한 가치를 전제로 만들어진 것으로 개인과 가족을 원조의 대상으로 하며, 가족 전체를 서비스의 대상으로 삼는다는 것이 차이점이라고 말할 수 있다.

(3) 가족복지의 범위

① **목적에 초점을 둔 정의** : 국민의 생활권의 기본 이념에 입각하여 가족의 행복을 유지시키고자 하는 것이다. 가족복지는 가족구성원 전체의 기본적인 생활유지와 관련된 사회복지정책의 하위 영역으로 보는 것이며, 구체적으로는 가족생활을 해 나가는데 필요한 양육과 보호, 정서적 기능을 원활하게 하는 지원책이다.

② **대상에 초점을 둔 정의** : 가족구성원 개개인을 포함한 '한 단위로서의 가족 전체'가 되는 것이다. 가족복지를 정의할 때 많은 학자들이 "한 단위로서의 가족 전체(family as a whole)"에 초점을 두어 정의하는 경향이 있다. 가족복지가 가족 전체를 대상으로 한다는 것은 가족성원의 문제를 특정 개인의 문제로 보는 것이 아니라 그 가족성원의 전반적인 상호작용 속에서 문제를 조사하고 사정하며 개입하는 것을 의미한다.

③ **범위에 초점을 둔 정의** : 사회복지의 한 분야가 되고 있음을 알 수 있다.

가. 광의의 관점 : 가족복지는 사회복지의 거의 모든 제도가 직·간접적으로 가족에 영향을 주기 때문에 사회보장정책, 사회복지정책, 정부의 다양한 행정활동을 가족복지의 영역으로 본다.

나. 협의의 관점 : 가족복지는 사회복지서비스의 한 분야로 규정되는 것으로 아동복지, 노인복지, 여성복지, 장애인복지 등과 같은 수준으로 한정된 영역의 가족문제를 해결하는 분야로서 기능한다.

2) 가족복지의 필요성

(1) 가족과 사회관계에 대한 시각의 변화

현대 가족은 과거 가족이 지닌 주요 기능이 약화되어 스스로의 힘으로는 해결할 수 없는 많은 문제를 안고 있는 한편 가족에 대한 책임이 더 강조되고 있다. 따라서 가족기능은 약화되면서 책임은 오히려 증가되는 가운데 가족의 책임을 잘 수행할 수 있도록 다양한 가족복지서비스가 제공되어야 한다.

(2) 가족에 대한 개입 관점의 변화

1980년대 이전까지 자유주의 국가에서는 가족성원의 보호는 가족의 책임으로 간주하여 국가가 가족에 개입을 최소화하고자 하였다. 특히 기혼여성의 취업증가는 가족에 대한 국가 개입을 꺼리는 보수적 입장을 취하고 있는 국가에서조차 가족에 적극 개입하는 계기를 마련해 주었다.

(3) 다양한 가족형태의 등장과 욕구의 다양화

우리나라에서 맞벌이가족, 독신 가구와 1세대 부부가족, 이혼과 재혼가족의 증가와 소년소녀가장 가족, 동거가족, 동성애가족, 공동체가족 등의 증가는 다양한 가족의 욕구를 분출시키게 되었고, 여러 이유에서 이러한 다양한 가족들의 욕구를 충족시켜 주는 가족복지 대책이 필요하게 되었다.

(4) 사회문제 해결단위로서 가족의 유용성

가족은 인간과 사회의 문제를 해결하는 데 있어서 필수 불가결한 제도이다. 국가 정책적인 측면에서 가족의 존재를 부인한 사회주의 국가가 그 대표적인 예라고 할 수 있다. 가족을 부정하였던 사회주의 국가에서는 가족이 사회체계의 핵심적 단위이자 문제해결을 위한 효과적 단위임을 인정하였다. 인간의 문제를 해결하고자 하는 접근방법으로 개인을 대상으로 한 개별적인 접근보다 가족을 단위로 한 접근이 문제해결에 보다 효과적이라고 여겨지고 있다.

3. 가족복지의 대상 영역

인간에게 가족생활은 다른 사회제도에서 발견할 수 없는 하나의 사회적 가치를 지니고 있는 사회적 집단이다. 그러나 가족은 사회경제적 체계에 직접 연계되어 있는 사회집단이므로 이 외적인 사회경제적 체계는 또한 가족 내부에 중요한 영향을 주게 된다. 즉, 가족은 내적인 고유한 기능과 함께 외적인 영향을 받으면서 기능하는 복잡한 체계라 할 수 있다. 이런 점에서 가족복지의 대상 영역을 분명하게 함으로써 가족복지의 의미를 더욱 분명히 할 수 있을 것이다.

1) 미국에서의 가족복지 대상 영역(1970)

(1) 가족의 스트레스 상황, 즉 정상적인 능력을 가진 가족일지라도 가족구성원의 갑작스런 사망, 이혼, 가장의 전근, 낯선 지역으로의 이사, 생계유지자의 실직 등으로 인한 스트레스 상황에 놓여 있을 경우이다.

(2) 경제적 곤궁 및 사회자원 도입의 곤란 등 경제적 · 사회적 요구를 충족할 수 없는 상황인 경우이다.

(3) 가족관계, 가족구성원의 개인적 기능의 장애상황, 즉 가족구성원 중 누군가의 이상성격으로 곤란한 문제가 발생해 가족의 사회적 제 기능을 수행하는 데 제한이 생기는 경우이다.

2) 가족복지의 대상 영역

(1) 결혼의 성립기

부부결혼의 성립기에는 건전하지 않은 결혼형태가 가족의 성립을 곤란하게 하고, 가족구성원 상호 간의 불균형 상황을 낳게 되어, 당연히 가족복지의 대상 영역으로 설정된다고 말하고 있다.

일반적인 결혼의 유형으로는 다음과 같다

① 부모-자녀관계와 비슷한 결혼

② 투영적 동일화의 결혼

③ 부부간에 거리가 있는 결혼

④ 미성숙한 결혼

⑤ 상호 의존이 강한 결혼

⑥ 지배적 · 굴복적 결혼

⑦ 공생적 결혼 등이 있다.

(2) 육아기

육아기에서의 가족복지의 대상 영역은 건전한 육아기능 수행과 관련된다. 육아기능의 주된 목표는 건전한 신뢰감의 육성, 자기통제, 사랑하고 사랑받는 능력의 보장, 훈련, 학습능력의 습득 등을 도와주는 것이다.

(3) 노후기

노후기에서의 가족복지의 대상 영역은 노후문제를 중심으로 하고 있다. 즉, 인생생활주기 속에서 가족주기의 최후 단계인 노년기를 65세 이상으로 규정하고 노후의 문제에 초점을 맞추면서, 노인 단독의 문제가 아니라 가족문제로서 노인문제가 주요 대상영역이 된다.

이상의 논의는 주로 가족 내부와 관련되어 있다. 가족에 대하여 국가가 어떻게 대응해야 하는가에 대한 논의가 또한 이루어져야 하는데, 이는 주로 가족정책의 형태로 제기된다.

그러나 가족정책을 입안하는 국가의 개입은 원조수단으로써, 제도로써 가족의 요구를 충족할 수 있도록 하는 것이지만 현실적으로는 모순된 결과를 초래할 수 있음을 직시하지 않으면 안 된다. 즉, 가족기능이 충분히 기능하지 못하고 긴급한 요구에 대하여 원조할 경우에는 당연히 국가의 공적 개입은 필요하게 되고 이에 대한 직접적인 성과는 나타나지만, 끊임없이 지속적인 도움의 장기적 성과는 가족 상호부조의 의무나 책임을 약화시키고, 가족생활의 기본적 유대를 약화시킬 우려가 있으므로 공적 개입의 적절하고 신중한 접근에 의해서만 가족정책은 도움이 될 수 있다는 점이다(김성천 · 서윤, 1990).

요컨대, 가족기능이 충분하지 못하고, 가족의 긴급한 요구 등 기본적인 국민생활권에 대한 국가의 공적 개입은 당연한 현대 국가의 의무임을 잊지 말아야 한다.

4. 가족복지의 서비스적 접근방법

가족문제에 개입하려면 가족복지의 접근방법을 알아야 한다. 가족복지는 여러 다양한 가족문제에 의도적으로 직접 · 간접적으로 개입하는 것을 의미하고 있으므로 가족복지의 접근방법에는 거시적(간접적) 방법과 미시적(직접적) 방법이 있다. 전자는 가족문제를 사회 전체의 문제로서, 즉 가족이 전체 사회의 제도적 구조와의 관계에서 보다 잘 존속할 수 있는 조건 혹은 환경을 조성해 가는 접근방법으로서 직접적으로 가족과의 만남 속에서 이루어지기보다는 간접적인 정책의 차원에서 논의될 수 있고, 후자는 문제 혹은 장애로 고통을 당하고 있는 가족에게 직접적으로 접근하는 방법으로서 서비스의 차원에서 논의될 수 있다.

1) 가족정책적 접근방법

가족복지의 접근방법 중에서 가족복지서비스 접근방법이 문제가족에 대하여 개별적 · 심리적 · 미시적으로 처리, 치료하는 서비스인데 비해, 가족정책은 문제 가족에 대하여 사후 복귀적 처우라기보다는 예방적 처우라는 관점을 갖고서 사회의 구조적인 문제에 대하여 제도적 · 환경적 · 거시적으로 접근하는 것이다. 그러므로 가족정책은 정부가 가족을 위해 시행하는 모든 활동을 의미한다고 하겠다(Kamerman & Kahn, 1978).

이러한 가족정책의 용어사용은 다음과 같이 역사적으로 변해 왔다.

(1) 처음에 유럽에서는 포괄적으로 가족에 대한 가족수당, 보편 가족급여, 소득세

제 등과 같은 가족을 조장하는 소득재분배의 의미로 주로 사용되었다. 현재에도 이러한 맥락은 남아 있다.

(2) 인구정책과 장기간에 걸친 인구계획의 맥락에서 사용되었다.

(3) 부적응가족으로 불리는 가족, 즉 결손가족, 장애가족, 노인가족, 빈곤가족, 무주택가족 등을 중심 대상으로 하는 맥락에서 사용되었다.

(4) 최근의 개념으로 아동의 인권옹호 및 주부를 위한 사회적 제 정책의 맥락 속에서 가족정책이 강조되었고, 특히 취업모를 위한 시책으로서 가족정책을 다시 보게 되었다.

그리고 가족정책의 영역은 일반적으로 첫째, 명시적인 가족정책, 둘째, 묵시적인 가족정책 등으로 분류된다(NASW, 1995). 전자는 정부가 특정한 기획과 정책을 행할 때, 그것이 가족에게 분명하게 관여하는 것이며 가족정책의 목표라고 하는 승인을 얻을 수 있는 것으로서 탁아서비스, 아동복지서비스, 가족상담, 생활부조, 가족계획, 각종 조세혜택, 주택정책 등을 들 수 있다.

반면에, 후자는 여러 목표 모두가 승인되지 않더라도 적어도 가족에 대해 관여하고 있는 기획 또는 정책으로서 성립되는 것으로 직접 가족에 특정적이고 1차적으로 관여하는 것이 아니라 정부나 행정기관이 행하는 활동이 간접적으로 가족을 위해 사회적 중요성을 가지는 것이다. 이것의 예로는 공장 설치를 어디에 하는가, 도로와 건물의 배치를 어떻게 해야 하는가, 관세조정, 이민정책 등을 들 수 있다.

그러나 많은 사람들은 가족정책에 대해 자녀의 교육정책의 충실, 인구정책의 충실, 노동시장에서 여성의 처우 개선과 그 대체에 관한 시책의 충실 등이 그것이다. 이러한 요망과 함께 현재 가족정책이 강하게 요구하는 데는 다음과 같은 정책을 갖고 있기 때문이다.

첫째, 전통적으로 유지되어 온 핵가족의 붕괴에 즈음하여 가족정책이 그것을 방지하는 하나의 잠재적인 전략이 될 수 있다.

둘째, 가족정책은 사회복지의 전개와 분석에 유용한 틀을 제공할 수 있으며 변화하는 가족의 복지요구에 즉각적으로 대응할 수 있다.

셋째, 모든 영역에서 종래의 제반 사회정책과 공공정책을 평가하는데 가족정책은 하나의 기준이 될 수 있다(Kamerman & Kahn, 1978).

또한 가족정책이 가족복지의 발전을 위한 하나의 수단으로써 그 합리성을 갖는 것이기 때문에 가족정책을 평가할 때는 다음과 같은 몇 가지 대상 영역을 중심으로 해야 하는데, 이 중에서도 특히 대인복지서비스가 종래의 개별사회사업, 집단사회사업, 지역사회조직사업 등의 여러 사회복지실천기법의 통합 위에서 비로소 성립되는 것이기 때문에 대인복지서비스를 사회정책의 중요한 과제로 해야 한다.

즉, 복지국가를 형성하기 위해서는 정책목표를 고려해야만 하고, 그 정책목표의 하나로 대인복지서비스가 중요한 것이 된다(Kamerman & Kahn, 1978).

① **소득유지정책에 관한 것** : 사회보장, 금전부조, 물품부조, 각종 세금공제혜택 등

② **인구정책에 관한 것** : 가족계획 등

③ **고용 및 노동시장의 촉진정책에 관한 것**

④ **주택정책에 관한 것**

⑤ **아동양육 프로그램 및 서비스에 관한 것** : 가정탁아, 각종 탁아센터 등

⑥ **보건 및 의료보호정책에 관한 것**

⑦ **대인복지서비스에 관한 것** : 카운슬링, 가정원조서비스, 급식서비스, 보육서비스 등

그러나 각국의 가족정책에 대한 평가를 하기 위해서는 그 나라의 사회제도 및 역사배경을 충분히 검토해야 한다. 그것은 여러 나라의 사회제도와 역사적 배경에 따라 그 나라의 가족에 대한 사회복지적 대응정책의 구조와 기능이 복잡하게 나타나기 때문이다.

카머만과 칸(Kamerman & Kahn, 1978)은 "각국의 가족정책을 단순히 나열하는 것만으로는 의미가 없고, 여러 정책의 관련 속에서 선택기준의 유형을 명확히 할 필요가 있다.

가족정책을 선택함에 있어 그 기준유형에 관련된다고 생각되는 가장 중요한 요인으로는 다음과 같다.

① 아동과 가족을 단위로 한 정책의 유효성에 관한 요인

② 재정적 비용에 관한 요인

③ 가족의 집단으로서의 우선성

④ 역사적 전통성과 국가 이데올로기 등

특히 이들은 가족정책의 발달을 '여성과 노동', 또는 '유아보호 및 탁아'라고 하는 문제를 중심으로 분석했다.

한편, 가족정책의 전체적인 모습은 그 사회가 추구하는 사회적 비전, 사회적 목표를 바탕으로 결정되며, 전체 가족복지서비스 체계를 구성하는 적합한 요소들은 가족정책에 의해 반영된다.

이러한 가족정책적 고려에 포함되어야 할 몇 가지 중요한 요소들을 제시하면 다음과 같다(Zimmelman, 1983: 460-461).

첫째, 가족정책의 목표가 갖는 가족구성원 개개인의 보호 측면과 전체 가족의 유지 측면의 균형문제이다. 즉, 가족과의 관련 속에서 그 목표가 가족구성원 개인 중심적인가 아니면 가족단위 중심적인가에 대한 균형문제이다.

둘째, 가족정책의 대상이나 중점 프로그램을 선정하는 과정에서 보편주의와 선정주의의 균형문제이다. 누구에게나 서비스를 이용하도록 할 것인가, 아니면 절박한 문제와 욕구를 가진 사람만을 대상으로 그들만을 위한 서비스를 할 것인가에 대하여 어떤 결정의 요소가 제시되어야 한다. 여기서 보편주의란 정책의 모든 대상이 자신의 요구와 관계없이 차별적으로 주어지는 것으로 보편적의 성격을 갖는다. 반면에 선정주의란 도움을 요청하는 경우에 한하여 가장 조속한 시일 내에 자립할 수 있게 하는 방향으로 시행하는 것을 목적으로 하는데 그 성격은 시정적 · 종별적(categorical)이며, 열등처우(less eligibility)의 원칙을 바탕으로 한다.

셋째, 재가(in-home)가족중심 프로그램과 가족 외부(out-of-home)의 가족대체 프로그램과의 균형문제이다.

넷째, 전문주의(professional) 개입 대 일반주의(lay contributions) 개입의 균형문제이다.

다섯째, 예방 대 치료의 균형문제이다.

여섯째, 가족정책 주관기관에 대한 관심이다. 주관기관은 정부기관, 민간기관, 영리기관으로 구분되는데, 이 주관기관 중 어느 것에 의해서 또는 어떤 혼합에 의해서 가족정책이 실시되는 것이 바람직한가 하는 것이다.

일곱째, 단기비용과 장기 수익의 균형문제이다. 가족에 대한 투자는 즉시 그 결과가 나타나기보다는 시간이 어느 정도 흐른 후에야 나타나는 것이 대부분이기 때문에 예산을 확보할 때 이런 점이 고려되어야 한다.

그러나 가족정책을 하나의 정책목표 과제로 정부가 실시해 나가기 위해서는 가족의 일상생활의 복지문제에 대해 직접적이고 광범위하게 다룰 수 있는 가족정책을 위한 관리운영체제가 충분히 조직되어야 한다.

실제로 가족정책을 실시하고자 할 때 다음과 같은 여러 가지 장애요소가 존재한다(NASW, 1995).

① 비용문제이다. 많은 명시적인 가족정책은 고비용을 전제로 하고 있다는 점이다.

② 가치차이 문제이다. 계급, 인종, 종교, 성차별, 연령, 소수민족 등에 따라 가족관이 상이한 것이다.

③ 정부(지방정부 포함)의 역할에 대한 다양한 견해차이 문제이다. 가족과 정부 간의 상호 역할에 대해 많은 상이한 견해가 존재하는 것이다.

④ 가족정책과 프로그램이 가족에게 오히려 악영향을 준다는 견해문제이다. 가족정책이 지역사회 보호사업이나 부모의 자녀양육 책임을 감소시키며, 전문가에 의한 가족정책이 오히려 소수민족의 자주성을 저해하기도 한다는 것이다.

⑤ 가족정책 발달에 대한 과학적인 예측이 가능하지 않는데서 오는 문제이다. 가

족정책에 관한 지식 기반과 결과 예측이 용이하지 않는 것이다.

따라서 가족정책은 상당히 힘든 과제를 안고 있다고 하겠으며, 동시에 오늘날 중요한 사회복지정책의 하나로서 부각되고 있음을 알 수 있다.

2) 가족복지서비스적 접근방법

가족복지서비스와 관련하여 가족에 대한 연구의 역사는 오래되었다. 리치몬드(Richmond)로 대표되는 개별사회사업에 대한 연구가 나온 이래, 가족은 사회사업의 중요한 대상 영역으로 파악되어 왔다. 개별사회사업의 어머니라고 불리는 리치몬드는 1971년 그의 저서 『사회진단』에서 사회사업의 과제로 개인의 생활배경으로서 가족환경을 사회사업의 영역에서 중요하게 취급하였다.

1960년대를 기점으로, 가족을 전체로 보고 하나의 유기체로 접근하는 방법은 가족복지서비스의 분야에서 사회복지전문가들의 관심을 끌었다.

대체로 가족복지서비스와 관련된 것으로 다음의 다섯 가지 내용을 들었다(NASW, 1970).

① 가족진단과 가족치료에 관한 것

② 자아심리학의 응용

③ 역할개념에 관한 것

④ 문제 가족에 대한 치료방법

⑤ 위기이론에 입각한 치료방법

먼슨(Munson, 1980)은 가족복지서비스와 관련하여 로저스의 가족역동성 이론의 틀을 이용하여 정리하고 있다.

그 틀은 가족행동의 세 가지 국면을 나타낸 것으로 다음과 같다.

① 사회제도적 측면

② 집단 상호작용적 측면

③ 개인 심리적 측면

이 세 가지 측면들은 상호 연관되어 있고 그것들이 복잡하게 가족행동을 형성한다고 보며, 이것이 가족복지서비스의 주요 대상이 된다는 것이다.

일반적으로 가족복지서비스는 특수한 욕구를 가진 가족구성원들의 특별한 문제를 취급하는 가족복지기관의 서비스 활동으로 다분히 가족복지의 제도적 개념을 보완하는 잔여적 성격을 띠고 있다. 가족복지기관의 목표는 가족 내의 개인 및 그 구성원들로 하여금 가족생활에서 원만한 인간관계를 맺게 하는 데 있다.

가족복지서비스의 대표적인 프로그램을 보면 다음과 같다(NASW, 1995).

(1) 가족에 대한 직접적 개입

가족에 대한 직접적 개입으로서 대표적인 것은 가족 사회사업이다. 가족사회사업은 가족복지기관이 주로 부부불화, 부모-자녀관계의 문제, 세대 간의 갈등과 같은 문제에 관련하여 특별히 전문가가 개입하게 되는 방법이다.

가족사회사업은 상황에 따라서 단기 혹은 장기로 나누어지며, 그 방법은 직접적 면접을 통한 상담으로, 경우에 따라서는 가족구성원 개인, 집단, 가족 전체에게 적용될 수 있다. 따라서 가족사정과 초기만남, 계약, 개입방법의 선택, 개입, 평가 등의 일련의 과정을 거치게 된다.

(2) 가족보호

가족보호(family caregiving)는 가정 내에서 발생하는 각종 장애문제에 대해 보호를 제공해 줌으로써 가족의 역할 수행과 능력 고취를 향상시키는 기능을 수행하는 것이다. 예를 들면 발달장애아동을 가진 가족, 치매노인 가족, 만성질환자를 가진 가족 등에 대한 각종 서비스를 말한다.

(3) 가정생활교육

최근 가족복지기관에서는 가족구성원들의 관계, 그들의 상호 간 애정 및 협동심을 강화시키기 위한 과정으로 교육적 성격을 강조하고 있다. 가정생활교육(family life education)은 집단역학의 학습과정을 통해서 가족 및 개인들의 사회적 기능을 앙양, 향상시키기 위한 서비스이다.

이 서비스의 목적은 가족구성원들로 하여금 집단 및 지역사회 생활의 정상적 형태 및 긴장요소를 이해하도록 하여 대인관계를 향상시키고 상황적 위기를 예방 혹은 완화시키도록 하는데 있다. 이 서비스의 대표적인 것은 부모역할훈련 프로그램이다.

일반적인 이 서비스의 교육방법은 집단 참여자들의 지적·정서적 경험과 가족의 문제해결 및 치료를 병행시킨다.

(4) 가족계획사업

가족계획사업은 재생산적 건강보호서비스의 일종으로 임신 전 위험 사정, 임신중절, 성병에 대한 보호, 영양, 자녀수에 대한 계획, 임신을 위한 서비스 등을 제공함으로써 건강한 가족생활을 하도록 한다. 또한 예방성과 치료성을 띤 혼전, 혼후 상담서비스가 있는데, 이는 훈련을 받은 전문가가 혼전, 혼후에 파생되는 여러 가지 문제를 해결하고자 하는 과정에 참여하여 행복한 결혼에 대비케 하고 만족한 부부관계를 유지토록 하기 위한 일종의 치료적 상담이다.

(5) 가족 보존과 가정 기반 서비스

가족복지기관들은 다양한 가족의 욕구충족과 가족 보존을 위하여 여러 가지 가족 보존과 가정 기반 서비스(family preservation and home-based services)를 개발하고 있다.

그런 서비스들은 다음과 같다.

① 가정부 서비스

② 형제자매결연(big brother~big sister) 서비스

③ 가정 법률상담

④ 가정 우해방문

⑤ 여행자 보조

⑥ 학력 전 아동, 노인 및 정신질환자를 위한 주간보호

⑦ 집단가정(group home)서비스

⑧ 재정상담

⑨ 캠핑

⑩ 청소년 · 노인 · 장애인을 위한 상황적 보호 프로그램

⑪ 빈민을 위한 치과 진료

⑫ 개별학습(tutoring)

⑬ 직업안내

⑭ 학령 전 아동의 인지기술과 사회성 및 정서적 발달을 도모하기 위한 모 부자 프로그램

⑮ 공공부조 기준에 해당되지 않은 가족의 특수한 욕구 및 공공부조의 수혜대상이 되지 못하면서 빈곤한 가족을 위한 경제적 원조 제공 등을 들 수 있다.

이 외에도 가정위탁보호, 입양, 한계 인구층, 즉 소수인종집단, 빈민, 노인, 알코올 중독자, 미혼모 가족을 위한 각종 프로그램이 있다.

이러한 가족 보존과 가정 기반 서비스들은 다양한 접근 및 치료방법, 상호 보완적인 서비스의 결합형태로 행해지기 때문에 여러 다양한 전달체계에 의해 수행된다.

(6) 가족치료

치료 이론적 가정들을 잘 이해하면 치료목표가 무엇이 될 것인지는 명확하다. 즉, 문제행동은 가족의 역기능 때문이며, 가족의 역기능은 구성원의 성숙을 방해하는 고착된 구조 때문이라고 치료자들은 보고 있다. 그러므로 치료의 목적은 재구조화에 있다.

미누친(Salvador Minuchin, 1974)은 이러한 가족치료기술의 세 가지를 제시했다. 가족에게 합류하기, 가족의 구조를 평가하는 기술, 변화(재구조화)를 가져오기 위한 기술이다.

① 가족에게 합류하기

치료자는 지도자적인 입장에서 가족에게 합류, 혹은 동조(join)함으로써 치료체계를 형성하는 것이 첫째 임무이다. 그러기 위해서는 그 가정의 표정, 스타일, 화술 등을 그대로 사용함으로써 그 가족과 합류한다. 합류의 기법에는 유지(maintenance)와 모방(mimesis) 등이 있다.

② 가족구조를 평가

가족에게 합류한 다음에는 가족구조를 측정하기 위해 상호작용 패턴, 권위체계, 경계가 유지되고 있는 형태, 융통성 정도를 파악하는 평가를 해야 한다. 이러한 평가가 끝나면 치료자는 가족구조에 대한 진단을 하고 치료의 목표가 설정된다. 예를 들면, 경계가 불분명한 가족은 경계를 설정, 강화시킨다는 것이다.

③ 변화를 가져오기

구조에 변화를 초래하고 증상을 호전시키기 위해 구조적 가족치료자들이 개발한 방법은 다음과 같다.

- 재현방법 : 가족의 상호작용 패턴, 의사소통 채널, 하위체계끼리의 거리감들을 회의(session) 중에 재현하는 것이다. 특히 문제시되고 있는 역기능적인 패턴이

치료자와의 관계에서 재현되는 것이며 전통적인 정신분석치료에서 개인 치료를 하는 동안 과거에 경험한 인간관계나 느낌, 소망 같은 것이 치료 회의(session)중에 전이되는 것과 같은 현상이다. 재현의 기법으로써 가족에게 커다란 종이와 크레용을 주고 그림을 그리도록 하였는데, 그 결과 가족이 구조에 대한 중요한 정보를 얻게 되고 그들의 상호작용 패턴이 회의(session) 중에 그대로 노출된다.

– 문제의 크기를 줄이기 : 치료자는 가족이 그들의 역기능 문제를 해결하는 차원에서 보도록 돕는다. 예를 들면, 치료자는 "수진이가 미친 것이 아니고 다만 늦게 들어오는 습관을 깨도록 가족의 도움이 필요한 것이지요."라고 말해준다. 일단 문제를 무능력보다는 능력 발휘의 차원에서 보도록 돌려놓기만 하면 가족의 능력을 발휘할 수 있도록 유도하기가 쉬어진다. 아이가 도저히 다룰 수 없을 지경으로 미친 것 같다고 믿는 부모에게 가족치료를 통해 무언가 효과가 있을 것임을 제시하는 것이, 즉 '다루어 볼만한 현실적 문제'로 보게 하는 방법이다. 아이를 변화시키고자 하는 작업은 실제로 부모의 유능성을 높여주며 치료자는 미친 아이를 고치는 "기적의 치료자"가 아니라 부모를 도와주는 "의존 대상자"가 되는 것이다.

제 2 장

가족체계와 가족생활주기

이 장의 내용

가족체계란 무엇인가? 우리가 일상생활을 함께 보내는 사람들이 가족이지만, 가족이란 무엇인지 명쾌하게 답을 내리기가 쉽지는 않다. 인간은 사회적 관계 속에서 살아가는 존재이다. 이를 구성하는 일차적인 집단이 가족이기에 사회의 변화에 적응해 나아가면서 삶을 윤택케 하기 위해서는 가족에 대한 이해가 필수적이다. 가족은 사회의 여러 제도 중에서 가장 오래도록 지속되어 온 기본적인 사회제도이다. 사회의 변천에 따라 가족은 사회와 상호작용하면서 다양하고 역동적으로 변화되어 오고 있다. 특히 오늘날처럼 다양한 모습의 가족들이 공존하고 있는 경우에는 가족에 대한 한 가지 정의만을 강조할 수 없다.

가족생활주기란? 개인이 탄생해서 결혼하고 사망하기까지의 가족이 겪게 되는 발달과 과업 그리고 잠재적 위기를 단계별로 설정해 놓은 생활상이다.

따라서 이 장에서는 가족체계의 개념, 가족체계의 기초이론, 가족생활교육, 가족생활주기를 알아 본 후 이들 가족들의 복지를 위한 서비스적 접근방법을 살펴봄으로써 다양한 가족복지 영역 속에 들어갈 열린 시각을 갖고자 한다.

1. 가족체계의 개념

1) 가족체계

체계이론은 한 가족구성원에게 영향을 미치는 사건이 모든 가족구성원에게 영향을 미치고 있음을 보여준다(예: 가장의 실직은 전체 가족에게 영향을 미침). 보다 큰 체계가 가족에게 어떤 영향을 미치는지를 사정하는데 도움이 된다(예: 빈곤, 실직, 학대와 차별 등이 가족에게 미치는 영향).

가족체계의 특징은 가족구성원이 상호 의존하는 관계특성에 있다. 체계 내 부분 간의 상호작용과 교류에 영향을 미치는 요소에는 대상과 속성, 관계, 환경이 있다. 가족을 체계로 접근하는 것은 가족사정 및 문제해결에 효과적이다.

가족규범은 가족집단 내에서 어떤 행동이 적절한가를 구체화하는 규칙이다. 흔히 분명하지도 언어화되지도 않았다. 가족규범을 사정할 때 모든 가족은 기능적 규칙뿐 아니라 역기능적 규칙을 가지고 있다. 사회복지사는 전체 가족과 개별 구성원이 효과적으로 기능할 수 있는 규칙을 수립하도록 도움을 준다. 역기능적 규칙은 찾아내서 변화시키고, 기능적 규칙은 강화된다(역기능적 규칙의 예: 아버지만 자신의 욕구와 기대를 표현할 수 있고 가족은 아버지의 욕구나 기대에 일치하지 않은 표현을 할 수 없다).

가족문제에 대한 깊이 있는 토론을 피해라. 논쟁에서 반드시 이겨야 한다. 권력구조의 개념은 한 가족구성원이 다른 구성원의 행동을 변화시키는 능력이다. 모든 가족은 권력구조를 발달시키고 이를 통해 구성원의 행동을 허용 가능한 범위 내에서 유지시킨다. 권력은 특정 가족구성원을 희생양으로 만들기도 하고, 가족폭력 혹은 아동학대 상황하에서 지배적 가족구성원이 가족체계의 경계설정 패턴을 좌우하기도 한다.

가족을 이해하는 관점에는 크게 두 가지 관점이 있다. 그 첫째는 가족체계이론(Family System Theory)이다. 이 이론은 가족생활을 각 가족구성원들의 행동의 단순한 합으로서 보는 것이 아니라 가족 간의 상호작용으로 본다. 이 관점을 따르면 개인은 그들이 맺고 있는 관계 맥락 속에서 파악된다. 둘째는 가족발달이론(Family Developmental Theory)이다. 이 이론은 가족을 자연적 생활주기 단계를 거치면서 발달하는 것으로 본다.

(1) 체계론적 관점

가족체계론적 관점이란 앞에서 설명한 일반체계이론을 받아들여 전체적인 관점에서 가족생활의 모든 부분을 이해하려는 접근방법이라 할 수 있다.

가족체계는 부모하위체계와 형제하위체계(아들/딸 하위체계)로 구분된다. 이러한 가족체계에서 중요한 개념들은 가족경계, 가족 항상성, 가족 삼각관계, 가족규칙, 가족신화, 가족의식, 격리와 밀착, 부모화 등이다.

① **가족경계** : 가족규칙에 의해서 형성된 구성원 간에 흘러가는 정보를 규정하는 것에 의해서 만들어진다. 즉, 두 하위체계 간의 경계선에 의해 어떤 하나의 하위체계에서 다른 체계로 정보가 흘러가는 것이 통제되거나 규정된다.

② **가족 항상성** : 일반체계이론에서 나온 개념인데, 어떤 특성을 끝까지 유지하려는 경향을 말한다. 이 가족 항상성은 반드시 긍정적으로만 작용하는 것은 아니다. 때로 가족체계에 어떤 변화가 필요할 때 그것을 막는 요인으로 작용할 수도 있다.

③ **가족 삼각관계** : 가족 안에 정서적으로 삼각관계가 존재하는 것을 의미한다. 즉, 가족 안에 두 사람으로 구성된 2인체계는 불안이나 긴장이 유발되는 경우가 많기 때문에 안정을 유지하기 어렵다. 따라서 두 사람 사이에 수용하기 어려운 문제가 생기면 2인체계는 긴장을 줄이려는 방법으로 세 번째 요소인 제삼자나 문제를 끌어들여 삼각관계를 형성하는 것을 말한다.

④ **가족규칙** : 가족구성원 안에서 상호 역동적으로 역할을 하게 하는 것을 의미한다. 가족체계 안에는 많은 가족규칙이 있을 수 있는데, 역기능 가정일수록 규칙이 경직되어 있거나 적다.

⑤ **가족신화** : 가족의 전반적인 이데올로기에 관한 것이라고 말할 수 있다. 즉, 가족신화는 가족구성원 개개인과 그 관계에 대한 기대와 공유된 믿음으로 구성된다.

⑥ **가족의식** : 역기능적 구조의 가정에서 보이는 일상적인 상호작용 양상과 명절이나 기념일에 보여지는 활동이 포함된다.

⑦ **격리와 밀착** : 가족이 서로 얼마나 관여되어 있는지의 여부를 파악하는 개념이다. 이와 관련된 개념이 경계인데, 애매한 경계인 경우 지나치게 서로 밀착되어 불필요하게 관여하게 된다. 격리는 그와 반대로 나타난다. 그런 가족은 침묵하고 위축되어 있으며 서로 고립되어 있고 친밀성이 부족하다.

⑧ **부모화** : 어떤 자녀가 가족에서 부모나 배우자의 역할을 대신 수행하는 것을 의미한다. 대가족이나 편부모가족, 맞벌이가족 등에서 자주 일어나는 현상인데, 이러한 경우 부모화된 자녀는 지나치게 어른스러워질 수 있다.

(2) 발달론적 관점

발달론적 관점을 통해 삶의 다양한 단계를 통하여 일반적인 발달을 볼 수 있다. 가족체계 안에서 가족구성원은 각각 개별적으로 성장해 간다. 그러한 각각이 서로에게 영향을 주고받으며 살아간다. 가족은 정적이라기보다는 역동적이다. 각각의 가족단계 안에서 그 가족이 다음 단계로 진보하기 위해서 이룩해야 할 어떤 중요한 발달과업이 있다. 마찬가지로 특정한 나이에서 개개의 가족구성원들이 수행해야 할 발달과업이 있다.

레빈슨(Levinson)에 의하면 인간은 성장하면서 세 번의 전환기를 거친다. 이러한 전환기는 하나의 위기로 작용할 수 있으며, 가족관계에 영향을 미칠 수 있다. 실제로 청소년기에 겪는 발달위기는 중년기의 전환위기를 겪는 부모와 중복되게 된다. 이때 부모는 부부갈등을 겪기 쉬운 때이기도 하다. 이렇게 전환기가 중복될 때 위기와 외부로부터의 도전에 능동적으로 대처할 수 있는 능력을 가진 가정은 일정 기간이 흐르면 안정을 되찾을 수 있겠지만, 그렇지 않은 역기능 가정일 때에는 가정에 심각한 문제를 일으킬 수 있다. 이러한 가족구성원 개개인의 발달과업은 가족 안에서 서로 영향을 주며, 가족체계 전체의 발달단계와 발달과업을 이루게 한다. 가족의 발달단계와 발달과업을 정리하면 〈표 2-1〉과 같다.

〈표 2-1〉 발달단계와 발달과업

단 계	주요 과업	최초의 사건
결혼 전	본가로부터 분리	약혼
아이 출생 전 부부	부부 역할에 적응(가정꾸미기)	결혼
아이 출생 부부	새로 태어난 아이에 적응	첫아이의 출생과 입양
완성된 가족	새로운 가족구성원에 적응	막내의 출생
청소년을 가진 가족	가족체계 내의 융통성 증가	가족으로부터의 아동분리
떠나보내기	가족구성원이 떠나는 것을 수용	자식의 직업이나 결혼
자식을 모두 떠나보낸 후	외로움과 늙어 감을 수용	자식을 떠나보냄 상대자를 선택

2) 가족체계의 특징

가족을 하나의 체계로 보는 관점은 가족구성원 간의 상호작용뿐 아니라 가족과 주변 환경과의 상호작용까지 모두 관찰하고 개입할 수 있다는 점에서 매우 유용하다. 가족은 가족구성원 개개인으로 구성된 전체이며, 지역사회를 구성하고 이에 적응하는 부분으로서의 체계이다. 즉, 가족은 사회체계의 한 유형이다.

가족구성원은 상호 의존하는 관계특성이 있다. 체계 내 부분 간이 상호작용과 교류에 영향을 미치는 요소에는 대상과 속성, 관계, 환경이 있다. 대상은 가족구성원을 의미하며, 속성은 가족구성원의 자질이나 성격특성, 그리고 가족이 지향하는 목표나 긴장을 의미한다. 관계는 가족체계 내 부분 간의 관계를 의미하며, 환경은 체계의 구성요소이면서 동시에 더 큰 사회체계로서 가족에 긍정적 혹은 부정적 영향을 미치는 이웃과 지역사회, 국가, 그리고 좀 더 광범위한 사회경제적·생태학적 체계를 포괄한다. 이러한 요소들이 상호 호혜적 관계를 형성하는 정도에 따라 체계는 개방적이 되기도 하고 폐쇄적이 되기도 한다.

개방체계는 체계 내 여러 요소와 환경 간의 상호작용이 원활하게 이루어지고 이를 통해 변화를 지향하는 경우를 의미하며, 폐쇄체계는 상호작용이 잘 이루어지지 않아 에너지의 혼란상태에 이르는 것을 의미한다. 가족구성원 간의 상호 교류와 의사소통이 원만하고 상호 영향을 주고받는 개방체계일 경우에는 가족구성원의 성장을 가져다주고 가족응집력을 높게 한다.

한 사람의 행동이 다른 가족에게 영향을 미치며 이는 반복적 상호작용행동으로 유형화된다. 체계로서 통합성을 유지하는 한편 경계를 형성하여 외부체계와 구분되기도 한다. 가족의 상위체계는 지역사회, 확대가족이 있고, 하위체계는 부부 하위체계, 부모-자녀 하위체계, 형제 하위체계 등이 있으며, 이 모든 체계는 상호작용하면서 에너지를 교환한다(이영실 외, 2012).

3) 가족체계의 기능

(1) 문제해결

이것은 효과적인 가족기능을 유지하기 위해 가족문제를 얼마나 잘 해결할 수 있는가의 차원을 말한다. 광의적으로 볼 때에 가족문제는 경제적인 문제나 일상생활의 문제들과 같은 기능적인 문제들과 감정이나 애정적인 갈등과 같은 애정적인 문제들로 구분할 수 있다.

(2) 의사소통의 차원

가족구성원 간에 어떻게 정보를 교환하고 받아들이는가의 차원을 말한다. 역기능적인 가족은 가족문제를 명료화하는 데 실패할 것이다.

(3) 역할

역할(roles)은 가족의 기능을 수행하기 위한 가족구성원의 반복적인 행동패턴을 의미한다. 여기에는 가족체계를 경영하고 유지하는 역할, 의식주와 같은 자원들을 공급하는 역할, 양육하고 지원하는 역할, 부모의 성적 만족 혹은 부모 역할의 형태들, 생활기술들의 발달 등이 고려된다. 각각의 가족구성원들이 적절하게 이러한 역할들을 수행한다면 기능적이 될 것이며, 그렇지 않을 경우에는 역기능적이 될 것이다.

(4) 정서적인 반응

이것은 가족구성원들이 각각 관계 속에서 어떻게 정서적인 반응들을 하는가의 문제이다. 감정을 표현하는 데에는 두 가지 주요형태가 있다. 그 하나는 사랑, 온화함, 동정심, 행복감, 즐거움 등과 같은 감정들로 이러한 감정들을 '행복한 감정들'이라고 부른다. 다른 하나는 두려움, 공포, 분노, 실망 등과 같은 부정적인 감정들이다. 이러한 감정들을 '위급한 감정들'이라 부른다.

(5) 감정 이입

이것은 가족구성원들 간에 서로의 감정들에 어떻게 반응하고 이입하는가의 문제이다. 상태에 따라 공감적 감정이입 상태를 가장 기능적이라고 할 수 있을 것이다.

(6) 행동 조절

가족체계 안에는 충동적인 역동들이 작용될 수 있다. 그러할 때 가족구성원들이 신체적으로 위험한 행동들의 한계를 어떻게 설정하는가는 중요한 문제가 된다. 행동의 조절은 자녀들에게만 적용되는 것이 아니라 성인들에게도 적용된다. 가장 기능적인 경우는 유연성이 있는 경우이다.

(7) 영적 기능

영적 진단이란 한 가족의 영적 상태를 평가하는 것을 의미한다고 볼 수 있다. 이러한 바탕에서 피체트(Fichett)는 영적 진단의 7×7 모델을 제시하고 있다. 이것은 전인적 차원인 의학적, 심리학적, 심리사회적, 가족체계적, 인종적이고 문화적, 사회적 문제, 영적 차원의 7가지와 영적 차원인 신념과 의지, 소명과 결과, 경험과 감정, 의식과 습관, 의례와 행위, 공동체, 권위와 지도를 7가지 차원으로 분류하였다.

2. 가족체계의 이론적 기초

1) 가족체계 이론(Family Systems Theory)

가족 안에서의 각 개인의 역할이 전체 속에서 어떻게 작용하고 있는가를 보여주고, 가족체계의 원리는 전체성에 입각하고 있기 때문에 개인의 문제를 고립적이고 개별적인 현상이 아니라 가족원의 상호관계와 전체분석을 통해 이해된다고 본다. 즉, 전체는 부분의 합보다 크며 각각의 요소를 합친다고 해서 체계가 산출되는 것은 아니라는 것이다. 가족체계는 각 성원들의 상호작용으로 인해 나타나며, 가족원 간의 상호작용 없이는 가족체계도 없다는 것이다.

가족구성원 개개인의 성격, 가치관, 목표 등을 아무리 잘 안다고 해도 그들이 상호작용하는 것을 알지 못하면 그 가족을 다 이해할 수 없다.

가족체계이론을 주장하는 학자로는 보웬(Bowen), 미누친(Minuchin), 올슨(Olson) 등이다.

상호작용과 상호의존성, 피드백 등 결과성, 경계, 형태 안정성, 형태 발생성이 이론을 구성하는 주요 개념이다. 부부와 가족원 간의 의사소통, 알코올중독이나 가족폭력과 같은 가족의 역기능성, 그리고 가족의 기능성을 평가하기 위한 가족유형 분류 등을 연구하는데 적용된다.

가족치료 및 교육 분야에서는 체계론적 입장에서 가족문제를 예방하고 해결하는 대표적인 응용 분야이다.

2) 가족발달 이론(Family Development Theory)

시간의 흐름에 따른 가족의 변화과정에 관심을 가지고 있다. 가족생활주기의 각 단계별로 가족의 다양한 역할과 발달과업을 가족원들이 어떻게 실행하는지, 즉 시간에 따른 변화의 과정에 초점을 두며 가족이 각 단계의 과업을 효과적으로 달성할수록 가족원들도 다양한 과업을 보다 성공적으로 이룰 수 있을 것이라고 주장한다. 규범, 지위, 역할, 단계, 사건 등이 주요 개념이다. 가족발달 이론의 한 예로 결혼한 부부만으로 이루어진 가족발달 단계는 자녀출산기로 진입하면서 질적 변화를 가져온다.

3) 사회교환 이론(Social Exchange Theory)

사회적 노력은 개인이 그들에게 보상이 되는 상호작용에 참여하고 비용이 되는 상호작용의 경향이 있다. 따라서 사회질서는 이윤 혹은 보상을 극대화하려는 개인들의 부산물이라고 본다, 보상, 투자, 이익, 비교수준, 대안에 대한 비교수준, 배우자 선택, 부부간 권력, 노인문제의 적용이 상호작용에 의해서 관계를 극대화하려 한다.

4) 건강 가족적 관점(Strong Family Perspective)

건강한 가족의 범위는 가족의 병리보다는 긍정적인 측면과 장점에 초점을 둔다. 같은 조건하에서 잘 적용하는 가족과 그렇지 못한 가족과의 차이에 관심을 두고 건강 가족의 특성을 규명하고자 한다. 그 건강 가족적 차원에서 중요시하는 주제는 개인적 차원에서 긍정적 사고, 책임감, 응집력과 적응력 강화, 효율적인 의사소통, 사회적 차원에서 건강한 시민의식 양성 등을 들 수 있겠다.

3. 가족생활교육

1) 가족생활교육의 정의 및 필요성

(1) 가족생활교육의 정의

'가족생활교육(family life education)'이란 유아에서 노인까지 개인과 가족의 전반적인 삶의 질을 높이고, 행복한 가정을 만들기 위한 통합적인 가정교육으로 평생교육이다. 따라서 가족 및 사회에서 나타나는 다양한 문제를 해결하기 위하여 사회적 노력으로 개인의 잠재력을 개발하고 강화시키는 평생교육이다.

현대사회에서 대두되는 가족문제는 개인의 성장발달에 많은 영향을 미칠 뿐만 아니라 사회의 안녕과 질서유지에 중요한 영향요인이 되고 있다. 이에 가족문제 발생에 대한 대책이 시급하며 이에 대한 가족생활교육이 요구된다.

이러한 필요성 때문에 가족생활교육은 가족문제를 예방하는 차원에서 개인의 성장 · 발달을 도모하고 가족생활을 윤택하게 하기 위하여 가정과 관련된 제반 기술과 지식을 교육하는 것을 말한다.

가족복지의 측면에서 강조하면 가족생활교육은 가족성원으로서 개인과 가족 전체가 행복한 삶을 영위할 수 있는 삶의 터전과 능력을 배양함으로써 변화하는 사회에서 겪을 수 있는 가족문제를 사전에 예방하기 위한 모든 교육적 활동이다.

가족생활교육을 위한 '가족생활주기(family life cycle)'를 수년 동안 가족발달을 연구해 온 학자들은 시간의 경과에 따라 가족성원의 행동에 영향을 미치는 변화와 가족구성의 유형화단계에 초점을 두는 용어로 가족생활주기라는 용어를 선호해 왔다.

그러나 최근에는 사회학자들이 생애과정(A Lifetime course)이라는 용어를 선호하기 시작하였다(유계숙 · 최연실 · 성미애, 1999).

(2) 가족생활교육의 영역과 내용

가족생활교육은 크게 보면 세 가지 목표인 문제해결, 문제예방 그리고 잠재력 개발에 초점을 두고 발달해 왔다. 이 중 어느 것이 더 우위를 차지하는지는 프로그램에 따라 다르지만 프로그램 개발 초기에는 문제해결에 더 중점을 둔 반면 문제예방과 잠재력 개발을 강조하는 경향이 있다.

그 내용 또한 가족문제 예방 프로그램이든 가족생활 향상 프로그램이든 또는 치료 프로그램이든 간에 모든 가족생활교육 프로그램은 공통된 목적을 가지고 있는 것으로 보인다. 하나의 체계로서의 가족의 능력을 향상시키고 가족체계의 각 구성원의 심리적 안녕을 증진하는 것이 공통 목적이다.

(3) 가족생활교육 프로그램이 효과적이기 위한 조건

① 건강한 가족체계의 기능을 증진시켜야 한다.
② 가족 안에 있는 독특한 사회적 · 문화적 맥락을 잘 포함하고, 이를 지지한다.
③ 가족의 자발적인 참여와 노력이 있어야 한다.
④ 내용적으로 가족생활주기와 다양한 인생경험 및 교육이 지속되어야 한다.
⑤ 치료보다는 예방에 초점을 두고 미래지향적인 실천 프로그램을 제공한다.
⑥ 개인의 변화와 행동/태도 변화를 강조하는 학습과정이 제시되어야 한다.
⑦ 계속적인 강화를 위해 (추후활동을 포함해서) 교육을 15~18시간 해야 한다.
⑧ 다양한 학습스타일을 위한 학습활동이 포괄적으로 제시되어야 한다.
⑨ 연습을 통한 학습강화계획이 제시되어야 한다(반영을 통한 행동).
⑩ 개인의 삶의 경험에 대한 정보를 이용할 수 있어야 한다.
⑪ 학습자의 경험, 문화와 개인의 가치지향을 존중하고 실천적이어야 한다.
⑫ 기술에 대한 모델을 보여주고 토론과 의견을 낼 수 있는 환경을 제공한다.
⑬ 잘 계획되고, 최근의 데이터(자료)를 활용해야 한다.
⑭ 집단의 요구도 조사에 기초하여 프로그램이 개발, 제시되어야 한다.
⑮ 교육내용에 대한 분석별 평가를 통해 보완 · 발전되어야 한다.

2) 가족생활교육의 접근법

(1) 평생 발달적 접근

생애 발달적 접근은 평생과업을 달성하는 목표로 첫째, 가족생활교육에 대한 폭넓은 개념을 반영하고 주제 영역이 주는 중요한 개념을 놓치지 않고 그 구조를 운영할 수 있게 한정짓고 있다. 둘째, 각각의 내용 영역에서 학습할 지식, 태도, 기술 등을 구체적으로 진술하고 있다. 셋째, 각각의 주제 영역은 행복한 가정에 대한 초점과 중심 개념을 발달단계에 따라 진술하고 있다.

(2) 주제중심적 접근

주제중심적 접근은 가족발달주기 단계에서 이루어져야 할 특정한 내용으로 가족생활교육의 일반적인 주요 관심 영역이다. 가족관계 형성을 위한 결혼준비 교육, 가족관계 향상을 위한 의사소통 교육, 성교육, 부모자녀의 관계향상을 위한 부모교육, 자녀교육, 고부교육, 치매노인 부양가족 교육 등은 적절한 주제중심 접근 가족생활 교육 내용에 포함된다. 이 외 참가대상들의 필요와 요구에 따라 가족생활교육 내용의 주제는 다양해질 수 있다.

(3) 통합적 접근

가족생활주기의 통합적 접근은 가족발달 단계 접근과 주제중심 접근을 통합한 것이다. 가족생활주기의 발달단계에 따라 꼭 성취되어야 할 주제를 중심으로 구성되었다.

통합적 접근의 특성은 첫째, 가족발달 단계 접근과 주제중심적 접근을 통합하여 각 가족생활주기에서 학습되어야 할 지식, 태도, 기술과 성취개념을 체계적으로 진술하였다. 둘째, 각 발달단계에서 꼭 필요한 중심주제에 대하여 연속성 있게 강조하고 있다. 셋째, 가족발달 단계에서 나타나는 특이 가족의 형태에 대한 중심개념이 진술되었다.

3) 가족생활교육의 전문성과 과제

(1) 전문성을 위한 8가지 점검사항

① 가족생활교육사가 정규직으로 활동하고 있는가?

② 가족생활교육사를 양성하기 위한 학교와 교과과정이 마련되어야 한다.

③ "전문협회"가 발족되어 있는가?

④ 가족생활교육과 가족생활교육사에 대한 정의와 역할, 가족생활교육사의 목적 및 등급별 가족생활교육사의 역할 규정이 마련되어 있는가?

⑤ 조직 내에서뿐만 아니라 유사한 목적을 지닌 조직과의 외적 갈등으로 인해 독특한 역할 정의가 요구되는가?

⑥ 가족생활교육과 관련된 필요성이나 역할에 대한 대중의 인식이 있는가?

⑦ 자격증이 법적으로 제도화되어 있는가?

⑧ 가족생활교육사의 윤리강령이 제정되어 있는가?

※ 이것을 위하여 건강가정사에 대한 관련제도가 2005년 1월 1일부터 시행되고 있다.

(2) 가족생활교육의 전문화 · 대중화를 위한 과제

건강한 가정을 만들기 위해 전문직으로서의 가족생활교육과 가족생활교육사의 활발한 사회적 활동을 위하여 가족생활교육의 이론적 틀을 마련하고, 가족생활교육의 학문적 발전을 기하며 가족생활교육의 대중화를 이룩하여야 한다.

첫째, 가족생활교육의 이론적 틀 마련을 위하여 가족생활교육의 정의와 목적을 체계화하고, 교육과정의 정비와 자격증 체계화 및 공인화가 되어야 한다.

둘째, 가족생활교육의 학문적 발전을 위하여 이론에 기초한 가족연구와 다양한 프로그램을 개발하고 진행 후에는 프로그램을 평가할 수 있는 도구가 마련되어야 하며, 체계적인 요구도 분석과 교육원리, 교육책략을 개발하여야 한다.

셋째, 가족생활교육의 대중화를 위하여 다양한 홍보와 관련자격증의 공인화를 추진하고 가족정책을 입안할 수 있어야 한다.

넷째, 가족생활교육의 전문화를 위한 대학교의 과목 채택과 학점을 부여하는 등이에 따른 준비가 되어 있어야 한다.

(3) 건강가정사의 준비와 훈련

① 가족생활교육의 많은 내용 영역에 대한 충분한 지식과 적절한 학문 분야의 연구결과를 통합하고 이를 가족의 욕구와 쟁점에 적용할 수 있는 능력을 갖추어야 한다.
② 가족생활교육에 대한 철학과 기본 원칙에 대한 지식을 습득하여야 한다.
③ 가족생활교육에 알맞은 여러 가지 교육방법을 사용하는 기술과 가족생활교육 자료와 자원을 사용하고 평가하는 기술을 개발하여야 한다.
④ 교육 실시 상황에서 개인과 가족 모두를 대상으로 효과적으로 교육할 수 있는 능력을 갖추도록 학습하여야 한다.
⑤ 가족생활의 주제에 관한 자신의 느낌과 태도를 통찰하고 자신의 생활경험을 인정하여 개인적인 생활경험이 교육을 방해하지 않도록 하는 것이다.
⑥ 가족생활교육 프로그램을 계획, 수행, 촉진, 평가하는 기술, 그리고 실시장소 밖의 지역사회와 정치적 맥락에서 다른 사람들과 더불어 효과적으로 일하는 기술협력을 해야 한다.

(4) 전문가의 윤리강령

① 가족학자들을 위한 일반적 원리를 적용하여야 한다.
② 가족학자들은 학생과 내담자를 존중하여야 한다.
③ 가족학자들은 고도의 전문적인 기준을 따라야 한다.
④ 가족학자는 사회를 진보시키는데 앞장서야 한다.
⑤ 가족학자는 윤리강령을 이해하고 따르며 다른 사람들이 따르도록 도와야 한다.

(5) 가족생활교육의 실시 현황

가족생활교육은 시대적 흐름에 따라 변화하여 왔는데 전통적인 주제 영역으로는 대인관계기술, 의사결정기술, 가족 상호작용, 자녀양육 및 지도, 가족자원관리, 결혼, 가족원의 역할 및 책임 등에 치중되어 왔다. 우리나라는 가정생활교육의 필요성이 증대되면서 여러 기관에서 교육 프로그램이 실시되고 있다.

① 종교기관에서는 일찍부터 예비 결혼교육과 부부관계 향상교육 프로그램이 실시되어오고 있다.

② 사회복지 분야에서는 가족문제에 대한 상담과 예방적 차원의 교육이 일찍부터 시작되어 부모교육과 결혼준비 성인교육 프로그램이 사회복지관과 상담소를 통하여 실시되고 있다. 특히 특정한 문제 있는 가족(알코올중독자가족, 비행청소년가족 등)을 위한 프로그램도 실시되고 있다.

③ 교육학과 심리학 분야에서도 실시되고 있는데 이 분야에서는 부모교육 프로그램을 실시하고 있다.

④ 가정학에서 가족생활교육용 가족발달 관점에서 전 가족생활주기를 고려하여 경험적 이론에 기초한 가족생활교육 프로그램을 개발하여 1990년대 들어 가족전공 학자들이 지속적으로 프로그램을 개발하고 있다.

현재 결혼 초기부터 노인기에 이르는 생애주기별 가족생활교육 프로그램이 다양하게 개발되고 있다. 개발된 프로그램으로는 예비 부부교육, 결혼초기 부부교육, 부부관계 향상교육, 중년기 부부관계 향상교육, 고부관계 향상교육, 청소년 자녀를 둔 부모를 위한 부모교육, 노인부양가족을 위한 교육, 치매노인 부양가족을 위한 교육 등이 있다. 그 외 가족문제를 예방하기 위한 교육 프로그램이 실시되고 있다. 치매노인 부양가족을 위한 교육, 한부모가족을 위한 교육, 미혼모가족을 위한 교육, 농촌가족을 위한 교육, 모자보호시설 아동을 위한 교육 등이 실시되고 있다.

4. 가족생활주기

1) 가족생활주기의 개념

(1) 가족생활주기

개인과 마찬가지로 탄생과 죽음을 반복한다는 것을 전제로 하여 부부가 혼인해서 사망할 때까지 가족이 겪게 되는 주요한 경험을 단계적으로 설정한다.

각 단계의 가족은 고유한 발달 이슈, 과업 그리고 해결해야 할 잠재적인 위기에 직면한다. 그러나 경계의 조정이 필요한데 자녀가 청소년기에 지나치게 경직된 경계는 부모 자녀 간의 갈등을 초래할 가능성이 높고, 너무 느슨하면 자녀의 활동에 대한 적당한 모니터링이 어려워진다.

(2) 가족생활주기의 단점

① 가족에 따라 상이할 수 있다는 점 무시

② 대체로 첫 자녀의 이정표에만 초점을 두는 경향

③ 이혼가족, 재혼가족, 무자녀가족 등 다양한 가족형태가 증가

2) 가족생활주기의 단계

(1) 서구사회의 가족생활주기

클릭크(Glick, 1951)는 아내 연령이라는 변수를 기준으로 다음과 같은 가족생활주기 6단계로 나누었다.

① 초혼연령 ② 첫아이 출산

③ 막내아이 출산 ④ 첫 자녀 혼인

⑤ 막내자녀 혼인 ⑥ 배우자 사망

카터와 맥골드릭(Carter & Mcgoldrick)은 가족생활주기를 6단계로 나누었다.

① 가족 떠나기: 독신 성인 초기　② 결혼을 통해 가족에 합류하기: 새로운 커플
③ 아동이 있는 가족　④ 청소년이 있는 가족
⑤ 아동을 떠나보내고 이동하기　⑥ 생활후기의 가족

콜린스(Collins)는 가족생활주기를 8단계로 나누었다.

① 결혼/파트너 되기　② 첫 자녀 출산
③ 학령 전 자녀 가족　④ 학령기 자녀 가족
⑤ 10대 자녀 가족　⑥ 자녀진수기 가족
⑦ 중년기 부모　⑧ 노년 가족 등

(2) 한국의 가족주기 및 특성

인구보건연구원은 핵가족을 중심으로 가족생활주기를 6단계로 나누었다.

① 혼인　② 첫아이 출산(확장기)
③ 막내아이 출산(완전확장기)　④ 첫아이 혼인/자립(축소기)
⑤ 막내아이 떠남(완전축소기)　⑥ 노부부 중 한 명 사망(해체기)

직계가족을 토대로 한 접근으로 가족생활주기를 5단계로 나누었다.

① 형성기: 혼인　② 제1확장기: 첫아이 출산
③ 제2확장기: 막내아이 출산　④ 제3확장기: 장남 혼인
⑤ 최대 확장기: 장손 출산

기혼여성의 가족주기 변화로 초혼연령이 상승하고 결혼해서 첫 출산까지의 기간 단축, 출산을 완료할 때까지의 기간도 감소(자녀수 감소, 출산 간격의 단축 등으로 인해)하고, 막내아이 출산부터 자녀 결혼 시작 시까지의 기간이 길어진다(막내 출산이 빨라지고 자

녀 결혼연령의 상승으로 인해). 자녀의 결혼이 시작된 시점부터 자녀의 결혼이 완료된 시점까지의 기간도 점차 짧아지는 경향이 있고, 남편 사망 시 부인 연령과 종료 시점인 부인의 사망 연령은 평균수명의 연장으로 점차 상승하며, 부인의 혼인에서부터 사망에 이르기까지 가족주기의 전체 기간은 점점 길어질 것으로 추정하고 있다.

3) 가족생활주기 단계의 특성

(1) 결혼/파트너 되기

혼인 부부의 세 가지 주요 과업은 서로가 만족할 수 있는 관계의 수립, 확대가족(새 파트너를 수용해야만 하는)과의 관계 재조정, 부모기에 대한 결정이다. 이 단계의 문제점들은 원 가족으로부터 성공적으로 독립을 성취하지 못한 경우 부부관계를 위협하는 분열된 충성심(효심 등)을 경험하게 되고, 독신생활에의 미련이 남아 있는 배우자도 부부관계에 스트레스를 가져오며, 부부가 예상 외로 빨리 자녀를 가지게 되면 부부관계에 관한 핵심적 합의를 도출해 낼 시간을 갖지 못할 수도 있다.

(2) 첫자녀 출산

이 시기의 문제들은 ① 자녀와 배우자의 욕구를 함께 충족시키기 위해 많은 노력(시간과 부모가 되는) 동기로는 라빈은 ① 숙명적 동기, ② 이타주의적 동기(인간의 이타주의적 동기 충족), ③ 자아도취적 동기(자녀 낳은 만큼 성숙했다는), ④ 도구적 동기(자녀를 통해 다른 목적을 달성할 수 있다는)로 구분하였고, 스콜닉은 ① 사회적 압력(혼인하면 아이를 가져야 한다는), ② 정서적·상징적 보상 제공 등으로 구분하였다.

(3) 학령전 자녀 가족

학령전 시기는 기본적인 생활습관을 습득하고 행동반경이 넓어지며 환경에 대한 호기심을 갖고 적극적으로 탐구하는 시기이다.

부모의 과업은 ① 아직은 활동반경에 비해 안전의식이 부족하기 때문에 부모의 적절한 감독이 필요하고, ② 안전을 보증하면서 적절한 양의 자극을 동시 제공해야 하며, ③ 지나친 독립은 위험에 처하게 하고 과보호는 발달(독립성 등)을 저해할 수 있다.

부모의 에너지 고갈 문제 발생은 자녀 간 터울이 짧을 때 심각해질 수 있다.

한국 어머니들의 자녀교육관의 문제는 ① 유아중심적이 아니라 성인중심이라는 문제와 유아의 흥미나 경험보다 지식중심적이고 학교 교육을 강조하며, 놀이보다는 특기 및 문자지도를 강조하며, ② 양육태도가 애정 및 통제형이어서 자율성(자주성)과 사회성의 발달이 낮게 나타난다.

(4) 학령기 자녀 가족

가족과업은 ① 청소년들이 성장하여 궁극적으로 가족을 떠나 독립할 수 있는 기술을 습득하도록 돕는 것이며, ② 부모는 보다 큰 책임과 독립을 허용해 나가면서 일하는데 필요한 습관을 발달시킬 수 있도록 보조한다. 학업성적은 부모와 자녀 모두에게 큰 짐이 된다.

(5) 10대 자녀 가족

혼란기로서의 가족과업은 아동이 동년배 그리고 부모 이외의 권위적인 인물과 협동적으로 상호작용하는 공적인 학습상황에 적응하도록 지지하는 것이다.

모순의 시기로서의 청소년기의 과업은 타인에 대한 신뢰의 학습, 안정된 정체감의 확립, 생의 목적에 따른 의문점을 해결하는데 있으며, 부모의 과업은 어느 정도의 틀을 유지한 채 독립을 지지하고 격려해야 하는 어려움에 직면한다. 자녀가 가족과의 유대보다 동년배와의 관계가 긴밀해지면서 일부 부모에게는 받아들이기 어려운 전환의 시기가 된다.

학업문제는 부모들이 자녀에 대해 가지는 가장 큰 고민이자 관심거리, 빈곤가정에서 학업문제로 부모–자녀 간 갈등 및 자녀 가출 문제 발생 가능성 높은 시기이다.

(6) 자녀진수기 가족

청년의 과제는 홀로 서기, 독립한 청년이 만약 가정을 일찍 떠났거나 자녀를 일찍 가졌다면 독립에의 노력은 심한 스트레스가 되고, 반면에 이 시기의 자녀가 취업이나 고등교육 문제로 독립을 늦추는 것도 부모에게 심한 스트레스가 된다.

(7) 중년기 부모 및 노년 가족

중년부부의 주요과업은 부부로서 자신들을 재확립, 새로운 역할과 규칙을 발견하면서 새롭게 연애단계로 접어들 수 있어야 한다. 반면에 자녀의 빈자리가 크게 느껴지면 삶의 의욕을 잃어버릴 수도 있다.

노년 가족의 문제는 ① 늙어감과 죽음에 직면하는 것에 적응해야 하고, ② 경제적 어려움이 있으면 더욱 어렵게 되며, ③ 성인자녀가 늙은 부모를 보호하는 역할 전환기에 부모와 자녀 모두에게 스트레스가 된다. 샌드위치 세대의 문제 발생은 중년부부가 노년부모와 자녀를 함께 돌보는 문제를 겪는 시기이다.

우리나라의 경우 전통적 효 가치관에 의해 규범화되어 있어 자녀와의 관계 정립이 중요하다.

부모-자녀관계의 변화는 ① 과거에는 일방적인 수직적 관계, ② 요즘은 수평적·상호 교환적 관계로 변화되었고, 앞으로는 노부모와 성인자녀 쌍방 간에 상호 호혜적 관계로 변화되어야 한다.

자녀에게 부양의식과 효를 기대하는데 자녀가 이에 부응하지 못할 경우 부모는 소외, 고독감, 좌절감을 느끼고 세대 간 갈등을 유발한다.

자녀 교육이나 혼인 등에 과도한 투자가 발생한 가정의 경우 노부모의 노후대책이 부실하고 공적인 부양체계마저 없는 현실에서 갈등이 심화되고 가족의 부담이 되기도 한다.

제 2 부

가족복지정책

제 3 장

복지국가와 가족복지정책

이 장의 내용

가족복지의 정책적 접근은 그 대상을 가족 전체, 국민을 대상으로 하며 개별적 접근보다는 사회구조적 문제에 대한 사회적 책임이나 국가와 지역사회의 의무로 개인의 문제를 접근하는 방식으로 가족복지정책과 행정 및 제도, 관련법 등을 의미한다고 볼 수 있다.

가족정책에 대한 관심은 1970년대 이후 가족구조의 변화, 성역할에 대한 이데올로기의 변화와 가족과 관련된 사회적 병리현상 등이 현저하게 증가하고 이에 대처하는 사회정책의 미흡과 부적합성이 크게 인식되면서 서구사회에서 나타나기 시작하였다.

이에 여성가족부는 명실 공히 가족정책 전담부처로 명분을 확고히 하면서 점점 정착단계에 접어들고 있다. 따라서 여성가족부에서는 매 5년마다 가족정책의 기본 틀을 수립하고 추진하면서 문제점을 보완하는 역할을 하게 될 것이다. 이에 한국여성개발원에서 여성가족부의 의뢰를 받아 6가지 내용을 핵심으로 한 '가족정책기본계획(2006-2010년)'을 발표했다.

한편, 여성가족부는 제1단계 '가족정책기본계획(2006-2010년)'이 효율적으로 이행될 수 있는 법적 근거를 마련하고자 진취적인 건강가정기본법 개정 법률(안)을 통해 발전해 가고 있다.

따라서 이 장에서는 복지국가와 가족복지정책의 개념을 살펴보고 가족복지정책의 범주와 유형을 살펴보며, 가족복지정책의 전달체계와 우리나라 가족복지정책에 대하여 알아보고자 한다.

1. 복지국가와 가족복지정책

1) 복지국가

(1) 복지국가의 개념과 정의

사회복지 용어사전에는 복지국가란 일반적으로 '국민의 생존권을 보장하고 복지의 증진과 확보 및 행복의 추구를 국가의 중요한 임무로 하는 국가'를 말한다. 복지국가라는 개념은 제2차 세계대전 중에 영국에서 나치스 전쟁국가(warfare state)에 대항하기 위해 사용되었던 것에서 시작된다. 그것이 의미하는 것은 전시 중에 발표된 베버리지 보고(Beveridge Report)에 의해 확실해졌다. 베버리지 보고는 구빈(救貧)적 발상에 기초한 것이 아니라 국민생활의 최저 보장은 정부의 의무라고 논하였다. 이것에 의해 사회보장이 긴급 피난으로서가 아니라 보편적인 시민의 권리(사회권)로서 확립된 것이다.

이러한 사회보장 관(観)이 전후(戰後) 선진 자본주의국가에 침투한 배경에는 케인즈 경제이론의 수용이 있다. 즉, '1929년 대공황에서 블록경제화 그리고 제2차 세계대전으로'라는 경험의 반성에서 거시경제정책을 통하여 '수요 관리'를 실행하고, 경기순환의 물결을 제어하고, 완전 고용을 실현한다는 사고가 경제학적으로 정통한 것으로서 받아들여지게 되었다.

바꾸어 말하면, 정부의 국민생활에 대한 항상적인 개입이 정당한 것으로서 경제 이론적으로도 인정됨으로써 복지국가의 발전이 촉진되었다고 할 수 있다. 복지국가의 발전은 필연적으로 공공재정의 확대를 수반하기 때문에 당초 복지국가 연구는 정부의 사회보장 관계 지출을 촉구하는 요인을 확정하는 데만 관심이 기울여졌다. 거기에서의 대표적인 가설이 경제요인설과 정치요인설이다.

경제요인설에 의하면 1국의 인구 구성이나 제도의 성숙도 외에 지출을 촉구하는 것은 경제성장·공업화이며, 정치적인 당파성은 이것에 대해 중립적이다. 즉, 복지국가 발전에 있어서 정치는 중요한 요인이 아니다. 이것에 대해 정치요인설은 경제발전·공업화가 갖는 의미를 인정하면서도 선진 국가에 한정해서 보면 조직노동이나 좌파 정당의 힘이 복지국가 발전의 차이를 설명하는 중요한 요인이라고 주장한다.

일정의 경제발전이 없으면 복지국가의 재원을 조달할 수 없으며 그 의미에서 경제요인의 중요성은 부정할 수 없다. 그러나 선진 국가를 보면 정부 지출이 적은 미국, 캐나다, 일본에서 지출 대국이라고 불리는 스웨덴을 비롯한 북유럽 국가까지 다양하며, 거기에 정치의 작용이 인정되는 것이다. 이와 같이 정치요인설은 경제요인설보다 일보 진전된 복지국가 연구라고 할 수 있지만, 거기에서는 여전히 복지국가의 발전이 단선적으로 받아들여지고 있었다. 즉, '복지국가 발전－공공재정의 확대'라는 전제에 서서 지출이 크면 클수록 복지국가의 발전도가 높다고 생각되었던 것이다.

이러한 단선적 발전론 또는 수렴론에 대해 복지국가 제도의 특징(사회보장 수당이나 서비스의 포괄성, 수준, 자격요건 등)에도 착안하여 자유주의적 복지국가, 보수주의적 복지국가, 사회 민주주의적 복지국가라는 세 가지 유형을 제출한 것이 에스핑 앤더슨(Esping-Andersen)이다.

유형론에 의해 종래의 단선적 발전론 또는 수렴론은 부정되며 복지국가의 복선적 발전이 인정되었다. 또한 에스핑 앤더슨은 복지국가 제도가 특정의 사회구조를 재생산하는 경향이 있다는 것을 주장하고, 이 점에서도 복지국가 발전요인론을 초월한 연구의 지평을 열었다. 오늘날 유형론의 한 단계의 발전으로서 주목받고 있는 것이 젠더(gender)론에서의 연구이다.

그런데 복지국가는 1970년대 이후 다양한 비판을 받아 왔다. 단지 공적 서비스의 확충에 의해 국민 복지를 향상시키고자 하는 종래의 복지국가관은 재정 핍박뿐만 아니라 서비스의 획일화, 관료제화라는 문제를 낳는다고 생각되어 공사의 다양한 복지기능을 활용하는 다원적 복지시스템이라는 사고가 대신하고 있다. 그러나 이러한 개선이 단순한 복지국가의 해체를 의미하는 것은 아니다. 공과 사의 복지기능을 조정하는 방법은 각국의 역사적 유산, 즉 어떠한 복지국가를 발전시켜 왔는가에 따라 크게 다르기 때문이다(사회복지 용어사전, 서강훈).

(2) 복지국가 재편론

복지국가 재편 방향에 대한 논의는 복지국가가 어떻게 형성되었는가에 대한 인식에 따라 달리 나타난다. 이러한 방법으로는 체제적 접근방법과 정책구조중심 접근으로 구분할 수 있다(장훈, 1996: 41 이하).

① 복지국가 재편 가능성에 대한 체제적 접근

가. 경제적 접근 : 경제 위기가 크면 클수록 복지국가 재편 양상도 커진다. 경제적 접근은 복지국가 위기는 경제 위기에 기인한다고 본다. 따라서 신보수주의적 관점에서 시도하는 복지국가 재편에서의 편차는 경제 위기의 편차에서 찾을 수 있다고 주장한다. 그러나 경제적 접근에 따른 가설은 복지국가 재편 과정에 나타나는 국가 간 편차를 적절히 설명하지 못한다(장훈, 1996: 42).

나. 권력 자원 모델 : 산업노동자에 의한 권력 자원은 복지국가 축소에 대한 효과적 방어기제이다. 그러나 노동운동이 상대적으로 쇠퇴한 영국과 미국에서 복지국가 재편이 대규모로 이루어지지 않았다.

다. 복지국가 성립에 대한 제도적 접근 : 관료제 발달이 복지국가 발전의 동인이다. 정부 조직구조가 수직적, 수평적으로 통합되어 있는 국가일수록 일반적인 정책 수행 능력이 증대하기 때문에 다양한 복지 프로그램 집행을 포함한 복지국가 성장이 용이하다.

② 복지국가 재편에 대한 복지정책구조 중심적 접근

복지국가 재편 양상을 복지정책구조 중심으로 보아야 하는 근거는 다음과 같다.

총 복지예산 변동은 별로 이루어지지 않았는데, 복지국가 내 프로그램 간에는 중대한 재조정이 이루어지고 있으며, 이러한 측면이 복지국가 재편의 핵심적 양상을 이루고 있다.

- 어떤 프로그램이 축소되고 있는가?
- 어떤 프로그램이 확대되고 있는가?
- 신보수주의적 재편에 성공적으로 저항하는 프로그램과 그렇지 못한 프로그램 간 차이는 무엇에 의해 결정되는가?

복지정책구조에 대한 관심의 차원에 복지 프로그램의 특유한 정책구조에 따라 프로그램 축소나 삭감에 저항하는 사회적 집단이 활성화되는 동기나 자원의 정도가 결정된다.

복지 프로그램의 정책적 구조에 따라 이의 삭감과 축소를 추진하는 정책 행위자들의 사회적 학습이 영향을 받는다.

결국 기존 논의, 즉 복지국가의 재편 동인으로서 산업노동자의 권력 자원 쇠퇴, 정치제도 구조, 경제 위기 등에 더하여 "복지제도의 정책구조"를 또 하나의 동인으로 추가할 필요가 있다.

③ 복지국가의 미래

전체적인 총규모 차원에서 복지국가 체제는 유지되지만, 프로그램별 성장 내지 삭감현상을 관찰할 수 있다.

"복지 프로그램의 수혜집단이 갖는 정치적 단결과 통합능력에 따라 해당 프로그램의 내구성이 결정된다. 해당 프로그램 유지는 그 프로그램 수혜집단의 정치적 설계 능력과 지지 동원 능력에 달려 있다는 점은 앞으로 정치적 동원 능력이나 자원이 부족한 집단을 대상으로 하는 프로그램의 축소를 가속화시킬 것이다. 이는 결국 사회적 시민권 보장이라는 복지국가의 근본적 이념에 대한 위협이라고 하지 않을 수 없다(장훈, 1996: 55 이하)."

2) 가족복지정책

가족복지정책(family welfare policy)은 가족을 대상으로 하며, 가족성원과 가족이라는 하나의 단위에서 표출되는 욕구를 지원, 보충, 대체하는 기능을 담당함으로써 가족에게 긍정적인 영향을 미치는 국가 개입적 활동이다.

가족복지정책은 가족복지를 현장에서 실천하는 제도적·법적인 틀을 제시하고, 다른 영역과의 상호관계를 통하여 가족복지의 효율성을 높이는 정책이다.

가족복지정책은 국가와 사회에 따라 혹은 학자에 따라 다양하다. 이와 같이 가족복지정책은 서로 다른 나라와 지역의 문화를 중심으로 발달되어 왔으며 가족은 그 사회를 구성하는 가장 기초적인 집단으로서 모든 가족복지정책은 그 사회의 구성에 반드시 필요한 그 밖의 정책들과 연결되어 있기 때문이라고 볼 수 있다. 이러한 다양성에도 불구하고 가족복지정책에 대한 일반적 의미는 국가가 국민과 그 가족을 위하여 실시하는 제반 조치로서 가족생활의 유지 및 강화, 가족 내에서 성장을 도모할 수 있는 여러 시책이라고 할 수 있다.

또한 가족정책(family policy)은 국가가 가족이라는 사회적 구성단위의 기능이나 역할에 직접적·간접적으로 영향을 미침으로써 원하는 방향으로 변화를 의도하는 체계적인 개입활동을 말한다.

짐머만(Zimmerman, 1988)은 대부분의 가족복지정책은 의도적이건 비의도적이건 간에 가족에게 영향을 미치고 있으며, 가족복지정책의 궁극적 목표는 '가족복지'라고 지적한다. 즉, 가족복지정책은 각각의 가족 내의 구성원들이 문제에 직면하게 되었을 때 개인의 안녕을 넘어서서 '가족복지'라는 목표에 합의하여 이와 관련된 해결책들을 제시하는 정책이라고 주장한다.

최성재(1992)는 가족복지정책이란 '가족의 기능, 구조 및 역할을 바람직한 방향으로 유도하고, 가족 전체 및 가족원으로서의 개인의 복지를 증진시키기 위하여 국가가 의도적으로 하는 행동에 관한 일련의 원칙들'이라고 정의한다.

가족복지정책이란 개인과 가족이 건강하고 행복한 삶을 영위하고, 가정생활과 관련된 삶의 질을 높일 수 있도록 하기 위해 제도화하고 시행하는 정부의 모든 복지정책을 의미한다.

가족복지정책의 목적은 가족의 문제를 전체 사회의 구조와 연관지어 파악하고, 가족문제에 국가가 개입하여 가족이 사회에 잘 적응할 수 있도록 도와주는 제도적 장치를 만들려는 것이다.

가족복지정책의 필요성은 오늘날 사회가 분화되고 빠르게 변화하면서 가족 스스로 문제를 해결하지 못하거나 가족이 제대로 기능하지 못하는 상황이 발생할 수 있다. 이에 따라 가족의 문제를 해결하고 가족의 기능을 강화하거나 보완·대체하기 위한 사회와 국가의 정책적 지원이 필요하다.

가족복지정책을 분류하면 소득지원정책, 포괄적 가정지원정책, 건강지원정책, 자녀양육정책, 가족돌봄정책 등으로 구분한다.

〈표 3-1〉 가족복지정책의 분류

정책 구분	구체적 세부 내용
소득지원정책	가족의 생활 안정을 목적으로 하는 정책 국민연금제도, 기초생활보장제도, 소득공제제도 등
포괄적 가정지원정책	가족관계의 증진 및 역량을 강화하기 위한 정책 건강가정정책 등

정책 구분	구체적 세부 내용
건강지원정책	가족의 건강을 보장하기 위한 정책 국민건강보험제도, 의료급여 등
자녀양육정책	자녀 출산 및 양육을 지원하는 정책 산전후휴가제도, 육아휴직제도, 영·유아보육제도 등
가족돌봄정책	보살핌이 필요한 가족에게 지원하는 정책 기초노령연금제도, 노인장기요양보험, 장애수당, 장애아동부양수당 등

일반적인 가족복지정책은 '개인과 가족이 건강하고 행복한 삶을 영위하고, 가정생활과 관련된 삶의 질을 높일 수 있도록 하기 위해 제도화하고 시행하는 정부의 모든 복지정책'이라고 할 수 있다.

캐머만(Kamerman, 1988)은 가족복지정책을 국가에 의하여 직접적으로나 간접적으로 가족에게 영향을 미치는 모든 활동을 포함한다고 주장하며 명시적으로는 내재적 가족에 대한 내용과 영향, 그리고 의도적이고 비의도적인 가족에 대한 결과와 같은 차원에 의하여 가족복지정책이 구체화될 수 있다고 보았다.

김영모(1990)는 가족복지정책을 자녀를 위한 경제적 원조, 양육, 보호 및 사회화와 노인의 보호와 부부간의 애정 및 협동을 유발하기 위한 제도로서 가족이 제 기능을 발휘하지 못할 때 가족성원의 욕구와 문제를 해결하기 위한 국가의 개입이라고 보았다.

최성재(1992)는 가족의 기능, 구조 및 역할을 바람직한 방향으로 유도하고 가족 전체 및 가족성원으로서 개인이 복지를 증진시키기 위하여 국가가 의도적으로 행하는 행동이라고 정의하고 있다.

공세권(1993)은 가족복지정책이란 구조적·기능적 측면에서 적합성을 유지할 수 있도록 기능 및 역할의 개발은 물론 가치관의 정립, 가족제도의 보완, 가족문제의 예방 및 치료, 그리고 자생력을 갖지 못한 가족의 보호라고 정의하였다.

김성천(1995)은 가족복지정책이란 가족성원 개인의 요구와 문제를 대상으로 하는 정책이 아니라 가족의 여건이 우선시되는 요구와 문제를 해결하는 정책이라고 정의하고 있다.

이와 같이 다양한 가족복지정책의 개념과 정의를 종합해 보면 가족복지정책은 역기능적 가족의 구조와 기능으로 인하여 발생하는 가족문제와 이로 인하여 발생하는 사회문제를 예방, 해결하고 보다 더 건강한 가족, 사회를 유지, 강화하고자 하는 국가와 사회의 노력이라고 할 수 있다.

2. 가족복지정책의 범주와 유형

1) 가족복지정책의 범주

가족복지정책의 범주를 정의하기란 쉬운 문제가 아니다. 가족복지를 추구하는 국가든지 그 이상의 목적을 가지고 가족복지정책을 추구하는 국가이든지 간에 국가가 실시하는 대부분의 정책은 어떠한 형식으로든지 가족에게 영향을 미친다는 점에서 모두 가족복지정책에 포함될 수 있다.

이러한 측면에서 가족복지정책은 보다 폭넓은 범위에서 소득재분배정책, 인구정책, 여성 및 노인을 위한 정책, 실직자를 위한 정책 등 모두 포함될 수 있다.

변화순(1995)은 이와 같이 광범위한 가족복지정책의 범주에 대하여 '가족복지정책에는 가족에 대한 구체적이고 분명한 목표를 달성하기 위하여 제안된 명시적 프로그램 및 정책, 가족에게 그리고 가족을 위하여 의도적으로 시행되기는 하나 가족에 대한 합의된 전반적 목표가 없는 정책 및 프로그램을 모두 포함한다고 보았고 명시적 가족복지정책에는 인구정책, 가족급여정책, 가족법, 노동시장정책, 요보호대상자 가족을 위한 가족복지정책, 대인적 사회복지서비스 제도로 구분하고 있다.

조홍식(1997)은 한국 가족복지정책의 범주를 다음과 같이 광의의 가족정책과 협의의 가족정책 두 가지로 구분하였다, 광의의 가족정책으로는 생활보호제도, 한부모가족, 소년소녀가장제도, 보육정책, 가정폭력에 관련된 정책 등으로 구분하고 있다. 이와 같이 가족복지정책의 구체적 범주를 구분하는 것은 결코 쉬운 일이 아니다. 이는 정책의 목표와 대상이 모호하고 다른 정책과 겹치기도 하면서 가족복지정책이 그 사회와 국가의 특성을 반영하는 특성을 가지고 있기 때문이다.

다양한 가족복지정책과 제도를 구분함에 있어 흔히 사용되는 범주는 가족이 수행하는 사회적 기능과 역할에 의하여 분류하는 방법이다. 국가가 기대하는 가족의 기능 혹은 역할 수행은 부적응적 역기능의 관점에서 가족의 욕구로 표현되며 이와 관련하여 가족복지정책을 구분할 수 있다.

가족복지정책이 고정적인 것이 아니라 사회와 가족의 변화상을 반영하는 변화의 속성을 가지고 있어 가족복지정책의 구체적인 범주를 명확하게 구분하기는 쉽지 않다. 이러한 가족복지정책의 범주는 다음 〈표 3-2〉와 같다.

〈표 3-2〉 가족복지정책의 범주

가족의 욕구	가족복지정책의 범주
경제적 욕구	사회보험, 공공부조, 가족수당, 조세감면 등 소득보장, 주택관련 지원
건강의 욕구	건강 및 관련 프로그램
양육 및 보호의 욕구	아동수당, 육아휴직, 양육비 지원, 보육서비스, 모자보건, 가족간병휴가, 노인·아동·장애인 부양지원서비스, 입양아 부양지원서비스
심리적·정서적 욕구	가족상담 및 치료적 서비스, 가정폭력지원서비스, 부부상담, 기타 대인서비스
건강가족 조성의 욕구	가족에 대한 사회적 규범과 관련된 법, 제도 (가족법, 건강가정지원법 등)

(1) 가족복지정책의 범주(Kamerman & Kahn, 1988)

① **명시적 가족정책**(explicit family policy) : 정부나 행정기관이 특정한 기획과 정책을 수행할 때 정책의 수혜대상이 가족이라고 분명하게 제시하고, 가족을 위하여 추구하고자 하는 목표가 구체적이고 명확한 정책(가족을 사회적 시각으로 접근하

는 북유럽이나 프랑스 등)을 말한다.

② **묵시적 가족정책**(implicit family policy) : 가족정책 이외의 다른 영역에서 행해진 정책들(조세정책, 노동정책, 이민정책 등)이 가족에게 영향을 주는 정책(영국, 미국 등)을 말한다.

(2) 가족의 책임에 대한 국가의 지원방식(Harding)

① **권위주의 모델**(authoritarian model) : 가족의 형태나 행동양식을 국가가 원하는 방향으로 강화하기 위한 정책과 법적 조치를 취하는 모델이다.

② **자유방임 모델**(Laissez faire model) : 국가가 가족에 대한 간섭을 하지 않고, 사적인 영역을 보호함으로써 특별한 가족정책을 제시하지 않는 모델이다.

③ **중간개입 모델**(intermediate model) : 앞의 두 모델의 중간 유형으로서 가족에 대한 국가의 책임을 적절한 수준에서 인정하고 가족통제를 시도하면서도, 가족의 자율적인 측면을 존중하면서 가족기능의 보완 내지는 대체정책을 제시한다.

2) 가족복지정책의 유형

가족복지정책은 그 사회와 국가가 지향하는 측면과 밀접하게 관련되어 있기 때문에 명확하게 유형화하기에는 다소 무리가 있지만 각 국가가 채택하고 있는 가족복지정책의 모델과 서비스의 형태에 따라 공통요소와 특성을 살펴볼 수 있다.

가족복지정책의 핵심적 목표는 '가족복지'이며, 가족구성원들의 복지욕구 충족을 위하여 국가가 체계적인 지침을 통하여 펼치는 정책으로 그 유형은 다음과 같다.

캐머만과 칸(Kamerman & Kahn)은 복지국가체계에 따른 가족복지 유형에 따라 가족복지정책의 내용이 무엇인지, 어디까지를 가족정책으로 할 것인지에 대한 것은 각 국가의 역사적·사회적 특성에 따라 고용 관련, 소속 관련, 사회서비스로 분류하였다.

〈표 3-3〉 캐머만과 칸(Kamerman & Kahn)의 복지국가체계에 따른 가족복지 유형

분류	제도와 정책	구체적 프로그램
고용 관련	고용과 양육제도	모성, 부성 지원정책 피고용자 급여
소득 관련	조세제도	세율의 차등 책정, 피부양자 면세제도, 빈곤자 면세, 근로소득 공제
	가족급여제도	피부양자 수당, 식권제도
사회서비스	보육제도	보육서비스
	모성, 아동건강	모성휴가, 학교보건
	주택정책	주택임대
	특수욕구를 가진 가족에 대한 정책	빈곤가족을 위한 보충급여제, 특별욕구를 가진 아동서비스, 아동복지서비스, 아동영양서비스

고티어(Gauthier, 1996)는 인구학적 변화인 출산율 하락, 인구고령화, 한부모가족의 증가, 여성의 사회참여 증가 등과 같은 요소에 대한 국가개입이 가족복지정책으로 나타난다고 하면서 국가마다 정책의 선정과 개입방법 및 수준의 차이가 있음을 분석하고 가족의 현금급여, 취업지원급여, 보육제도, 피임과 낙태에 관한 법률 등을 중심으로 가족복지정책의 모델을 프랑스의 가족친화적 모델, 독일의 전통주의적 모델, 덴마크와 스웨덴의 양성평등주의 모델, 미국과 영국의 가족친화적이면서 비개입주의의 모델 등 네 가지로 유형화했다.

〈표 3-4〉 고티어(Gauthier)의 가족복지정액 유형

유형별 정책모델	정책적 관심	정책 프로그램	해당국가
가족친화적 모델 출산장려주의 모델	저출산의 문제를 해결하기 위한 출산장려정책	자녀수당, 모성휴가, 보육시설 지원, 낙태에 대한 관대	프랑스
전통주의 모델	전통적·가족친화적 정책목표 유지, 가족지원을 위한 중간 정도의 국가개입	취업 모 세제지원, 휴가급여, 보육정책 부진	독일

유형별 정책모델	정책적 관심	정책 프로그램	해당국가
양성평등주의 모델	남녀평등 증진, 취업부모에 대한 국가지원	부모휴가, 자녀간병휴가, 아동수당, 낙태에 대해 관대	덴마크, 스웨덴
가족친화적이면서 비개입주의 모델	최소한의 국가개입, 요보호 가족 중심 개입, 전통적 가족유형 선호, 자립강화	낮은 수준의 모성휴가, 보육지원	미국, 영국

에스핑 앤더슨(Esping-Andersen, 1999)은 사회복지정책이 가족 중심의 책임을 강조하면서 가족주의, 가족에 대한 사회적 책임을 강조하였고 복지국가의 유형에 따라 분석될 수 있다고 보았다. 각국의 복지이념, 사회계급과 계층 간의 역동적 관계에 의하여 소득보장정책, 노동시장정책이 규제를 받는 것과 같이 가족복지정책도 이러한 사회구조적 요인들로부터 영향을 받으며 자유주의 복지체계, 조합주의 복지체계, 사회민주주의 복지체계 등에 따라서 국가의 가족에 대한 역할과 개입정도에 따라 크게 가족주의와 탈가족주의로 유형화될 수 있다고 보았다.

〈표 3-5〉 에스핑 앤더슨(Esping-Andersen)의 복지국가체계에 따른 가족복지 유형

복지체계	가족복지 유형	국가의 역할 개입	해당 국가
자유주의 복지체계	가족주의	국가개입 최소화, 가족 스스로의 책임과 전통적 가족기능 강조	미국, 캐나다, 호주
조합주의 복지체계	이원적 가족주의	국가가 상당 부분 개입하나 가족이 보호와 양육기능의 책임주체로 역할 강화	독일, 프랑스, 호주
사회민주주의 조합주의 혼합	탈 가족주의	국가가 가족에게 부양과 양육의 책임을 전가하지 않음	덴마크, 스웨덴, 노르웨이, 핀란드

한국의 가족복지정책 유형은 가족변동에 따라 가족복지를 증진시킬 수 있는 방법으로 대응하고 있다고 볼 수 있으며, 시대와 인구변화에 따라 가족복지정책의 방향이 변화되어 왔다고 볼 수 있다. 이러한 변화를 중심으로 한국의 가족복지정책을 살펴보면 가족에 대한 소득지원정책, 가족과 취업을 양립하는 고용정책, 저소득 가족을

위한 지원정책으로 구분해 볼 수 있다. 소득지원정책에는 세제혜택, 사회보험 이 있으며, 고용지원정책에는 산전·후 휴가 및 급여, 육아휴직 및 급여, 직장보육시설 등이 있고 보호 및 양육지원 프로그램에는 영유아보육, 장애인부양 등이 있다.

3. 가족복지정책의 전달체계

서구에 비해 늦게 시작된 한국의 가족복지정책을 추진하는 전달체계는 공공전달체계와 민간전달체계로 구분해 볼 수 있다. 즉, 공공정책을 집행하는 중앙과 지방부서, 국가로부터 위탁받은 민간 차원의 추친체계로 구분할 수 있다.

먼저 공공전달체계로서 가족복지정책을 기획·수립하는 중앙의 정책담당행정기구와 수립된 가족복지정책을 집행하는 지방자치단체의 행정부서가 있다. 중앙에서 가족복지정책을 기획하고 입안하는 대표적인 기구로는 보건복지부, 여성가족부 그리고 노동부이며 지방자치단체의 행정부서는 시·군·구의 문화복지과, 사회복지과, 시민복지과, 가족여성과, 가정복지과 등이 있다. 민간전달체계는 중앙정부나 지방정부의 위탁을 받아 가족정책을 직접적으로 전달하는 가족복지서비스기관이며 대표적인 민간체계로 건강지원센터와 다문화가족지원센터, 사회복지관, 가족관련 상담소 등을 들 수 있다. 중앙과 지방의 가족복지담당기구와 민간전달체계를 구체적으로 살펴보면 다음과 같다(송정애·정해은, 2012).

1) 공공전달체계

(1) 중앙부처

중앙의 가족복지담당 행정기구는 업무별, 부처 간 잦은 이동을 반복하면서 변화를 가져왔다. 2000년까지는 보건복지부가 주관해 왔다고 볼 수 있으나 2001년 여성부가 신설되면서 여성 관련 정책이 가족정책에서 분리되어 이관되었고 이후 2004년에는 보육정책, 2005년 7월에는 가족복지정책이 여성부로 이관됨으로써 가족복지정책을 주관하는 중앙부서는 여성가족부가 되었다. 그러나 새로운 정권이 들어서면서 2008년부터는 여성부에서 보건복지부로 이관되어 가족복지정책을 주관하는 중앙부서는 보건복지가족부가 되었다. 따라서 가족 관련 정책들이 보건복지가족부, 여성부, 노동부 등 여러 부처에서 '가족복지'라는 통합적 시간이 결여된 채 다소 분립적 형태로 생성되는 실정이었다. 그러나 저출산·고령화 사회로 접어들면서 전통적 가족구조와 역할이 변화하고 가족문제가 심각해졌으며 이에 가족문제를 예방하고 새로 등장하는 다양한 가족이 가족공동체로서 역할을 다할 수 있도록 지원하는 일이 시급해짐에 따라 2010년 3월부터는 정부조직법을 개정하여 기존의 보건복지가족부가 수행하는 업무가 다시 여성부로 이관되어 가족정책을 수립·조정·지원하는 기능을 수행하고 있다.

중앙부서인 보건복지부, 여성가족부, 노동부의 가족복지정책은 국가공무원인 행정공무원이 주로 담당하고 있으며 전문 분야에 따라서 담당팀장 및 국장급을 외부 전문 인력으로 배치하고 있다.

보건복지부에서는 일반 행정직과 함께 사회복지 직렬을 두고 있어서 사회복지서기보, 서기, 주사보, 주사, 사회복지사무관 직제를 가지고 복지업무의 전문화를 지향하고 있다. 그러나 실제 업무를 담당할 때에는 직렬과 관계없이 업무를 맡을 수 있게 되어 있고 잦은 순환보직으로 인하여 전문직의 특성을 발휘하기가 힘든 상황이라고 볼 수 있다.

(2) 지방자치단체

중앙에서 수립된 가족 관련 정책을 집행하고 서비스를 제공하는 지방자치단체의 담당부서는 주로 보육, 아동·청소년, 한부모가족을 담당하는 팀, 국(局) 단위의 기구이며 이러한 업무를 수행하는 공무원들로 구성된다. 중앙부처에서는 각기 다른 부서에서 정책이 입안되고 관장되지만 지방전달체로 내려오면 업무가 같은 조직 내에서 이루어지므로 실질적 정책집행자가 된다. 따라서 지방의 가족정책 관련 조직과 담당

인력의 전문성은 가족복지정책의 효과적 집행을 위해 매우 중요한 요소가 된다.

가족복지정책을 관장하는 지방자치단체의 조직은 광역시·도 단위에서는 여성정책국, 보건복지여성국 등의 명칭으로 구성되어 보건복지부, 여성가족부의 직무를 국(局) 내에서 다루고 있으며 시·군·구 단위에서는 지자체별로 문화복지과, 사회복지과, 여성정책과 또는 가정복지과 등의 명칭으로 다양하게 조직이 운영되고 있다. 읍·면·동사무소에서는 국민기초생활보장 업무와 함께 아동, 노인, 장애인, 한부모가족 등에 대한 사회복지서비스 업무를 모두 관장하며 종합적 복지행정서비스를 제공하고 있다.

2) 민간전달체계

(1) 건강가정지원센터

「건강가정기본법」에 의하면 가정문제의 예방과 치료를 위한 프로그램 개발, 가족문화사업의 전개, 정보 및 자료제공 등을 위해 중앙, 시·도 및 시·군·구에 '건강지원센터'를 두도록 하여 가족복지와 관련된 전문행정 전달체계를 구축하고 있다.

건강가정지원센터는 「건강가정지원법」에 의해 교육 및 상담, 가정생활문화사업, 정보제공, 지역사회 네트워크 구축 등의 사업을 통해 가정생활을 영위하고 가족유지율 저하, 이혼율 증가, 부양기능문제, 위기문제 등 가족문제에 대처하도록 하고 있으며 센터장을 비롯하여 사업기획팀, 교육평가팀, 지원사업팀, 운영지원팀으로 이루어져 있다.

건강가정지원센터 홈페이지(건강가정지원센터www.familynet.or.kr)를 이용하면 각 시·군·구의 건강가정지원센터를 검색할 수 있고, 건강가정지원센터 대표전화(1577-9337)를 이용하여도 편리하게 가까운 센터와 연결해준다. 2004년 3개소의 시범 건강가정지원센터를 대학 및 사회복지관에서 위탁 운영하였고, 2016년 1월 현재 전국에 152개소(한국건강진흥원 포함)의 센터가 확대 운영되고 있다.

〈표 3-6〉 건강가정지원센터 현황

지역	서울	부산	대구	인천	광주	대전	울산	세종	경기	강원	충북	충남	전북	전남	경북	경남	제주	합계
계	27	9	7	9	5	1	2	1	32	7	4	10	6	9	9	12	2	152

(2) 다문화가족지원센터

「다문화가족지원법」 제6조 제1항(생활정보제공 및 교육지원)에 근거하여 다문화가족지원센터는 다문화가족성원을 위한 사회적응교육, 직업교육 등 서비스 제공을 통해 다문화가족의 한국사회 조기적응 및 안정적 가족생활지원을 하고 있다. 다문화가족지원센터는 다문화가족지원법 제12조에 따라 지방자치단체가 설치·운영하는 시·군·구 단위 센터를 말하며, 다음과 같은 사업을 하고 있다.

① 다문화가족을 위한 교육·상담 등 지원사업의 실시

② 결혼이민자 등에 대한 한국어교육

③ 다문화가족 지원서비스 정보제공 및 홍보

④ 다문화가족 지원 관련 기관·단체와의 서비스 연계

⑤ 일자리에 관한 정보제공 및 일자리 연계

⑥ 다문화가족을 위한 통역·번역 지원 사업

⑦ 그 밖에 다문화가족 지원을 위하여 필요한 사업

이러한 사업의 도움을 받기를 원하는 다문화가족은 가까운 지역의 다문화가족지원센터에 전화문의 또는 방문하면 다양한 서비스를 제공받을 수 있다. 2016년 1월 현재 전국에 217개소의 다문화가족지원센터가 운영되고 있다.

〈표 3-7〉 다문화가족지원센터 현황

지역	서울	부산	대구	인천	광주	대전	울산	세종	경기	강원	충북	충남	전북	전남	경북	경남	제주	합계
계	24	9	7	9	4	5	5	1	30	18	12	14	14	21	23	19	2	217

(3) 한부모가족지원센터

「한부모가족지원법」 제7조에 의해 한부모가족지원센터는 지역사회 내에서 일정한 시설과 전문인력을 갖추고 지역사회의 인적·물적 자원을 동원하여 한부모가족의 자립기간 마련과 복지강화를 위해 교육, 상담, 문화활동 등 다양한 사업을 추진하며 또한 미혼모·부자의 정보제공과 긴급지원을 통해 미혼 모·부자의 위기상황을 극복하여 삶의 질을 높이고 행복한 생활을 할 수 있도록 종합적 서비스를 지원해 주고 있다. 한부모와 미혼 모·부자를 대상으로 생활안정 및 자립역량강화서비스, 위기상황 극복 및 사회적응서비스, 건강성 향상 및 가족기능강화서비스를 수행하는 것을 목표로 한다.

(4) 종합사회복지관

중앙정부 혹은 지자체의 가족복지 전달체계 안에서 해소되지 않는 사각지대를 해소하는 데 기여하는 민간사회복지관은 「사회복지사업법」 제2조에 의해 지역사회를 기반으로 일정한 시설과 전문인력을 갖추고 지역주민의 참여와 협력을 통하여 지역사회복지 문제를 예방하고 주민의 복지욕구를 충족시키기 위한 종합적 사회복지사업을 수행하는 사회복지시설을 의미한다. 종합사회복지관은 사회복지서비스 욕구를 가지고 있는 모든 지역주민을 대상으로 보호서비스, 자립능력 배양을 위한 교육훈련의 기회제공 등 그들이 필요로 하는 복지서비스를 제공하고, 가족기능 강화 및 주민 상호 간 연대감 조성을 통한 각종 지역사회문제를 예방, 치료하는 매체로서 주민을 위한 종합복지센터의 역할을 수행할 것을 목표로 하고 있다.

4. 우리나라의 가족복지정책

우리나라에서 가족은 위기상황에서뿐만 아니라 일상생활에서 매우 중요한 복지기능을 담당하여 왔으며, 이러한 기능은 비공식적으로 인식되었다. 유교적 가족주의 전통이 깊이 뿌리박힌 환경에서는 가족구성원들이 가족을 향한 지원과 더불어 가족에 대한 의무로 상호 연결되어 있으며, 가족을 단위로 지역사회 지원망도 단단한 체계를 구축하여 왔다.

그러나 경제성장에 따른 도시화, 산업구조의 재구성 등의 사회변화로 인하여 가족도 커다란 변화를 겪게 되면서, 전통적인 가족중심적 지원체계는 더 이상 그 기능을 발휘하지 못하게 되어 이에 대한 사회적 관심이 모아지게 되었다.

게다가 여성의 사회진출 증가, 출산율 저하, 급속한 고령화, 이혼 및 한부모가족의 증가, 그리고 독신가구의 증가로 인하여 가족의 안정성은 감소되는 반면, 역동성이 증가되면서 가족에 대한 지원체계에 대한 새로운 욕구가 일어나고 있다(김혜경 외, 2012).

1) 가족복지정책의 기본계획

가족과 관련된 사회변화는 가족정책이 더욱 구체화되고 체계적 실천이 이루어지기를 요구하고 있다. 막연한 가족정책의 수립은 가족의 복지욕구를 정확하게 파악한 후에 비로소 가능한 일이다. 따라서 보다 효율적인 가족복지정책을 수립하고 실천에 옮기기 위해서는 현재 직면하고 있는 가족과 사회변화의 다양한 측면들을 심층적으로 짚어보아야 할 것이다. 구체적인 측면들을 살펴보면 다음과 같다.

(1) 변화하는 사회 속에서의 가족가치관의 현주소는 무엇인가?

(2) 인구 및 가족구조는 어떤 변화를 경험하고 있는가?

(3) 출산력의 변화와 고령화 속도는 어느 정도인가?

(4) 노동사정에서의 노동력 수요와 공급은 어떠한가?

(5) 여성의 경제활동참가율은 어떠한가? 이에 따르는 보육지원은 어떠한가?

(6) 결혼, 이혼 그리고 재혼실태는 어떠한가?

(7) 새로운 가족형태의 출현과 증가 추세는 어떠한가?

(8) 가족의 병리현상은 어떠한가?

(9) 가족 및 사회에서의 양성평등수준은 어느 정도인가?

(10) 임금노동과 돌봄노동의 사회적 인식은 어떠한가?

이러한 실태분석에 기반하여 가족복지정책의 필요성을 살펴보기로 하겠다(장혜경 외, 2005).

첫째, 개별가족의 기능적 과부화를 초래하게 되었다는 점이다. 즉, 개인의 복지선택과 가족의 복지권이 서로 충돌할 가능성이 증가하였고, 가족복지를 유지하기 위한 비용이 증대함으로써 개별가족이 가족의 기능을 유지하고 가족의 복지를 유지하고 가족의 복지를 증진시키기에는 힘든 상황이 된 것이다.

둘째, 가족형태 혹은 가치관이 다양해짐으로써 예전과 같은 획일적인 대응방안이 더 이상 효율성을 발휘할 수 없다는 점이다. 따라서 다양한 복지서비스의 확대가 요구되고 서비스의 질적 수준도 제고해야만 한다.

셋째, 가족정책은 사회의 성장원동력인 인적 자원의 개발을 위해서도 필요하다는 점이다. 아동의 안전한 성장환경과 인적능력 개발은 우리 사회가 지속적인 성장과 발전을 위하여 필수적이며, 지속적인 성장기제로서의 가족정책은 선행조건이라는 점이다.

지난 2004년 '건강가정기본법'의 제정 및 시행을 통하여 가족복지의 법적 근거를 제시하게 되면서 전반적인 정책수립에 대한 합법성과 정당성을 부여하게 되었다.

저출산·고령화 사회로 접어들면서 가족구조와 역할이 변화하고 가족문제가 심각해짐에 따라 이를 예방하고 새로운 형태의 다양한 가족들이 가족공동체로서의 역할을 할 수 있도록 지원하는 일이 시급해졌다. 이에 따라 정부는 그동안 여성가족부가 수행했던 기능 이외에 통합적 가족정책을 수립하고 각 부처의 가족정책을 수립·조정·지원하는 기능을 수행할 수 있도록 정부조직법을 개정(2005.3 개정, 2008.2 개정)하여 여성가족부로 개편하였다. 그 후 가족해체 및 다문화가족 등 현안 사항에 적극 대응하기 위하여 보건복지가족부의 청소년 및 다문화가족을 포함한 가족기능을 여성가족부로 이관하는 내용으로 정부조직법이 다시 개정(2010.1.18)되어 '여성가족부'로 개편되었고, 여성가족부는 여성·종합 및 여성의 권익증진 등 지위향상뿐만 아니라 가족정책, 건강가정사업을 위한 아동 업무 및 청소년의 육성·복지 및 보호기능을 수행하고 있다.

2) 가족복지정책의 방향

(1) 가족에 대한 사회적 책임 강화

사회의 변화에 따른 가족기능의 약화로 인해 사회적 지원이 필요한 다양한 가족들이 급증하고 있으나 이들 가족에 대한 사회적 지원망이 미흡하여 사회적 통합이 어렵다고 보고 있다. 가족복지정책의 궁극적인 목적은 개인과 가족의 삶의 질 향상과 사회통합을 실현하기 위한 것이므로 미래의 저출산·고령사회의 새로운 활력을 도모하기 위한 정책적 고려가 요구된다. 특히 아동의 건강한 성장발달을 위해 가족과 아동에 대한 국가적 지원책을 강화한다.

(2) 양성 평등한 사회환경 조성

여성의 취업률이 증가함에 따라 남녀 모두 직장과 가정을 양립할 수 있도록 가족친화적 직장문화와 양성 평등한 사회환경 조성을 위한 정책이 요구된다. 여성들이 직면하고 있는 재생산권과 노동권이 보장받을 수 있도록 한다.

(3) 민주적 관계와 가족의 다양성 존중

가족구성원들의 다양한 이해와 존중이 보장되는 가족문화 조성을 통해 민주적인 가족관계의 형성을 지원한다. 가족폭력과 같은 비민주적인 가족관계를 개선하여 동반자적인 배우자관계와 인간의 존엄성을 존중하는 가족문화와 가치를 갖게 한다. 다문화가족, 한부모가족, 조손가족, 재혼가족 등 다양한 가족구조가 가족의 불안정으로 이어지지 않도록 가족문제 예방과 적응을 지원하고 사회적 편견을 해소하여 가족의 안정을 도모한다.

(4) 통합적 접근을 통한 정책조정 및 가족지원체계 강화

중앙 및 지방정부, 민간단체와의 유기적인 협조와 조정을 위해 가족정책 추진 거버넌스 체계를 구축하여, 가족정책과 사회정책과의 유기적인 통합을 통해 가족지원체계를 강화하여 가족의 삶의 질을 높인다.

3) 가족복지정책의 과제

위의 정책방향을 근간으로 구성한 가족복지정책 과제는 다음과 같다.

(1) 가족 돌봄의 사회화로 부담경감

① 가족의 자녀양육 부담경감

② 가족 돌봄에 대한 사회적 지원 강화

(2) 직장 · 가정의 양립을 위한 가족권과 노동권의 조화

① 남성의 가족생활 참여 지원

② 여성의 경제활동 참여기반 구축

(3) 다양한 가족에 대한 지원

① 한부모가족에 대한 포괄적 지원체계 구축

② 다문화가족의 사회통합 지원

③ 다양한 소외가족에 대한 맞춤형 서비스 제공

(4) 가족친화적 사회환경 조성

① 가족친화적 직장환경 조성

② 가족친화적 지역사회 조성

③ 안전한 가족생활환경 조성

(5) 새로운 가족관계 및 문화 조성

① 가족관계 증진 및 가족문제 예방

② 건강한 가족문화 조성

(6) 가족정책 인프라 확충

① 가족정책의 총괄 · 조정체제 정비

② 가족정책 추진 인프라 확충 및 내실화

제 4 장

가족복지정책 관련법

이 장의 내용

현재 한국에서의 가족복지정책 관련법은 매우 다양하지만 가족 관련법이라 함은 가족 또는 가족보호와 직·간접적으로 관계가 있는 법으로서 가족을 직접 대상으로 하거나 가족보호와 관련된 조항을 포함한 모든 법령을 의미한다고 볼 수 있다.

따라서 이 장에서는 한국의 가족 관련법의 기초법이라고 할 수 있는 「대한민국 헌법」과 「민법」, 그리고 가족을 수급대상 또는 서비스 대상으로 하는 「국민기초생활보장법」, 「한부모가족지원법」, 「건강가정지원법」, 「다문화가족지원법」, 「노인장기요양보호법」 등에 대하여 알아보고자 한다.

1. 대한민국 헌법

「대한민국 헌법」은 국민 개개인의 일상생활을 규율하고 지원하는 최고의 법규범으로서 국민의 기본권, 통치구조, 경제체제 등 국민생활에 필요한 근본적이고 기초적인 사항을 정리하고 보장하는 기본법이다. 제10조와 제11조에서 "모든 가족은 법률상 평등하며, 인간으로서의 존엄과 가치를 보장받으며, 인간다운 생활을 할 권리를 가진다."고 규정하여 모든 가족의 형태를 포괄해 국가의 보호와 보장을 받을 권리를 명시해 놓았다. 또 제36조에서는 "개인의 존엄과 남녀의 평등을 기초로 유지되어야 하는 혼인과 가족생활은 국가의 보장을 받으며 모성과 보건도 국가의 보호를 받는다."라고 명시해 놓아, 모든 가족생활의 양성평등과 여성을 위한 모성권의 보호에 관한 국가의 보호와 책임을 명시해 놓았다.

2. 민법(가족법)

1) 법의 의의와 목적

가족법은 민법의 제4편 친족법과 제5편 상속 편을 통칭하는 법이다. 1958년 2월에 제정되어 그 후 4차례에 걸쳐 가족법이 개정되어 2008년 1월부터 「가족관계의 등록 등에 관한 법률」을 시행하고 있다. 기존 가족법이 호주제도에 의한 양성평등원리에 어긋난 부분을 개정해, 호적을 개인별로 분리해 놓아 목적별로 다르게 증명서를 발급받도록 해 개인 신상정보를 보호할 수 있도록 하였다.

개정 「민법」을 살펴보면 가(家) 중심의 호주제에서 개인 중심으로 신분이 공시되므로 인간의 존엄성과 양성평등의 헌법이념을 구체화할 수 있는 계기가 되었으며 가족제도의 절차법으로 부성주의 원칙 수정, 성(姓) 변경, 친 양자제도 등 새로운 제도가 시행할 수 있는 근간이 되고 있다.

개정된 호주제에서 자녀는 아버지의 성과 본을 따르는 것을 원칙으로 하되 부모의 협의에 따라 어머니의 성을 따를 수도 있도록 하고 또한 필요한 경우에 법원의 허가를 받아 자녀의 성과 본을 변경할 수 있도록 했다.

호주제 폐지에 따른 대체법으로 「가족관계의 등록 등에 관한 법률」이 제정되었고, 2008년 1월 1일부터 시행되었다. 따라서 '호적'은 '가족관계등록부'로 변경됨에 따라 가족관계등록부는 개인별로 편제하여 개인의 존엄성과 양성평등의 헌법이념을 구현하였다.

2) 주요 내용

(1) 가족의 범위

민법(가족법)의 개정법에서의 가족의 범위는 호주의 배우자, 혈족과 그 배우자 기타 법의 규정에 의하여 그 가(家)에 입적한 자(제 779조)로 호주와 그의 혈족을 우선으로 하고 있으며 그 외에 양자, 처의 직계비속을 입적시킴으로써 가족범위에 포함하고 있다. 이는 과거의 호주에 관한 호주와 가(家)의 구성원과의 관계로 정의되고 있는 가족에 관한 규정을 새롭게 규정한 것이다.

(2) 혼인에 관한 규정

혼인에 관한 조항에서는 부부간의 의무(동법 제826조), 성년의제(동법 제826조의 2)로 명시하고 있고 혼인효력의 구체적 내용으로는 부부간의 가사 대리권(동법 제827조), 부부재산의 약정과 그 변경(동법 제 829조), 생활비용(동법 제 833조) 등이 있다.

개정된 혼인에 관한 규정에서는 남녀평등과 혼인의 자유를 침해할 우려가 있는 동성동본 금혼제도를 폐지하고 근친혼 금지제도로 전환하였다. 동성동본이란 성(性)과 본(本)이 같은 경우 결혼을 금지하는 제도인데 근친혼금지제도로 전환하였고 근친의 범위를 8촌 이내의 부계혈족(친 양자의 입양 전의 혈족을 포함), 6촌 이내의 혈족의 배우자, 배우자의 6촌 이내의 혈족, 배우자의 4촌 이내의 혈족의 배우자인 인척이거나 이전에 인척이었던 자, 6촌 이내의 양부모계(養父母系)의 혈족이었던 자와 4촌 이내의 양부모계의 인척이었던 자 사이에서는 혼인을 금지하는 것(동법 제 809조)으로 근친혼 제한의 범위를 합리적으로 조정하였다.

(3) 이혼에 관한 규정

민법(가족법)에서의 이혼은 협의상 이혼과 재판상 이혼으로 분류하고 있다. 협의상 이혼의 경우 가정법원의 확인을 받아 「가족관계의 등록 등에 관한 법률」의 정한 바에 의하여 신고함으로써 그 효력이 성립되고(동법 제836조), 재판상 이혼의 경우 배우자에 부정한 행위가 있었을 때, 배우자가 악의로 다른 일방을 유기한 때, 배우자 또는 그 직계존속으로부터 심히 부당한 대우를 받았을 때, 자기의 직계존속이 배우자로부터 심히 부당한 대우를 받았을 때, 배우자의 생사가 3년 이상 분명하지 아니한 때(동법 제840조)는 가정법원에 이혼을 청구할 수 있음을 명시하고 있다.

(4) 부모-자녀 관계에 관한 규정

민법에서의 부모-자녀관계에 관한 내용은 대체적으로 관계의 법칙 효력을 중심으로 규정되어 있고 보호자로서 부모의 기능이 법적으로 원활하지 않거나 부재한 경우 후견인이나 친족이 대신 법적 책임자 또는 조력자의 기능을 할 수 있다고 규정하고 있다. 또한 친생자(동법 제844조~제865조)와 입양의 요건(동법 제866~제908조)으로 구성되어 있는데 자녀의 성과 본은 부의 성과 본을 따르는 것을 원칙으로 하되 혼인신고 시 부모의 협의에 의하여 모의 성과 본도 따를 수 있도록 하였으며(동법 제781조 제1항) 자녀의 복리를 위하여 자녀의 성과 본을 변경할 필요가 있을 때에는 부 또는 모의 청구에 의하여 법원의 허가를 받아 이를 변경할 수 있도록 하였다(동법 제781조 제6항).

3. 한부모가족지원법

1) 법의 의의와 목적

한부모가족을 지원하는 법적 근간으로 1989년 제정된 「모자복지법」은 배우자와 사별, 이혼, 유기, 별거 등의 사유로 배우자가 없거나 배우자가 있어도 노동능력을 상실하여 여성이 생계를 책임지는 모자가정이 자립·재활할 수 있도록 지원하기 위하여 제정되었는데, 이후 이혼의 급격한 증가와 경제구조의 변화로 부자가족의 경우에도 자립재활을 위하여 국가의 자원이 필요하여 2002년 「모·부자복지법」으로 개정되었고 2007년에는 「한부모가족지원법」으로 개정되었다. 최근 2010년 3월에 개정 시행되고 있는데 추진배경으로는 한부모가족시설의 복지서비스 전달 효율화 및 다기능화를 통한 수행기능의 확대, 이용자의 편리성과 접근성 제고, 운영하지 않는 시설존치에 따른 시설이용자의 이용혼란방지를 위한 한부모가족 복지시설 등을 정비·개정하기 위함이다. 입법목적은 한부모가족이 건강하고 문화적인 생활을 영위할 수 있도록 함으로써 한부모가족의 생활안정과 복지증진에 이바지함이다(동법 제1조).

한부모가족의 한 유형인 조손가족을 지원대상에 포함시키고 취학 중 아동의 보호연령을 20세 미만에서 22세 미만으로 확대하였으며, 고용촉진을 위해 취업지원사업을 추진하는 내용을 포함하고 있다(이영실 외 2012).

2) 주요 내용

(1) 한부모가족의 정의

'한부모가족'이란 모자가족 또는 부자가족을 의미하고, '모자가족'이란 모가 세대주(세대주가 아니더라도 세대원을 사실상 부양하는 자를 포함한다)인 가족을 의미하며, '부자가족'이란 부가 세대주(세대주가 아니더라도 세대원을 사실상 부양하는 자를 포함한다)인 가족을 의미한다(동법 제4조).

(2) 책임주체 및 적용대상자

「한부모가족지원법」에 따르면 국가와 지방자치단체는 한부모가족의 복지를 증진할 책임을 지고, 모든 국민은 한부모가족의 복지증진에 협력하여야 하며(동법 제2조), 한부모가족의 모 또는 부와 아동은 그가 가지고 있는 자산가가 노동능력 등을 최대한으로 활용하여 자립과 생활향상을 위하여 노력하여야 한다(동법 제3조)고 규정하고 있다. 보호대상자의 범위는 특례규정을 두고 있는데, 국내에 체류하고 있는 사람도 대상이다. 그리고 출산 후 해당 아동을 양육하지 아니하는 미혼모도 공동생활가장을 이용할 때에는 이 법에 따른 보호대상자가 된다(동법 제5조).

(3) 복지지원의 내용

복지지원의 내용으로는 복지급여, 복지자금의 대여, 가족지원서비스 등의 현물급여와 전문서비스를 포함하고 있으며, 또한 한부모가족의 주거안정을 위하여 국가 및 지방자치단체는 국민주택을 분양하거나 임대할 때에는 한부모가족에게 일정 비율이 우선 분양될 수 있도록 규정하고 있다(동법 제12조, 제13조, 제17조, 제18조).

(4) 한부모가족 복지시설

국가나 지방자치단체는 한부모가족 복지시설을 설치할 수 있다. 국가나 지방자치단체 외의 자가 설치·운영하려면 시장·군수·구청장에게 신고할 수 있다(동법 제20조). 한부모가족 복지시설의 종류로는 모자보호시설, 모자자립시설, 부자보호시설, 부자자립시설, 미혼모자립시설, 미혼모자공동생활가정, 모자공동생활가정, 부자공동가정생활가정, 미혼모공동생활가정, 일시보호시설, 여성복지관, 한부모가족복지상담소 등이 있다.

4. 건강가정기본법

1) 법의 의의와 목적

「건강가정기본법」은 우리 사회의 변화로 가족해체현상이 급속도로 증가함에 따라 이혼율 증가, 가족의 부양기능의 약화 등의 가족문제에 대처하며 가정을 단위로 한 통합적이고 예방적인 복지서비스를 구현하기 위하여 제정되었다.

「건강가정기본법」은 2004년 2월에 제정되어 2005년 1월부터 시행되었고, 최근 2010년 3월 19일 개정 시행되고 있다. 개정이유 및 주요 내용은 보건복지부의 청소년·가족기능을 여성부로 이관하여 종합적 가족정책기능을 중심으로 재편하여 '보건복지부'로 확대개편하고, 보건복지가족부는 보건복지정책기능을 중심으로 개편하여 '보건복지부'로 명칭을 변경하였다. 입법목적은 건강한 가정생활의 영위와 가족의 유지 및 발전을 위한 국민의 권리·의미와 국가 및 지방자치단체 등의 책임을 명백히 하고, 가정문제의 적절한 해결방안을 강구하며 가족구성원의 복지증진에 이바지할 수 있는 지원정책을 강화함으로써 건강가정구현에 기여하는 것이다(동법 제1조).

2) 주요 내용

(1) 가족, 가정, 건강가정에 대한 정의

'가족'이란 혼인, 혈연, 입양으로 이루어진 사회의 기본단위를 말하고, '가정'이라함은 가족구성원이 생계 또는 주거를 함께하는 생활공동체로서 구성원의 일상적 부양, 양육, 보호, 교육 등이 이루어지는 생활단위를 말한다. 그리고 '건강가정'이란 가족구성원의 욕구가 충족되고 인간다운 삶이 보장되는 가정을 말하고, '건강가정사업'이란 건강가정을 저해하는 문제의 발생을 예방하고 해결하기 위한 여러 가지 조치와 가족의 부양, 양육, 보호, 교육 등의 가정기능을 강화하기 위한 사업을 의미한다(동법 제2조).

(2) 책임의 주체 및 적용대상자

「건강가정기본법」에 따르면 모든 국민은 가정의 구성원으로서 안정되고 인간다운 삶을 유지할 수 있는 가정생활을 영위할 권리를 가지기 때문에 모든 국민은 가정의 중요성을 인식하고 그 복지의 향상을 위하여 노력하여야 한다(동법 제4조). 따라서 국가 및 지방자치단체는 건강가정을 위하여 필요한 제도와 여건을 조성하고 이를 위한 시책을 강구하여 추진하여야 하고 가족구성원의 특성과 가정유형을 고려하여야 하며, 민주적 가정형성, 가족친화적 환경조성, 양성평등한 가족가치실천 및 가사노동의 정당한 가치평가를 위하여 노력하여야 한다(동법 제5조).

(3) 건강가정사업

「건강가정기본법」에서는 국가 및 지방자치단체가 추진해야 하는 건강가정사업으로 가정에 대한 지원, 가족 단위 복지증진, 가족의 건강증진, 가족부양의 지원, 이혼예방 및 이혼가정지원, 건강가정교육 등(제21조, 제23조, 제24조, 제25조, 제31조, 제32조) 개별복지법과 달리 가정을 단위로 한 통합적 접근을 규정하고 있다.

(4) 건강가정지원센터

「건강가정기본법」은 국가 및 지방자치단체가 가정문제의 예방·상담 및 건강가정의 유지를 위한 프로그램의 개발, 가족문화운동의 전개, 가정 관련 정보 및 자료제공 등을 위하여 중앙, 시·도 및 시·군·구에 건강가정지원센터를 설립하도록 하였다. 센터에는 건강가정사업을 수행하기 위하여 관련 분야에 대한 학식과 경험을 가진 전문가인 건강가정사를 두도록 되어 있다. 건강가정사는 대학 또는 이와 동등 이상의 학교에서 사회복지학, 가정학, 여성학 등 여성가족부령이 정하는 관련 교과목을 이수하고 졸업한 자로만 가능하게 되었다(동법 제35조).

5. 영유아보육법

1) 법의 의의와 목적

한국의 보육제도는 일하는 기혼여성의 아동을 보호하는 탁아사업의 형태로 시작되었다. 1980년대 후반부터 기혼여성의 사회진출을 적극적으로 돕는 차원에서 보육권 보장의 사회적 책임문제가 개인의 문제가 아니라 사회적 문제로 부각되면서 국가 책임의 문제로 제기되기 시작했다. 그 실천의 하나로 「영유아보육법」이 1991년 1월에 제정되고 그 후 수차례에 걸쳐 개정되었으며 최근 2016년 2월에 개정 시행되고 있다.

입법목적은 영유아의 심신을 보호하고 건전하게 교육하여 건강한 사회구성원으로 육성함과 아울러 보호자의 경제적·사회적 활동이 원활하게 이루어지도록 함으로써 가정복지 증진에 이바지함을 목적으로 한다(동법 제1조).

이러한 「영유아보육법」의 목적에 따라 보육은 영유아의 이익을 최우선으로 고려하여 제공되어야 하고 영유아가 안전하고 쾌적한 환경에서 건강하게 성장할 수 있도록 하여야 하며, 영유아는 자신이나 보호자의 성, 나이, 종교, 사회적 신분, 재산, 장애 및 출생지역 등에 따른 어떠한 종류의 차별도 받지 아니하고 보육되어야 한다(동법 제3조).

2) 주요 내용

(1) 영유아, 보육에 대한 정의

'영유아'란 6세 미만의 취학 전 아동을 의미하고, '보육'이란 영유아를 건강하고 안전하게 보호·양육하고 영유아의 발달특성에 맞는 교육을 제공하는 보육시설 및 가정양육지원에 관한 사회복지서비스를 의미한다(동법 제2조 제1~2항).

(2) 책임주체 및 적용대상자

「영유아보육법」에 따르면 모든 국민은 영유아를 건전하게 보육할 책임을 지고 국가와 지방자치단체는 보호자와 더불어 영유아를 건전하게 보육할 책임을 지며, 시장·군수·구청장은 영유아의 보육을 위한 적절한 보육시설을 확보하여야 한다(동법 제4조)고 되어 있다. 여기에서 '보육시설'이란 보호자의 위탁을 받아 영유아를 보육하는 시설을 말하며, '보호자'란 친권자·후견인, 그 밖의 자로서 영유아를 사실상 보호하고 있는 자를 말한다(동법 제2조 제3~4항).

(3) 보육정보센터, 보육개발원

보육정보센터는 보육에 관한 정보의 수집·제공 및 상담을 위하여 보건복지부 장관은 중앙보육정보센터를, 특별시장·광역시장·도지사·특별자치도지사 및 시장·군수·구청장은 지방보육정보센터를 설치·운영하여야 한다. 이 경우 필요하다고 인정하는 경우에는 영아·장애아보육 등에 관한 보육정보센터를 별도로 설치·운영할 수 있다. 중앙보육정보센터와 지방보육정보센터에는 보육정보센터의 장과 보육에 관한 정보를 제공 및 상담업무 등을 담당하는 보육전문요원 등을 두며, 보건복지부장관, 시·도지사 및 시장·군수·구청장은 보육정보센터를 보육관련 법인·단체 등에 위탁하여 운영할 수 있다(동법 제7조).

보건복지부 장관은 보육에 관한 연구와 정보제공, 프로그램 및 교재개발, 평가척도 개발 및 종사자 연수 등의 업무를 위하여 보육개발원을 설치하거나 그 업무를 관련 연구기관 등에 위탁할 수 있다(동법 제8조).

(4) 보육시설

보육시설의 종류로는 국공립보육시설, 법인보육시설, 직장보육시설, 가정보육시설, 부모협동보육시설 등이 있다(동법 제10조). 국가 및 지방자치단체는 국공립보육시설을 설치·운영하여, 도시 저소득주민 밀집 주거지역 및 농어촌지역 등 취약지역에 우선적으로 설치하여야 한다(동법 제 12조). 국공립보육시설 외의 보육시설을 설치·운영하려는 자는 시장·군수·구청장의 인가를 취득하여야 한다(동법 제13조). 대통령령으로 정하는 일정규모 이상의 사업장의 사업주는 직장보육시설을 설치하여야 하며, 사업장의 사업주가 직장보육시설을 단독으로 설치할 수 없을 때에는 사업주 공동으로 직장보육시설을 설치·운영하거나, 지역의 보육시설과 위탁계약을 맺어 근로자 자녀의 보육을 지원하거나, 근로자에게 보육수당을 지급하여야 한다(동법 제14조).

제 5 장

가족복지정책의 실제

이 장의 내용

가족복지정책의 시행으로 실제 이루어지고 있는 현장의 내용으로 보육정책, 방과 후 보육정책 등 노동권보장정책을 살펴본다. 그리고 산전후 휴가, 육아휴직, 아버지육아휴직할당제 등 부모권보장정책을 살펴보고, 노인장기요양보험 등 노인돌봄 관련 정책 및 아동(가족)수당, 아동양육수당 등 소득보장정책을 살펴본다.

건강한 아동을 양육하는 것은 저출산 고령화의 근본이 될 수 있다. 경제력 성장에 가장 기본이 되는 것은 성장인데 그 중에 기초가 바로 출산에 따른 아동양육에 있다고 본다. 국가와 지방자치단체장은 지역별 아동의 육아에 대한 책임의식을 갖고 정보체계를 통해 이용자의 편리성을 추구하고 누구나 공평한 시설에서 보호받을 수 있는 권리를 찾아주는 대책을 수립하며 계속적인 발전이 이루어져야 한다.

따라서 이 장에서는 전반적인 가족복지정책의 실제를 알아보고, 그에 따라 노동권보장정책을 위한 보육정책과 방과 후 보육정책을 고찰하고자 한다. 부모권보장정책으로 산전후 휴가 및 육아휴직과 아버지육아휴직할당제에 대해서 알아본다. 그리고 노인돌봄 관련정책으로 노인장기요양보험제도의 주요 내용과 장기요양 이용절차를 알아본다. 다음은 마지막으로 소득보장정책에서 아동수당, 양육수당에 대하여 알아보고자 한다.

1. 노동보장정책

1) 보육정책

한국의 보육정책은 1961년 「아동복지법」의 제정에서 시작되었다고 할 수 있다. 초기의 보육정책은 영유아의 복지향상에 초점이 맞추어져 있었다. 1980년대 이후 산업화와 도시화에 의해 촉진된 여성의 사회진출에 따른 저출산과 아동보육환경 변화에 적절한 정책적 대응에는 미흡하였다. 이러한 보육환경 변화에 적절한 정책적 대응을 하고자 정부는 보육서비스를 자녀양육에 수반되는 경제적 부담을 완화하는 것을 목적으로 보육시설에 대한 지원을 확대하거나 영유아보육비를 지원하는 차원에서 현금으로 지원하고 있다.

「영유아보육법」에 의하여 저소득층 자녀에 대한 보육지원을 실시하고 있으며, 보육지원사업의 일환으로서 보육료는 정부지원탁아시설인 경우 아동의 부양의무자가 「국민기초생활보장법」에 의한 대상자일 때 면제혜택을 주며, 보건복지부령이 정하는 저소득층의 경우 감면혜택을 주고, 정부지원을 받지 않는 일반아동은 시·도에서 고시한 일반보육료 상한선 범위 내에서 시설장이 결정한 금액을 유료로 지불해야 한다. 보육료에 대해서는 세금감면혜택이 주어진다.

보육 관련정책으로는 「영유아보육법」을 근거로 2006년에는 여성가족부에서 수립한 '제1차 중장기보육계획', '새싹플랜'을 발표하여 보육료 지원제도인 기본보조금제도와 민간보육시설의 확대, 영아전담시설 지원, 취업부모의 일・가족 양립지원정책 그리고 시간 연장 보육, 시간제보육, 야간보육, 농어촌보육서비스와 같은 수요자 요구에 따른 보육서비스 제공 등 영유아보육을 위한 다양한 정책을 제시하여 실시해 오고 있다. 5개 영역의 정책과제로 공보육기반 조성, 부모의 육아부담 경감, 다양한 보육서비스의 제공, 아동중심의 보육환경 조성, 보육서비스 관리체계 강화 등이 있고 현재 진행사업으로 기본보조금제도, 영유아보육 활성화, 취업부모지원제도, 다양한 서비스 제공 등이 있다.

한편 보건복지부와 관련 부서에서는 '저출산・고령사회기본계획'인 '새로마지 플랜 2010'을 발표하여 출산과 양육에 유리한 환경조성이라는 정책과제를 제시하여 일과 가정의 양립을 위한 사회시스템 구축의 일환으로 육아휴직제도의 활성화와 휴직급여 인상, 국공립시설의 확충 등 구체적 출산・양육의 사회적 책임 강화, 일・가정 양립 가능과 자녀양육을 병행할 수 있도록 지원하는 정책을 적극적으로 추진하고 있다.

여성가족부 총괄로 시행된 아이돌보미사업은 공적 보육시스템에서 0세아까지 미치지 못하는 부문을 감안해, 본인의 가정에서 사적 양육지원을 받고자 하는 가정에 저렴한 비용으로 양육의 질을 보장하는 인력을 공급해 주는 목적으로 2006년부터 중앙건강가정지원센터에서 시범사업을 실시해 오고 있다. 2016년 현재 전국 시・도 38개 지역에 152개소가 운영되고 있으며, 특히 경기지역은 전국에서 가장 많은 32개 건강가정지원센터가 운영되고 있다.

2) 방과 후 보육정책

방과 후 보육은 기본적으로 여성의 경제참여에 따른 여성 노동권보장을 위한 아동 보육환경의 필요와 저소득 소외계층의 교육격차 해소라는 두 가지 목적이 공존하여 '방과 후 보육시설', '공부방', '초등학교 방과 후 학교', '지역아동센터', '청소년 방과 후 아카데미' 등 매우 다양한 이름으로 진행되고 있다.

2. 부모권보장정책

1) 산전후 휴가 및 육아휴직

산전후 휴가 및 육아휴직제도는 2002년 1월에 시행된 「근로복지법」과 2008년 6월에 시행된 「남녀고용평등과 일·가정 양립지원에 관한 법률」을 기반으로 하는 법령으로서 맞벌이가족과 한부모가족을 위한 효과적 복지대책이다.

산전후 휴가제도란 임신 중의 여성에 대하여는 산전 후를 통하여 계속해서 90일의 보호휴가를 주되, 반드시 산후에 45일 이상이 확보되도록 부여하여야 하며(근로기준법 제74조), 출산한 여성근로자의 근로의무를 면제하고 임금상실 없이 휴식을 보장받도록 하는 제도이다. 출산이 예정보다 늦어져 산전휴가가 45일을 초과한 경우에도 산후 45일 이상이 되도록 휴가기간을 연장하여야 한다. 휴가기간 중의 임금지급은 종전에는 산전후 휴가기간 중 최초 60일분은 사업주가 지급하고, 이후 30일분은 고용보험에서 지급하였으나, 우선지원대상기업의 근로자가 2006년 1월 1일 이후 출산하는 경우에는 90일간의 급여를 고용보험에서 지급하고 있다.

대규모기업의 경우에는 종전과 같이 최초 60일분은 사업주가, 이후 30일분은 고용보험에서 지급하고 우선지원 대상기업(고용보험법 시행령 제15조)은 광업 300인 이하, 제조업 500인 이하, 건설업 300인 이하, 운수·창고 및 통신업 300인 이하, 기타 100인 이하 사업장 또는 「중소기업기본법」 제2조 제1항 및 제3항의 기준에 해당하는 기업이 해당한다.

산전후 휴가기간 90일 중 최초 60일은 유급휴가이므로 사용자가 급여를 지급할 의무가 있고, 다만 고용보험에서 산전후 휴가급여를 받은 경우 그 금액의 한도 내에서 지급의무가 면제 된다.

육아휴직이란 근로자가 만6세 이하의 초등학교 취학 전 자녀(입양한 자녀를 포함)를 양육하기 위하여 신청하는 휴직을 말한다. 육아휴직제도는 근로자의 육아부담을 해소하고 계속 근로를 지원함으로써 근로자의 생활안정 및 고용안정을 도모하는 한편,

기업의 숙련인력확보를 지원하는 제도이다. 육아휴직기간은 자녀가 만 6세(2007. 12.31. 이전 출생자는 만 1세) 이하로 초등학교 취학 전까지 1년 이내의 육아휴직을 부여받을 수 있으며, 양육대상인 자녀가 출생한 날부터 만 6세 이하의 기간 동안 자유로이 그 시기와 기간을 정할 수 있다.

2) 아버지육아휴직할당제

한국에서 여성의 사회진출을 돕기 위한 국가정책인 산전후 휴가 및 육아휴직제도가 적극적으로 실현되고 있음에도 실제 육아부담은 여성에게 편중되는 것으로 나타나는 것이 한국적 가족환경을 반증하는 또 다른 상황이다. 이런 문제를 개선하기 위하여 제안된 정책이 '아버지육아휴직할당제'이다. 아버지육아휴직할당제(Papa's Quota)는 육아휴직의 일정 기간을 아버지가 의무적으로 사용하도록 하고, 사용하지 않으면 소멸되도록 함으로써 남성의 자녀양육참여를 유도하고자 하는 제도이다.

프랑스의 경우 부성휴가가 강조된 것은 최근부터이다. 2002년 1월부터 그 기간이 3일에서 2주로 연장되었으며, 임금총액의 80%를 보전하는데 상·하한선이 정해져 있다는 것이 특징이다(Europa, 2003). 스웨덴에서 아버지할당제도(Daddy's Quota)는 아버지의 육아휴직 사용을 강조하고 적극 유인하여 동등한 부모 역할을 강조한다는 측면에서 부모휴가제도의 중요한 특징을 반영한다. 2003년을 기준으로 부모휴가 기간 총 16개월이 제공되며 이 중 2개월은 어머니만, 2개월은 아버지만 사용 가능하며, 나머지 기간은 부모 누구나 사용할 수 있다.

해외의 사례를 고려해 볼 때, 아버지의 육아부담을 위한 아버지육아휴직과 같은 발전적 형태의 가족정책은 충분히 고려할 만한 제안이라 할 수 있다. 최근 고용노동부는 이와 같은 상황을 일부 받아들여 「남녀고용평등과 일·가정 양립지원에 관한 법률」 일부 개정(법률 제8781호, 2008년 6월 22일 시행)에서 사업주는 근로자가 배우자의 출산을 이유로 휴가를 청구한 경우 3일의 휴가를 주도록 하였다.

3. 노인돌봄 관련 정책(노인장기요양보험)

그간 가정의 몫이었던 치매·중풍 등 노인에 대한 요양문제를 국가와 사회가 공동으로 사회연대원리에 의해 해결할 수 있는 「노인장기요양보험법」은 2007년 4월 27일에 제정되어 2008년 7월 1일부터 시행되고 있다. 노인장기요양보험제도는 고령이나 노인성 질병 등으로 인하여 일상생활을 혼자서 수행하기 어려운 노인 등에게 신체활동 또는 가사지원 등의 장기요양급여를 제공하여 노후의 생활안정을 도모하고 그 가족의 부담을 덜어줌으로써 국민의 삶의 질을 향상시키는데 이바지하는 것이 목적이다(노인장기요양보험법 제1조 의거).

1) 노인장기요양보험법의 주요 내용

제도의 적용대상은 전 국민이며 장기요양신청대상자는 65세 이상 노인 및 노인성 질환을 가진 65세 미만 국민으로 하되, 6개월 이상 혼자 일상생활이 어려운 자로서 장기요양등급판정위원회에서 등급판정을 받은 국민으로 한다.

장기요양등급판정은 1차적으로 국민건강보험공단의 방문조사원이 방문조사를 통해 파악한 요양욕구 5영역 52개 항목에 대한 결과를 수형분석도에 적용하여 2차 판정을 위한 장기요양인정 여부 및 장기요양등급(1차 판정결과)을 산출하면 등급판정위원회에서 1차 판정결과와 특기사항 및 의사소견서, 기타 심의 참고자료 등을 종합하여 장기요양인정 여부 및 장기요양등급을 최종 결정하는 것으로 하였다.

급여종류는 시설급여와 재가급여, 그리고 현금급여로 구분하였다. 시설급여는 노인요양시설과 노인전문요양시설의 통합형인 요양시설과 소규모형태의 노인요양공동생활가정으로 구분되며 재가급여는 방문요양, 방문목욕, 주·야간보호, 단기보호서비스로 구분된다. 이 외에도 현금급여인 가족요양비, 특례요양비 및 요양병원간병비가 급여서비스에 포함되었다.

장기요양보험료의 재원조달방법으로는 장기요양보험료의 징수, 국가의 부담, 본인 일부부담금으로 조달한다. 장기요양보험료는 국민건강보험공단에서 장기요양보험료와 건강보험료를 통합하여 징수하되, 각각은 독립회계로 관리하고 장기요양보험료는 국민건강보험료에 장기요양보험료율을 곱하여 산정하고 장기요양보험료율은 대통령령으로 정한다. 국가는 매년 예산의 범위 안에서 당해 연도 장기요양보험료 예상 수입액의 100분의 20에 상당하는 금액을 국민건강보험공단에 지원한다. 본인일부부담금의 경우는 재가급여는 당해장기요양급여비용의 100분의 15, 시설급여는 당해 장기요양급여비용의 100분의 20을 부담하되, 국민기초생활보장수급자는 본인부담액 전액을 면제하고, 의료급여수급권자, 소득, 재산 등이 보건복지부 장관이 정하여 고시하는 일정액 이하인 자는 본인부담금 50%를 경감하도록 되어 있다.

2) 장기요양급여 이용절차

장기요양급여를 이용하기 위하여 장기요양보험가입자 또는 그 피부양자와 「의료급여법」에 따른 수급권자가 국민건강보험공단에 의사소견서를 첨부하여 장기요양인정신청서를 제출하면 국민건강보험공단에서는 소속 직원으로 하여금 신청인의 심신상태, 신청인에게 필요한 장기요양급여의 내용 및 종류 등을 조사하거나, 지리적 사정 등으로 조사가 어려운 경우는 시·군·구에 조사를 의뢰하거나 공동으로 조사할 것을 요청할 수 있다.

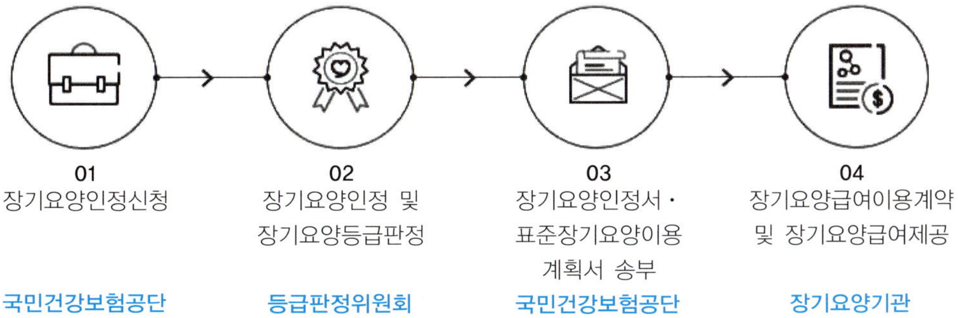

[그림 5-1] 장기요양인정 및 이용절차

또한 신청조사가 완료된 때 조사결과서, 신청서, 의사소견서, 그 밖의 심의에 필요한 자료를 장기요양급여등급판정위원회에 제출하고 등급판정위원회는 6개월 이상의 일상생활을 혼자서 수행하기 어렵다고 인정되는 경우 장기요양을 받을 자(수급자)로 결정하고 심신상태 및 장기요양이 필요한 정도에 따라 장기요양등급을 판정한다. 등급판정위원회가 장기요양인정 및 등급판정의 심의를 완료한 경우, 장기요양등급, 장기요양급여의 종류 및 내용 등을 포함한 장기요양인정서와 표준장기요양이용계획서를 작성하여 수급자에게 송부하고, 수급자는 장기요양인정서가 도달한 날부터 요양급여를 받을 수 있다.

4. 소득보장정책

1) 아동수당

아동(가족)수당이란 아동을 양육하고 교육하는데 소요되는 비용을 보조하기 위해 가족에게 지급되는 급여를 말하며 보편적 복지의 기본축이다. 스웨덴, 오스트리아, 프랑스, 영국, 이스라엘, 스페인 등 유럽 국가 대다수와 캐나다, 일본 등 전 세계적으로 88개국이 아동수당제도를 도입하고 있다.

이러한 취지에 발맞추어 「유엔 아동권리협약」의 아동복지권 정신을 옹호하고, 자녀양육가정에 대한 소득지원을 통해 사회보장을 실현하며, 저출산을 양산하는 낙후한 양육환경을 개선하기 위해 12세 미만 아동에게 아동수당을 지급하고자 2010년 4월 26일 「아동복지법」 일부 개정법률안을 발의하였다(곽정숙 의원 대표발의).

이와 같이 18대 국회에서 네 가지의 아동수당 관련법이 국회에 제출된 바 있으나 제대로 논의가 되지 않고 있다. 그러나 아동수당제도는 주요 선진국들이 이미 1940~1950년대에 본격적으로 도입한 오래된 제도이다. 대부분의 선진국에서는 모든 아동에 대하여 의무교육인 고등학교 졸업 연령까지 아동수당을 지급하고 있다.

현재 유럽 44개 국가 중에서 일부 소규모 도시국가를 제외하고 대부분의 국가들이 아동수당제도를 도입하고 있으며, 아시아 및 오세아니아 50개 국가 중 홍콩, 태국, 스리랑카, 이란, 이라크 등을 포함한 13개국이 이 제도를 도입하고 있다. 이들 나라에서는 부모가 있든 없든, 부모가 부자든 가난하든 상관없이 모든 아동을 지원한다는 취지로 이 제도를 일찍부터 시행하고 있다.

OECD 30개 국가 중 한국, 미국, 멕시코 등만이 아직 아동수당제도를 시행하지 않고 있을 뿐이다.

아동수당은 자녀양육과 관련된 부모의 경제적·심리적 부담을 덜어 주어 출산율의 제고에도 긍정적 효과를 가져다준다. 또 아동수당제도는 이전지출을 통해 자녀를 양육하는 가정의 복지수준을 높이는 데에도 긴요한 정책이다. 아동수당은 아동이 있는 가구가 그렇지 않은 가구에 비해 소비지출이 많기 때문에 사회적 지원을 하자는 취지를 갖고 있다. 아동수당은 소득수준에 관계없이 아동을 매개로 이전지출을 발생시키고, 결국 가계의 가처분소득을 증대시키기 위한 목적으로 시행되고 있다. 전체적으로 내수가 약한 우리의 여건에서는 아동수당과 같은 보편적 이전지출정책은 내수경제의 정상화를 위해서라도 꼭 필요한 제도라고 할 수 있으며, 아동양육에 대한 사회의 책임의식의 고취와 세대 간 부양시스템의 구축으로 사회안전화에 기여할 수 있고, 아동복지권을 실현할 수 있다. 아동(가족)수당정책은 보편적·제도적·통합적·사전적·예방적 형태가 되어야 한다.

2) 양육수당

양육수당은 아동수당과 유사한 이름의 정책이지만 그 내용과 목적이 아동수당정책과는 차이가 있다. 현재의 '양육수당'은 '아동수당'과는 달리 아동양육을 빌미로 부모의 도덕적 해이를 조장하고, 육아지원시설의 활용을 기피하게 하는 부작용이 있는 것으로 알려져 있다. 이 때문에 대부분의 선진국은 가능하면 가정보육서비스 등 현물서비스로 제공하는 방법을 채택하고 있다.

「한부모가족지원법」에 따라 18세 미만의 자녀를 둔 한부모가족은 재산과 소득기준에 따라 입학금과 수업료 지급 등 자녀의 학비 지원, 양육비 지원, 복지자금대여, 영구임대주택입주, 직업훈련 및 취업알선에 대한 지원 등이 이루어진다. 또한 이혼가족 자녀의 양육을 위하여 이혼합의 시 양육에 대한 역할분담을 명확히 하도록 제도적으로 규정을 명시하고 있으며, 이러한 원칙이 지켜지지 않을 경우 이혼이 성립되지 않도록 '양육비 일부 의무부담' 조치를 취하고 있다(최덕경 외, 2010).

한국정부는 아동수당제도를 도입하는 대신 2009년 7월부터 보육시설과 유치원을 이용하지 않는 0~1세 아동 11만 명을 대상으로 월 10만 원의 '양육수당'을 현금으로 지급하고 있다. 양육수당은 시설을 이용하는 아동의 보육료·교육비 지원과의 형평성 제고를 위해 첫째, 보육시설 및 유치원을 이용하지 않는 아동 중에서, 둘째, 차상위계층 이하의 소득을 가진 가정의 아동을 대상으로, 셋째, 0~1세 아동에게만 (11만 명) 지원하는 제도이다. 즉, 수혜대상이 크게 제한되어 있다.

제 3 부

가족복지실천

제 6 장

가족복지실천과정

이 장의 내용

오랜 역사를 갖고 있는 가족복지실천은 가족의 모든 구성원들의 정서적, 발달적 욕구를 충족하면서 동시에 가족들이 좀 더 기능적이 되도록 원조하는 것이다. 환경 속의 인간이라는 기본적인 개념 틀 속에서 개인의 인성과 사회체계들 간의 복잡한 상호 관계성을 강조하는 가족사회복지의 실천은 무엇보다 "지금 여기(here and now)"와 실제적이고 활동중심적인 실천에 주안점을 둔다. 이를 위해 사회복지사는 가족과 함께 문제를 해결하며 성장을 지향하는 동반관계(partnership)를 만들고 유지한다. 그렇다면, 어떤 방식으로 동반관계를 유지해갈까?

가족치료는 이미 발생한 가족문제에 대한 사후 개입적 성격을 지니고 있지만 현재의 가족문제로 향후 혹은 다음 세대 가족의 역기능과 부적응, 해체나 일탈 등의 문제를 경험하지 않도록 하는 예방적 요소도 함께 지니고 있다.

따라서 이 장에서는 가족복지실천과정의 전반적인 과정에서 이루어지는 내용을 알아보고자 한다. 먼저 초기단계, 가족사정단계, 개입단계, 변화촉진단계, 종결단계까지의 일련의 실천과정을 알아보고자 한다.

1. 초기단계

1) 초기면접

가족복지실천과정 중 초기면접과정은 가족개입 초기에 가족에 대해 다차원적으로 사정하고 개입을 계획을 위한 준비단계이다.

초기면접(접수상담)은 내담자의 방문동기, 문제 및 욕구를 파악하고 보다 적합한 서비스를 제공하기 위해 실시하는 상담으로 일반적으로 전화 또는 방문을 하여 상담일시를 예약한 후 각 서비스로 인계하게 되는 과정으로 상담자와 내담자 사이에 첫 만남이 이루어지는 순간을 말한다.

그리고 상담에서의 초기면접은 '내담자와의 첫 번째 접촉'으로서 상담과정에 큰 영향을 미치게 마련이다. 즉, 초기면접에서 내담자는 상담자에 대한 인간적, 전문적 신뢰 여부를 판단하게 되고, 상담자는 내담자 문제의 성격을 파악하면서 상담의 방향을 결정해야 하기 때문이다.

초기면접 시 탐색되는 내용들을 심리학적 평가를 하기 위해서는 면접으로 통하여 우선 환자의 현 상태와 증상, 병력, 과거력을 탐색하여야 한다.

면접은 언어적인 자료를 이용하여 주로 이루어지는데, 대화보다는 조직화되어 있고, 심리검사보다는 덜 구조화되어 있는 것으로 어떻게 사용하느냐에 따라, 즉 면접자의 기술과 자원에 따라 매우 섬세한 내용을 민감하게 얻어 낼 수 있는 작업이다. 그러나 경우에 따라서는 면접의 신뢰성과 타당성의 문제가 제기되므로, 되도록 객관적인 자료를 얻고자 구조화된 면접(structured interview)을 사용하기도 한다.

초기면접에서 가족에게 성공적으로 원조를 제공하기 위하여 반드시 해야 할 두 가지 과업은 가족과의 신뢰관계를 형성하는 것과 이를 기반으로 가족 모두와 전문가가 원조과정에 참여하여 계약하는 것이다. 그러므로 전문가는 가족과 기본적 신뢰관계를 형성하기 위하여 가족이 보다 편안하고 안전하게 느끼도록 사무실과 가구의 배치,

채광이나 조명, 실내장식 등의 배열을 아늑하게 조성할 필요가 있다. 또한 인간적이고 형식적이 않은 대화로 가족의 긴장을 풀어 주며 상담을 통해 가족의 문제를 이야기할 수 있도록 격려한다.

때로 상담에 대한 가족의 초기 저항은 문제의 원인으로 보이는 가족원에게 초점을 맞추지 못하도록 방해하기도 하고, 사정과 치료의 단위가 가족문제의 희생양인 구성원에게만 집중되게 만듦으로써 가족이 상담으로부터 벗어나려고 노력하기도 한다. 예를 들어 아동의 고착행동을 치료하기 위해 전문가를 찾아오지만, '문제행동을 하는 아동'이 아닌 그 부모가 상담과 변화가 요구된다는 사실에 대해 완강하게 저항하는 경우이다.

2) 초기 상담의 기술과 지침

초기에 가족이 겪는 고통의 원인으로 지목되어 원가족원은 오랫동안 비난을 받아왔거나 오히려 가족문제의 희생양일 수도 있다. 그러므로 가족이라는 한 집단 안에는 가족원 상호 간의 복잡한 정서와 감정의 교차가 있고, 미로처럼 여러 형태의 관계들이 얽혀 있다. 전문가는 가족원 전부를 동시에 이해해야 한다는 것과 가족원 중 한 개인과 제휴하는 것을 피하는 것이 가족원 전체의 상호작용과 가족관계의 윤곽을 명확하게 그려 내는 데 도움이 된다.

그러므로 가족이 상담실에서 표현한 것들의 의미를 신중하게 경청하고, 가족원 각각의 욕구와 목표에 대한 언어적·비언어적 의사소통에 민감하게 대처하여야 한다. 문제를 효과적으로 해결하는 것과 관련된 가족의 어려움은 무엇인가를 파악하고, 문제를 해결하기 위한 기술과 지식, 환경적 여건을 고루 갖추도록 가족원, 그리고 전문가가 해야 할 역할을 구체화시켜야 한다.

가족상담이 효과적으로 이루어지기 위한 지침들로서는 다음과 같다(이화여대 사회복지연구회 역, 2001, 재인용).

(1) 상담은 신중해야 하며, 상담내용은 가족이 상담을 원하는 목적과 관련되어 진행되어야 한다.

(2) 전문가는 상담의 내용과 방향에 대해 가족원의 동의를 이끌어 내는 것에서부터 생산적 문제해결의 방향으로 유도해 나가는 일차적 책임을 가진다.

(3) 전문가와 가족과의 관계는 규정된 문제를 해결하는 것에 초점을 두는 구조적이고 한시적인 것이어야 한다. 전문가는 가족원의 관심과 욕구를 우선적으로 고려하면서 가족의 원조자로서 많은 정보와 변화에 대한 동기를 제공해야 하며, 상담기간 동안 가족과 형성된 긍정적 친밀성 역시 상담의 종결과 함께 마무리 지어야 한다는 것을 명심해야 한다.

2. 가족사정단계

가족사정이란 가족을 단 하나의 단위로 보고 가족내부요인 및 가족외부요인 그리고 이들 양자 간에 상호작용들을 파악하기 위해 자료를 수집하고 분석하기 위해 종합하여 그 가족에 대한 개입을 계획하는 일련의 과정을 말한다. 가족을 하나의 생태체계로 보는 것은 분리불안을 갖고 있는 아동의 경우 부모의 이혼과 같은 최근에 경험한 생활위기의 결과로 이해한다든가 모의 우울이나 불안에 대한 아동의 반응으로 이해한다든가 하는 것들이다.

가족사정은 가족을 둘러싼 사회환경뿐만 아니라 직접적으로 가족에게 갈등을 일으키는 가족 내의 이슈와 문제 유형을 규정하는 작업이다. 사정을 하고 문제를 규정하는 이유는 가족 내외의 역동성을 탐색하고 명확화 하려는 구체적인 활동이다. 이때 가족이 가장 걱정하는 문제를 가족원이 모두 참여하여 탐색할 수 있도록 돕는 것이다.

상담내용과 관찰을 통해 가족이 전문가에게 제공하는 실제 정보와 가족이 서로 상호작용하는 과정을 구체적으로 파악하는 것이다. 왜냐하면 전문가의 관점에서 보면 가족의 문제는 환경자원과의 왜곡된 관계형성에서 가족체계 내의 약점에서 생겨나기 때문이다. 가족구성원 각자의 입장에서 문제를 어떻게 기술하는지 잘 경청하여야 한다. 정확한 사정에서 얻은 정보와 자료는 개입방법과 과정에 대한 중요한 단서를 제공한다.

1) 사정도구

가족사정은 문제에 따라 면접기술과 의사소통기술을 포함하여, 표준화되거나 형식화된 도구를 적절하게 활용할 수 있다. 가족의 정서심리상태, 역할 수행상의 문제, 생활력 및 가족력 조사, 가족의 방어기제, 그들의 장점과 단점에 따른 대처방법, 사회적 지지와 자원 등에 이르기까지 관계되는 모든 내용을 평가하는 것이다.

가족사정은 가족을 하나의 단위로서 가족의 외부 및 내부 요인, 양자 간의 상호작용을 파악하고 개입을 계획하는 데 필요한 자료를 수집, 분석, 종합하는 일련의 과정이다.

가족사정방법은 면담과 관찰, 가계도와 생태도, 생활력 도표, 사회적 관계망 그리드와 기타 구조화된 사정도구 등을 활용할 수 있다.

(1) 가계도

가계도(genogram)은 보웬(Bowen, 1978)의 다세대 가족체계이론에 근거한 사정도구로 2~3세대에 걸친 가족구성원에 관한 정보와 그들 간의 관계를 도표로 기록·작성하는 방법이다. 가족 내 역동을 이해하거나 가족이 여러 세대에 걸쳐 발전시켜 온 가족역할, 유형, 관계 등을 가족과 함께 비위협적이고 상호적인 방법으로 살펴보기 위한 도구로 사용된다.

가계도는 다음 순서에 의해 작성한다.

① 가족의 구조를 도식화한다. 각자의 가족구성원이 한 세대에서 다음 세대까지 생물학적, 법적으로 어떻게 관련되어 있는지를 도표로 묘사한다.

② 가족구성원에 대한 정보를 기록한다. 기록은 가족구성원의 이력(나이, 출생, 사망 시기, 형제서열, 결혼상태, 직업 등)을 기록하고 중요한 생활상의 사건에 대해서는 과도기, 인간관계 변화, 이상, 상실 등을 기록한다.

③ 가족관계를 기록한다. 가족이 진술한 내용과 사회복지사의 관찰에 근거해 가족 구성원의 관계를 다양한 기호로 표현한다.

(2) 생태도

생태도(Ecomap)는 하트만(Ann Hartman)에 의해 1975년에 개발된 것으로서, 가족과 가족구성원과 환경 간의 상호작용을 그림으로 나타낸 것이다. 생태도는 클라이언트와 그 가족의 삶에 영향을 미치는 조직이나 요인을 원을 사용하여 사회적 맥락에서 개인과 가족의 위치를 나타내 줌으로써 가족생활과 가족과 집단, 협회, 조직 그리고 다른 가족과 개인과의 관계 성격을 전체적이고 생태적인 관점에서 살펴볼 수 있도록 도와준다.

생태도는 다음 순서에 의해 작성한다.

① 가족을 표현하는 원을 중앙에 그려 클라이언트와 그 가족을 표시한다.

② 가족이 일상적으로 상호작용하는 관련된 주변 환경체계(직장, 병원, 친구, 사회복지, 오락, 확대가족구성원, 보호관찰소 등)는 중심 원 주변에 각각의 원으로 표시한다.

③ 클라이언트와 가족체계를 포함한 모든 체계 간의 상호교류, 즉 관계의 성격과 자원의 흐름을 특정 기호로 표시한다.

④ 클라이언트의 가족생활에 영향을 미치는 환경체계를 중앙 원의 주변에 배치시킨다.

⑤ 가족과 환경체계의 관계를 다양한 선으로 표현한다.

(3) 생활력 도표

생활력 도표(life chronology)는 가족사정도구의 하나로 가족이나 가족구성원에게 발생한 중요한 사건이나 시기를 중심으로 해서 연대기적으로 작성한다. 생태도나 가계도처럼 원이나 선을 이용하는 것이 아니라 표를 이용한다. 생활력 도표의 활용은 특정 발달단계의 생활경험을 이해하는 데 도움이 되고, 아동과 청소년 대상의 활동에서 유용하게 사용된다. 또한 가족의 다양한 시기의 자료를 조직화하여 표현하며, 가족구성원의 삶의 중요한 사건을 시계열적으로 나열한다.

〈표 6-1〉 생활력 도표

연도	나이	장소	가족	주요사건	문제
1976	35	부산	첫째 자녀	출생	미숙아로 태어남
1979	32	울산	남편	실직과 잠적	빚 독촉을 심하게 받아서 남편이 잠적
1983	29	울산	남편	입원	심한 알코올중독
1984	27	김해	가족 모두	친정근처로 이사	극심한 생활고

(4) 사회적 관계망 그리드

사회적 관계망 그리드(social network grid)는 개인, 가족의 사회적 지지체계를 사정하는 도구이다. 사회적 관계망을 그림이나 표로 보여줌으로써 가족의 관계망을 전체적으로 볼 수 있게 해 준다.

외부체계 중 가장 많이 영향을 미치는 것은 사회적 관계망의 사회적 지지이다. 사회적 관계망 그리드는 대인적 역동성을 보다 명확하게 함으로써 사정평가를 잘할 수 있고, 클라이언트 가족, 친구, 기타 사람들에 대한 자신의 감정과 태도를 명확하게 검토할 수 있는 장점이 있다.

〈표 6-2〉 사회적 관계망 그리드

번호: 응답자: 이름:	생활영역 1. 동거 가족 2. 다른 가족 3. 직장/학교 4. 조직 5. 다른 친구 6. 이웃 7. 전문가 8. 기타	물질적 지원 1. 거의 없음 2. 간혹 있음 3. 거의 항상	정서적 지지 1. 거의 없음 2. 간혹 있음 3. 거의 항상	정보/조언 1. 거의 없음 2. 간혹 있음 3. 거의 항상	비판 1. 거의 없음 2. 간혹 있음 3. 거의 항상	원조의 방향 1. 양방향 2. 당신이 그들에게 향함 3. 그들이 당신에게 향함	친밀성 1. 친밀성이 없음 2. 친밀성 정도 3. 매우 친밀	만나는 빈도 0. 보지 않음 1. 몇해/연 2. 매달 3. 주별 4. 매일	알고지낸 기간 1. 1년 미만 2. 1연~5년 3. 5년 이상
01									
02									
03									
04									

(5) 가족범주도식

가족범주도식(family categories schema)은 엡스타인, 비숍과 레빈(Epstein, Bishop, Levin, 1978)의 연구를 기초로 하며 사회복지사가 가족과 첫 만남 이후 가족의 기능수행을 사정할 수 있도록 고안한 도구이다. 8개 범주에 대하여 60개 항목의 자기보고(self - report)형식의 질문으로 이루어져 있다. 가족범주도식의 구성은 다음과 같다.

① **문제해결** : 가족은 정서적 · 육체적 안녕 또는 기능수행단위로서 가족의 생존에 대한 위협에 어떻게 대처하는가와 관련이 있다.

② **정서적 반응** : 가족구성원은 가족 내에서 행복한 정서와 위급한 정서 모두를 다양하게 표출할 수 있는지에 관련 된다.

③ **정서적 관여** : 가족구성원은 서로의 활동과 관심에 대해 어느 정도 정서적으로

관여하고 있는지에 관련된다.

④ **의사소통** : 가족의 언어적 · 비언어적 의사소통을 관찰한다.

⑤ **역할행동** : 자족이 매일 접하는 여러 종류의 압력, 과제, 의무를 파악한다.

⑥ **자주성** : 가족구성원이 독립적으로 행동하고, 독자적이고 책임 있는 선택을 할 수 있는 능력과 관련 있다.

⑦ **행동통제방식** : 행동통제는 가족이 충격을 이겨내고, 표준행동을 유지하며, 위협적 상황에 대처하는 방식과 관련이 있다.

⑧ **일반적 역할** : 통합기술 사정도구이다.

(6) 가족조각

가족조각(family sculpture)이란 가족구성원이 가족에 대해 어떻게 인식하고 있는지를 시각적으로 표현함으로써 가족에 대한 이해를 돕기 위한 기법이다. 가족조각은 가족구성원이 공간적으로 스스로 위치하여 가족관계를 몸으로 표현하면서 하나의 그림을 완성하는 것으로 가족동맹을 표현하며 역기능적 가족연합을 보여주고 관계를 재조정해야 함을 인식시켜 줄 때 매우 효과적인 기법이다.

가족조각을 위해 사회복지사는 먼저 한 구성원에게 다른 구성원을 의미 있게 배치해 보도록 요청한다. 이때 요청받은 구성원은 자신이 인식하는 대로 가족구성원의 공간, 몸짓, 태도 등을 무언으로 연출한다. 이런 과정을 통해 가족구성원은 가족체계 내의 신념이나 규칙이 어떻게 인식되고 있고 또 그것이 어떻게 행동이나 태도로 표현되는지를 확인할 수 있다.

2) 사정방법

(1) 면접

사정에서 면접은 가장 오래된 사회복지실천방법의 하나라고 할 수 있을 정도로 사회복지실천가에게서 널리 사용되어 온 임상사회복지실천방법이면서 기본적이고 가장 중요한 방법이다. 면접은 부모나 자녀, 확대가족 그리고 때에 따라서는 가족에 대해 잘 알고 있는 이웃이나 교사, 목회자 등을 대상으로 할 수 있다. 면접을 하기 전에 가족에 관한 기관 내의 기록과 의뢰 및 의뢰에 대한 정보 등에 대해 살펴보아야 한다.

사정을 위한 면접은 클라이언트가 처해 있는 현재 상황, 문제해결목표, 목표를 달성하기 위해 어떤 개입방법을 선택해야 할지를 결정하는 것이다.

면접을 실시할 때에는 면접계획을 수립해야 한다. 이 계획은 대부분 잠정적인 것이기는 하지만, 면접의 목적과 방법, 대상, 시간의 배치, 면접기술과 기법, 활용할 도구 등을 포함하는 것이 중요하다. 이와 같은 면접계획을 수립하는 것은 면접의 효과성을 높이고 동시에 클라이언트에게 신뢰감을 줄 수 있다.

면접은 클라이언트의 마음을 탐색하기 위해 클라이언트의 말을 정확하게 이해하기 위해 대화하는 질문의 내용에 대해서는 기관과 대상에 따라 표준화된 질문지를 사용하는 것이 좋다. 표준화된 질문지는 기관의 성격, 문제의 특징에 따라 내용이 달라질 수 있다. 그러나 이름, 성별, 나이, 가족구성원, 결혼 여부, 직업, 수입 등의 인구통계학적 내용을 시작으로 현재 발생하고 있는 문제가 무엇이며, 문제의 심각 정도, 동일 문제가 지속될 경우 느끼는 심적 부담감 정도, 예상되는 문제의 결과가 어떻게 나타날 것인지에 대한 질문이 되어야 한다.

(2) 관찰

관찰은 사회복지실천의 모든 과정에서 사용하는 하나의 기술로서 클라이언트가 말하고 행동하는 것에 주의를 기울이는 것이 관찰이라 할 수 있다. 관찰은 가족의 역할, 가족관계, 가족의 생활모습 전반을 살펴보는 도구로 사용할 수 있다. 사정 전, 사정과정, 사정 후의 전 과정에 걸쳐 발생할 수 있다.

관찰에서 클라이언트 혹은 가족구성원의 표정, 손놀림, 눈 마주침, 얼굴 붉힘, 억양, 자세 등 비언어적 표현은 사회복지사가 클라이언트의 강점과 표현의 차이를 분명히 하고 클라이언트를 이해하는 데 매우 중요하다.

관찰은 매우 중요하지만 잘 못하면 다음과 같은 문제점이 나타난다.

① 공개관찰의 경우 클라이언트 자신이 관찰되고 있다는 사실을 고지받거나 동의했을 때 관찰자를 인식하여 자신의 원래 행동과 다르게 행동할 가능성이 있다. 이 경우 정확한 사정이 어려우므로 공개관찰의 이런 단점을 해소할 수 있는 사전준비가 필요하다.

② 지적장애를 가지고 있는 클라이언트를 보호자의 동의하에 관찰한다 할지라도 여전히 윤리적으로 문제될 수도 있다.

③ 관찰자의 관찰에 영향을 주는 사회적 통념과 문화적 편견 등은 관찰자에게 왜곡된 사정을 가능하게 할 수 있다.

3) 사정내용

(1) 문제에 대한 사정

① 가족이 과거와 현재에 겪고 있는 문제는 무엇인가?

② 현재 가족이 겪고 있는 문제는 얼마나 심각하고 위급한가, 신체적 · 정신적으로 위험에 처한 가족원이 있는가?

③ 문제를 해결하는데 가족원 각각의 동기는 어느 정도이며, 전문가의 개입에 대한 그들의 태도는 어떠한가?

④ 그 문제에 얽힌 가족 역사적 배경은 무엇이며, 가족들은 그 문제에 어떻게 대처해 왔는가?

(2) 가족기능의 사정

① 가족이 지닌 강점은 무엇인가, 위기발생 시에 대처하는 심리적 · 사회적 자원은

무엇인가, 문제를 해결하는데 동원될 수 있는 가족과 개인으로서의 강점과 자원은 무엇인가?

② 가족 내 상호작용 유형과 가족관계의 성격은 어떠한가, 가족이 유지되고 있는 유형과 명분은 무엇인가, 가족원 각자가 가족 전체를 어떻게 묘사하고 있는가?

③ 어떤 위계를 갖고 있으며, 누가 권력을 갖고 있으며, 그 권력은 어떻게 사용되는가?

④ 가족의 의사소통 유형은 어떠한가, 반복되는 특정한 의사소통 유형이 있는가, 의사소통은 직접적이고 개방적이며 솔직한가?

⑤ 가족 내 하위체계 사이의 경계는 어떻게 운영되고 있으며, 가족의 핵심문제는 누구와 관계되어 있는가?

(3) 가족생활주기의 사정

① 가계도를 통한 가족의 역사는 어떠한가?

② 가족은 가족생활주기상 어느 위치에 와 있으며, 가족원의 발달욕구를 얼마나 적절히 충족시켜 왔으며, 개인은 또 자신의 발달욕구와 과업을 얼마나 잘 수행하고 있는가?

(4) 환경의 사정

① 가족은 다른 어떤 사회체계와 연결되어 있는가, 환경요소들은 가족의 기능을 성장할 수 있도록 하는가, 저해하는 요소인가?

② 가족에게 비치는 외부 요인의 영향을 포함하여 사회적 환경, 가족의 상호작용의 범위과 질은 어떠한가?

③ 가족에게 충족되지 못한 욕구는 어떤 외부 환경에 의존하는가, 가족 외부 자원(지지자)의 양과 질은 어떠하며, 외부 자원으로부터 가족은 얼마나 독립적이고 자기 충족적인가?

④ 가족의 종교적 신념은 무엇이고 가족에게 어떻게 영향을 미치는가?

⑤ 그 가족에게 전승되는 전통은 강점으로 작용하는가 아니면 장애가 되는가?

4) 목표설정과 계약

핵심문제가 확인되면, 가족원이 무엇을 할 것인지를 결정할 권리를 갖게 된다. 이에 가족원의 동의에 의해 분명하고 확실하며, 측정 가능한 목표가 계약서상에 항목으로 명시되어야 한다. 또한 그에 따른 책임도 요구된다. 목표는 가족의 동기와 자원에 의해 달성 가능하고 현실적인 것이어야 하며, 구체적이며 측정 가능한 행동적 용어로 기술되어야 한다.

계약은 전문가와 가족 사이에 치료적 동맹관계가 형성되는 것으로, 전문가는 중립적 태도를 유지해야 하며, 가족원 모두로부터 정확한 정보를 알기 전에는 성급하게 해석하지 말아야 한다. 계약은 다음의 3단계로 체결한다(이화여대 사회복지연구회 역, 2001 재인용).

(1) 가족원 모두가 상담에 관심을 가지고 협의해서 계약을 맺어야 한다. 가족의 저항을 극복하는 과정을 통해 전문가가 도움을 줄 수 있다는 것을 보여줌으로써 상담과정을 받아들이도록 설득한다.

(2) 문제가 무엇인지를 규정할 때, 가족원 모두가 그 문제를 어떻게 지각하고 있는지를 고려해야 한다. 가족원 개개인이 다른 가족원의 간섭이나 방해 없이 그 문제에 대해 자유롭게 표현할 수 있도록 한다. 전문가는 논쟁이나 방해에 대해서는 정중하고 단호하게 대처하면서 그 문제에 관심 있는 가족원의 상호작용을 촉진하도록 한다. 또 한부모와 자녀가 상호작용하는 과정과 방법, 부모의 감정흐름, 언급되지 않은 타박상이나 상처, 혹은 비언어적으로 표현되는 자녀의 두려움이나 공포 등을 세밀하게 관찰해야 한다. 가족에게 '필요한 것은 변

화하는 것'이라는 방식으로 접근해 간다.

(3) 목표를 설정하고 개입과정을 명확히 하여 계약한다. 가족의 문제를 해결하기 위해서는 가족 공통의 목표를 세워야 하고, 목표는 가족 모두가 참여하는 노력할 수 있는 것이어야 한다. 상담의 목표와 개입방법에 대해 전문가와 가족이 만나서 상담하는 횟수와 개입의 범위, 상담기간, 참석자, 목표달성 정도를 측정하는 기준, 규정된 문제 등을 문서 혹은 구두로 명확히 계약한다.

3. 개입단계

1) 개입계획

사정을 통해서 얻은 정보와 공식화된 목표를 토대로 가족을 돕기 위한 구체적 개입방법 계획을 세운다. 올슨(Olson)은 개입계획은 가족체계를 5가지 수준으로 나누어 가족이 필요로 하는 도움의 종류를 결정하는 것이다. 즉, 개인수준은 정신장애(DMS) 증상, 부부체계는 부부간 갈등, 부모-자녀체계는 부모와 자녀 간의 문제, 가족수준은 핵가족과 확대가족 사이의 문제, 지역사회수준은 지역사회의 요인 등에 변화를 가져올 구체적 협상과 중재적 원조활동 등으로 결정한다.

사회복지사는 가족원이 해결을 원하는 문제에 초점을 맞추고 가족원이 문제해결을 위하여 어떤 변화를 가져야 하는지를 가족구성원이 스스로 선택하도록 격려하며, 상담 프로그램에 대한 가족의 저항이 없는지 재사정하고, 가족으로 하여금 가족이 더 좋은 방향으로 변화될 수 있다는 적당한 기대와 동기를 갖게 도와주며, 사회복지사와 가족 사이에는 목표중심적인 전문적 거리를 유지한다. 개입계획은 인지중심적 개입방법과 행동중심적 개입방법 중에서 목표달성에 더 효과적이라고 생각되는 것을 선택하여 결정한다(김영화 외, 2016).

2) 개입기술

(1) 사례 들기

가족생활의 경험에서 적절한 사례를 들어 설명한다. 적극적으로 추천하는 것은 종종 효과적일 수 있다. "제가 다른 엄마와 상담한 적이 있는데, 그때 그 엄마는 아이가 오후에 낮잠을 잘 잘 수 있도록 노력했다고 합니다. 2017년 2월 17일 당신의 상황이 그 엄마의 상황과 비슷하군요. 그 엄마의 결정이 당신에게도 도움이 될 것 같아요."

(2) 직면시키기

직면은 클라이언트가 실패한 부분에 대해 스스로 확인함으로써 인식할 수 있게 하는 것이다. 주의 깊게 사용해야 클라이언트의 적대감을 일으키지 않으면서 빠른 변화를 가져오게 할 수 있다.

(3) 재구조화

과거의 관계상황과 장소에서 새로운 관계상황으로 어떤 상황을 옮기는 것이다. 문제에 대한 긍정적 해석(재구조화)은 가족원의 새로운 반응을 자극할 수 있다. 과잉 행동하는 아동은 도전적이며 적극적인 아동으로 재구조화될 수 있다.

(4) 시연

가족의 갈등을 '지금－여기'로 가져와서 단막극을 하듯 재연해 보는 것이다. 가족원이 문제상황에서 어떻게 행동하고 반응하였는지 스스로를 볼 수 있게 할 뿐 아니라 전문가에게도 가족을 관찰하고 사정할 수 있게 한다.

(5) 문제의 외연화

가족에게서 문제를 분리해 내는 것이다. 문제를 객관화시킴으로써 가족이 특정 문제를 겪으면서 어떤 영향을 받았는지, 그 문제가 각자에게 어떤 영향을 미쳤는지 물어볼 수 있다. 알코올중독자가 있는 가족에게 알코올은 가족 공동의 '적'으로 외연 화시킬 수 있다.

(6) 은유 사용하기

은유란 어떤 개체나 개념이 의미하는 것을 그것들과 비슷한 것이나 닮은 것으로 표현하는 것이다. 추상적 개념을 이해함으로써 가족의 위협적 상황이 갖는 또 다른 상황에 대한 관념을 발달시킬 수 있다.

3) 개입방법

(1) 생태학적 개입

가족구성원과 그 환경과의 관계를 생태도를 통하여 여러 경우를 시간적으로 조직화하고, 변화하기 위한 가족의 주제와 목표의 윤곽을 일목요연하게 그려 낸다. 생태도를 활용하여 가족이 공식, 비공식적으로 활용 가능한 자원, 기술을 동원할 수 있도록 도우며, 가족원 스스로 자신의 문제를 풀 수 있도록 만든다. 가정환경을 보충할 수 있는 자원의 확보, 지지체계를 발전시키고 강화하기, 개인의 욕구에 따른 환경조정, 기관과 제도 사이의 관계 강화, 새로운 자원의 개발 등이 생태학적 개입의 장점이다.

(2) 위기 개입

종종 초기 과정을 거치지 않고 위기개입을 해야 하는 가족이 있다. 자실시도, 타살시도, 정신병적 조울증 환자가 있는 가정, 학대나 폭력을 행사하는 가정, 알코올이나 마약을 남용하는 가정이 그 예이다. 자살 가능성과 타살 가능성이 있는 가족, 조울증 환자가 있는 가족은 정신과 의사에게 의뢰하여 사고를 미연에 방지하는 노력이 필요하다. 조울증과 알코올중독에 대하여 인식이 부족한 가족이 치료시기를 놓치지 않도록 가족원을 교육시키고 가족치료를 병행한다. 신체적 혹은 성적 학대를 당한 가족원이 있을 경우, 피해자에 대한 안전을 위한 보호와 법적 조직에 대응하는 절차가 우선되어야 하므로, 산부인과 의사와 변호사에게 의뢰하여야 한다.

(3) 체계적 개입

가족 전체를 하나의 단위로 보고 가족원 간의 타협을 통해 외부의 도움에 의존하지 않고 가족의 문제를 자신들 스스로 해결하도록 가족원을 독려하는 것이다. 가족이 비조직적이고 문제해결기술이 부족한 경우, 가족원이 참여하여 문제를 규정하고 자신들의 욕구와 목표를 확인하도록 돕고 가족이 책임감을 갖고 스스로 자신들의 역량을 강화해 나갈 수 있도록 돕는다. 사회복지사는 특히 가족원이 문제에 대처하고 결정하는 기술을 발전시키면서 독립적이 되도록 촉진자의 역할을 한다. 그러므로 체계적 개입은 가족 상호작용, 특히 의사소통에 초점을 두는데, 가족 내 역기능적 의사소통기술을 개선하기 위하여 적극적 경청, '나 표현법', 감정이입 등의 훈련을 활용한다.

(4) 가족경계에 초점을 두는 개입

지나치게 밀착된 가족이나 분리된 가족에게는 가족원 사이의 경계선을 강화하고 개인의 자율성을 증가시키도록 하여야 한다. 가족 내의 역기능적 가족동맹은 종종 분리된 가족관계나 밀착된 관계, 삼각구도 관계, 가족 이외의 사람과 부적절한 관계로 나타난다. 사회복지사는 이런 역기능적 관계를 개선하거나 기능을 보강하거나 밀착된 관계를 완화시키는데 노력한다. 종종 가족관계의 역기능은 부모가 그들의 아동을 매개로 삼각구도 관계를 형성하여 부부 사이의 분리가 일어나고 아동이 희생양이 되는 경우가 있다. 가족과 함께 전문가는 가족원의 행동을 통제하는 가족규칙이 적절하고 공정한 것인지 공개적으로 평가하도록 함으로써 가족원의 기존의 규칙을 변화시키도록 돕는다.

(5) 성인지적 개입

가족과 일하는 사회복지사의 인식에서 중요한 것 중의 하나는 성인지적 자세이다. 기존의 가족치료는 성에 대하여 상담가의 중립적 입장을 요구해 왔다. 그러나 어린 여아가 성장하면서 자신의 가치, 역할, 삶의 기대에 대해 받는 메시지는 남아와는 다르다. 여성과 아동이 덜 독립적이고 복종적이며, 덜 경쟁적이며 외모에 신경 쓰는 것이 정상적이고 일반적이라고 여겨진다. 그러나 가족 내에서 발생하는 문제는 전통적인 남성적 기준으로부터 발생되는 측면이 매우 강하다.

가족원은 서로 평등하며, 문제해결은 모든 가족이 참여하여 해결할 수 있도록 격려한다. 여성과 아동이 가족의 문제상황을 그대로 수용하고 적응하며 살아가기보다는 변화시킬 수 있도록 인식하고 그들의 역량강화를 위해 지지적 접근을 한다.

4. 변화촉진단계

가족원의 행동을 변화시키거나 인식체계를 변화시키고 상담과정에서 나타나는 긍정적인 변화들을 유지, 향상시켜 나가는 단계이다. 가족의 행동을 변화시킨다는 것은 가족에게 문제되는 상황과 관련된 어떤 행동을 유지할 수도 있다는 것을 의미하는데, 부정적 행동은 버리고 긍정적 행동을 강화해야 함을 의미한다. 일반적으로 변화를 촉진하기 위해서는 행동에 초점을 맞춘 직접적 개입이 효과적일 수 있다. 행동은 사람 간의 상호작용에 의해 형성되고 유지되는 것이므로 부정적 행동은 그 행동을 유지시키는 반응을 바꿈으로써 변화될 수 있다. 이러한 변화촉진을 위한 개입기법은 다음과 같다(김영화 외, 2016, 재인용).

1) 모델링

일반적으로 역할극을 활용하여 사회복지사가 자신이 가족 내 특정한 역할의 모델링이 되어 구체적 행동이나 상호작용기술을 보여준다. 이 과정에서 가족이 무엇을 관찰했는지 설명해 보게 한다. 이러한 기술은 일련의 복잡한 과정이기 때문에 모델링을 수회에 걸쳐 반복적으로 실시함으로써 한 번에 한 가지의 기술을 가르친다.

2) 조건부 관리

가족 내에서 문제행동이 일어나는 선행조건이나 결과를 확인함으로써 문제행동을 강화시켜 온 영양요인을 밝혀내고 그 행동의 변화를 가져올 수 있는 전략을 세운 뒤, 단계적으로 행동을 수정해 나간다. 문제행동이 발생하는 선행사건과 행동 그 자체, 그리고 행동의 결과를 명확히 파악한 뒤, 변화가 필요한 구체적 행동목표를 정한다. 다음 가족구성원들이 체크리스트를 사용하여 일주일 단위로 이 목표를 위한 행동이 가족 속에서 일어나는 빈도와 기간을 관찰하고 기록할 수 있도록 한다. 다음 사회복지사는 개입이 바람직한 결과를 가져오는지를 지속적으로 측정하여 강화되어야 하는 행동과 약화되어야 하는 행동을 찾아 개입설계를 한다. 가족규칙 만들기나 바람직한 행동에 대한 보상(토큰이나 점수, 용돈)과 처벌(소거, 무시하기), 타임아웃(고립시키기), 옐로카드(경고하기)를 활용하는 방법을 정한다. 다음 가족에게 개입기간 동안 습득한 새로운 긍정적 행동을 지지하고 독려한다. 개입이 종료된 이후에도 습득한 행동이 유지되고 더 나은 변화를 지속할 수 있도록 강화하는 방법을 가족에게 설명해 보라고 한다.

3) 부모역할교육

부모역할교육은 아동을 대하는 부모의 반응을 변화시켜 아동의 문제행동을 야기하는 선행사건과 결과를 인식하고 통제하도록 부모를 돕는 방법이다. 부모가 제기한 문제를 변화목표로 설정하여 체크리스트나 관찰, 상담을 통해 아동의 문제행동의 지속 정도, 심각성 정도를 알아낸다. 아동으로 하여금 부정적 행동을 단념하게 하거나

타임아웃을 사용하는 방법을 강조한다. 부모의 양육기술을 연습하기 위해 사회복지사가 모델링 할 수 있다.

4) 자기통제훈련

자신의 행동에 대해 어느 정도 책임을 질 수 있는 자녀를 둔 가족에게 사용할 수 있는 방법이다. 학교 및 시험불안, 무단결석, 말더듬, 과잉행동장애 등에게 유용하다. '변화될 행동 선정하기 → 행동이 발생하는 시간과 장소, 선행사건과 결과 기록하기 → 문제행동을 개선할 수 있는 목표설정하기 → 행동과 관련된 선행사건 구조 변화시키기 → 문제행동을 강화시키는 행동의 결과 바꾸기 → 변화를 기록해 가면서 변화를 지속하기 위한 계획세우기'를 단계적으로 지속한다.

5) 자기주장훈련

가족갈등이나 문제는 가족원이 서로 다른 의견을 적절하게 표현하지 못하거나 자기주장을 하는 방법을 알지 못할 때 발생하며, 소극적이거나 공격적인 행동으로 표현된다. 그러므로 가족이나 가족 이외 사람과의 상호작용에서 상황을 고려하여 자신의 주장을 할 수 있는 적절한 시기, 기회, 장소를 찾는 방법을 알도록 하고, 분노나 과잉행동의 표현 대신에 논리적으로 설명하는 방법, 자신과 타인의 관점과 생각을 비교하여 말하는 능력들을 신장시켜 나갈 수 있도록 돕는다.

6) 조건부 계약

십 대 청소년을 둔 가족에게 유용한 방법으로, 누가 어떤 행동을, 어떤 상황에서, 누구를 위해, 언제 수행할 것인지를 가족원이 상호 협상을 통해 결정하는 것이다. 가족 갈등적 언쟁이나 분노폭발을 협상으로 바꾸고, 계약을 통해 적절한 행동과 그에 상응하는 보상을 촉진시킬 수 있다.

7) 과제 부여

가족에게 과제를 부여함으로써 가족원의 지속적 변화를 유지하고 행동변화에 대한 책임감을 갖도록 하는 것이다. 상담내용에 근거하여 가족행동에 변화를 가져올 수 있는 구체적 활동을 다음 상담 때까지 수행해 오도록 요구한다. 과제는 가족의 능력과 동기에 부합하는 적절한 것이어야 한다. 긍정적 행동의 빈도를 차트로 그려오기, 가족이 합의한 행동을 계속 수행하기, 가족 공동의 과업을 고안해 오기 등이다.

5. 종결단계

가족복지실천과정을 통한 원조과정이 마지막 단계로서의 종결은 개입과정을 통해 진전된 변화를 지속하도록 잘 마무리 짓는 단계이다. 가족복지실천과정이 종결된 후에도 가족이 독립적으로 문제를 해결할 수 있는 기술을 발전시키기 위한 종결계획을 세울 수 있다. 현재까지 진행되어 온 진전을 가족과 함께 정기적으로 검토하면서 의도적으로 종결을 시도해갈 필요가 있다. 종결의 가장 좋은 시기는 제시된 문제가 해결되고 가족과 사회복지사가 모두 만족할 때이지만 예상치 못한 뜻밖의 결과로 종결되기도 한다.

1) 종결계획

프로그램 초기에 가족과의 계약으로 종결시기를 시간제한적으로 계획하는 것이 가장 이상적인 종결계획이다. 매 회기(session)마다 종결을 10분 전에 예고하는 것과 같이 전체 상담기회를 2~3회 정도 남겨둔 상황에서 종결을 예고한다. 미해결된 과제를 다루거나 종결을 앞두고 가족이 갖는 슬픔과 기쁨의 감정을 다루기도 하며, 해결되지 못한 문제를 위해 가족원을 다른 사회복지사에게 이전 및 기관에 의뢰할 수 있다.

2) 종결단계

(1) 상담과정 돌아보기와 변화 인식하기

가족은 그동안 상담으로 인해 협상된 목표달성 여부를 재검토할 수 있다. 가족원들로 하여금 변화된 것에 대해 토론하게 함으로써 프로그램을 통한 무슨 변화가 일어났고 무엇이 이런 변화를 일으켰는지 이해시킨다. 가족원의 변화에 대한 만족이나 불만족을 표현할 기회를 주고, 변화를 위한 가족의 노력을 평가하는 담당 사회복지사의 피드백을 제공한다. 종결을 위한 이슈가 제대로 수행되었는지를 판단하는 체크리스트를 가족이 완성하도록 하는 것도 유용하다.

(2) 진전의 공고화

가족이 성취한 것과 달성된 목표를 유지하고 확립하는 방법을 강화하기 위해 향후 미래에 가족원 각자가 할 수 있는 행동에 대해 이야기함으로써 진전을 더욱 견고하게 만든다. 종결은 끝나는 것이 아니라 변화된 행동으로 구성된 새로운 삶의 시작을 의미한다. 가족원들 스스로에 대해 다르게 볼 수 있게 하고, 더 진전할 수 있다는 확신을 갖게 하며, 변화된 새로운 상호작용기술과 지지적 사회망을 얻을 수 있게 한다.

또한 미래에 변화나 실패를 가져올 수 있는 도전을 예견하고 그런 도전을 다루기 위한 계획을 설명해 보라고 요구한다. 가족의 강점과 새로운 상호작용기술을 강화함으로써 프로그램에 의존하는 것을 줄여 나가도록 격려한다.

(3) 평가와 사후지도

상담 프로그램을 통해 변화된 가족의 향상된 기능(목표달성)에 대한 평가단계에서 가족 스스로 자신의 문제에 대처할 수 있는 방법을 생각하도록 도와준다. 변화되지 않은 부분에 대해서는 사회복지사와 가족 모두 서로 피드백을 받을 수 있도록 하고, 종결 이후의 준비를 계획할 수 있게 한다.

가족의 향상과 사회복지사의 성과 모두를 평가함으로써 사회복지사는 프로그램 수행능력과 책임성을 향상시킬 수 있는 기회가 되며, 가족에게는 다른 사회복지사로의 이전이나 의뢰와 사후지도를 통해 미래를 계획할 수 있다.

종결을 위한 성공 여부를 알아볼 수 있는 체크리스트는 다음과 같다.

〈표 6-3〉 종결을 위한 체크리스트

확인 내용	예	아니오
– 제시된 문제가 해결되었다.	☐	☐
– 가족은 문제를 다룰 수 있거나 참을 수 있게 되었다.	☐	☐
– 달성된 변화를 효과적으로 측정할 수 있다.	☐	☐
– 심리사회적 기능수행 면에서 긍정적 변화가 일어났다.	☐	☐
– 가족원이 더 효과적으로 의사소통하고 있다.	☐	☐
– 가족원이 학대로부터 안전하다.	☐	☐
– 공식적 지지망이 유용하고 가족은 그 이용방법을 알고 있다.	☐	☐
– 가족은 필요할 때 전화할 수 있는 적절한 비공식 망을 가지고 있다.	☐	☐
– 가족 혹은 개인 구성원이 지역사회 내 전문서비스에 의뢰되었다.	☐	☐
– 가족이 전문서비스로 의뢰하는데 동의한다.	☐	☐
– 가족은 매일의 일상생활에서 가능한 기술을 배웠다.	☐	☐
– 모든 가족원의 기본적인 신체적 욕구가 충족되고 있다.	☐	☐
– 전문가와 가족은 가족의 현재까지의 진전을 평가해 오고 있다.	☐	☐
– 가족은 주어진 서비스에 만족하였다.	☐	☐
– 모든 가족원은 개입의 결과로 한층 더 나아졌다.	☐	☐
– 가족은 그들이 이룬 변화를 재검토할 수 있다.	☐	☐
– 가족원은 변화를 이루는 데 그들이 기여한 역할을 알고 있다.	☐	☐

제 7 장

가족복지 상담

이 장의 내용

가족구성원의 긴장과 불안감을 해소시키고 가족환경에 대하여 과거처럼 가족 내에서 해결방법을 찾거나 미봉책을 구하지 못하므로 한 개인의 희생 하에 난관을 극복하기를 강요하던 시대는 지나갔다. 따라서 직면하고 있는 다양한 가정문제를 해결하기 위하여 전문적인 조언과 심리적 지지, 조정과 타협 등을 통하여 사회에 적응하며 가정의 기능이 회복 경쟁력을 갖추기 위해서 전문적인 상담과 가족치료가 필요하다.

따라서 이 장에서는 가족상담의 의의, 특성, 가족상담, 기본전제 및 원리, 가족상담의 적용, 가족상담의 과정 등에 대하여 살펴보고자 한다.

1. 가족상담의 의의

오늘날 현대인들은 급변하는 생활환경과 복잡하고 경쟁적인 업무와 대인관계 속에서 살고 있다. 따라서 개인적, 가정적으로 역할 혼돈과 대화 부족, 소외감과 갈등 등을 경험하기 쉬우며 생각과 감정, 행동상의 문제와 가정불화를 겪는 일이 많아지고 있다.

1) 상담이란

이와 같이 도움을 필요로 하는 사람이 전문적인 훈련을 받은 상담자와의 관계에서 자신의 문제를 해결하고 인간적 성장을 위하여 노력하는 과정이다. 상담은 개인이나 가족 또는 소집단을 대상으로 구체적인 생활문제의 해결, 감정, 사고, 행동양식의 변화를 목표로 하면서 주로 상담자에 의해 면접 중에 조언, 교육, 훈련, 분석의 방법으로 도움을 주는 것으로 1~20회 정도 지속적으로 이루어진다.

가족은 사랑과 믿음의 토대 위에서 본질적으로 행복과 인격성장 그리고 자아발달을 추구하는 운명공동체이다. 그러나 현대 가족사회에서는 가족원 간에 갈등과 불화의 심화로 인하여 일탈행동, 별거, 이혼 등의 가정해체 현상이 심화되고 있다. 이런 가족문제들을 가족원만의 힘으로 해결하기 어려울 때 국가의 적절한 개입과 전문가의 도움을 받아야 한다. 주로 가족의 인간관계 문제와 부적응 문제의 해결을 돕는 분야가 가족상담 치료이다.

2) 가족상담 치료란

가족구성원의 부적응과 대인관계 문제 등을 해결하기 위한 노력으로 개인을 둘러싼 내·외적 환경요인 중에서도 특히 가족을 매개로 한 가족관계의 역동성에 초점을 두고 치료에 접근하는 방법이다. 즉, 가족상담 및 가족치료는 가족체계에 초점을 두는 상담기법이다. 가족체계의 상호작용에서 문제의 원인을 찾아내 가족구성원을 변화시켜 가족구성원의 원만한 대인관계 유지, 증진시키는 기술과 적응능력을 향상시킴으로써 건강하고 기능적인 가족이 되도록 하고자 한다.

3) 가족치료와 가족상담의 치료

(1) 가족치료

가족치료는 "정신치료 및 가족체계의 이론과 기술을 신경 정신적 장애의 치료목적을 위해 개인, 가족에 적용하는 전문적 서비스"이다.

(2) 가족상담

가족상담은 "신경 정신적 장애진단이 나타나지 않은 문제인데 결혼적응, 결혼준비, 부부관계, 부모-자녀관계, 고부관계 문제 등에 초점을 두는 가족치료의 특수화된 부문"이라고 할 수 있다.

그러나 꼭 정신신경적인 치료만이 가족치료의 대상으로 구별할 수 없다는 사실도 알아야 한다. 그래서 가족상담과 가족치료를 구분할 필요성을 느끼지 못하고 있다.

2. 가족상담의 특징

1) 개인상담과 가족상담의 고찰

개인상담은 가족과 그들의 상호작용에 대해서는 상대적으로 관심이 없었다. 1950년대에 있었던 정신분열증 환자 가족에 관한 연구는 개인상담 및 치료중심에서 가족상담 및 치료의 효과와 실용성을 인식시키는 결정적 계기가 되었다. 그러나 가족상담은 가족원 간의 심리적, 관계적 측면과 여기서 파생된 면을 다룬다는 점에서 개인상담과 차별화되고 있다.

개인상담은 개인의 심리적 내적 문제에 관심을 가지고 개인의 변화에 초점을 두고 개인을 치료단위로 보는데 비하여 가족상담 치료는 개인의 환경이나 개인을 둘러싸고 있는 가족관계 속에서 일어나는 가족환경문제에 초점을 두고 가족 전체의 변화에 관심을 가지며 가족집단을 치료단위로 본다. 이러한 치료에 대하여 구체적으로 접근해보면 다음과 같다.

(1) 해결의 문제초점 파악

문제를 가진 개인에 대해 그를 둘러싼 현실적 상황윤리를 고려하는 것이 그 문제를 더 잘 이해할 수 있고 도울 수 있다. 그러므로 가족상담 치료에서 문제의 초점은 개인과 가족을 둘러싼 가정환경을 중심으로 가족이나 사회체계에서 찾아야 한다.

(2) 개입대상의 차이점 고찰

개인상담 치료에는 개인에게 초점을 두고 집중하여 그들의 성장배경을 고찰하며 과거와 현재에서 결함을 찾아 치료에 접근하고 개인을 변화시키는 치유방법을 사용한다. 반면 가족상담 치료에서는 가족구성원 이 문제행동을 하는 사람을 지적된 환자(Identified Patient)로 보고 그와 다른 가족원과의 관계 및 제반 요소를 종합하여 나타나는 양상이나 패턴에 관심을 가지고 가족의 역기능적인 문제를 기능적인 방향으로 변화하도록 가족사정을 하고 치유에 접근 개입한다.

(3) 치료단위의 차이점 고찰

개인상담 치료에서는 일반적으로 개인을 치료단위로 삼는데 비해 가족상담 치료에서는 체계의 많은 구성원이 치료의 단위가 된다. 가족상담의 경우 반드시 가족 전원을 대상으로 하는 것이 아니며, 그보다는 현재 있는 문제에 영향을 미치는 사람으로서 상호작용 양상을 바꾸는데 꼭 필요한 가족원을 대상으로 한다.

(4) 치료기간의 차이점

개인치료에서는 개인의 과거 경험에 기반을 두고 내면의 갈등을 해결하고자 하여 많은 시간을 요한다. 반면 가족상담 치료에서는 최근에 일어난 역기능적인 상호작용 양상을 중심으로 치료를 시도하므로 단기간이 소요된다. 즉, 가족상담의 경우는 가족원의 오래된 내면의 갈등을 해결하기보다는 개인을 둘러싼 상호작용관계의 문제를 해결하는데 초점을 두기 때문에 개인치료보다는 기간이 짧다.

(5) 기본철학과 논리적 가정의 차이

개인치료와 가족치료 중에 우리는 어느 하나를 선택하여 상담기법을 활용하지만 두 방법 모두가 인간의 본질에 관한 철학적 이해에서 비롯되었다. 그러나 개인치료는 인간에 대해 결정론적이며 원칙에 따라 움직이지만 현실에 따라 반응하는 존재라는 사실을 아무도 부인하지 않는다. 그리고 직선적 인과론으로서 사건 A는 사건 B의 원인이고, A는 B에 대한 책임이 있다고 생각한다.

이러한 배경 속에서 철학과 가정을 지닌 개인치료는 프로이드(Freud)의 정신분석의 역동적 치료기법과 융 및 아들러(Jung & Adler)의 분석심리치료 그리고 칼 로저스(Roger)의 인본주의적 내담자 중심치료, 스키너(Skinner)의 행동수정치료, 엘리스(Ellis)의 합리 정서적 행동치료(REBT), 백(Baker)의 인지치료, 글래서(Glasser)의 현실치료 등이 다양하게 활용된다.

그러나 가족치료는 체계이론에 입각하여 가족관계와 인간관계 문제에 관심을 두고 개인치료와 구별하여 대상을 가족으로 하며 가정 중심 집단 상담을 하기에 가정에 대한윤리와 철학을 지니고 있다.

2) 가족상담과 집단상담

집단치료는 가족치료에 부분적으로 활용하지만 엄밀하게 구별되는 특성이 있다.

즉, 가족은 가족의 특수성을 지닌 오랜 혈연적 관계를 지니고 있으며 미래를 같이하는 친밀한 집단이다. 그리고 계속성과 헌신이 뒷받침되고 있으며 문제를 공유하는 운명공동체라는 특이성을 지니고 있어 가족은 집단치료 구성원보다 더 친밀적 관련도가 높다.

또한 집단치료는 스트레스를 주는 환경을 변화시킬 수 있고 지지적인 분위기를 형성토록 계획되며 서로 도움을 주는 상황을 인위적으로 만들 수 있지만 가족치료는 스트레스 상황 자체가 치료대상이 되고 근본적인 가족관계에 의한 환경을 변화시키기에는 어려운 점이 많다. 그리고 집단치료는 모든 구성원들이 동등한 권리와 지위를 가지고 있지만 가족에서는 그렇지 않다. 가족상담 치료를 다른 심리치료들과 비교하면 다음 〈표 7-1〉과 같다.

〈표 7-1〉 가족치료와 다른 치료 특성 비교

유형	목표	초점	치료자역할	주요문제	참여자	면담시간	치료기간
가족 치료	가족 기능의 향상	가족 의사소통, 역할	적극적 참여 관찰자	부부문제 부모자녀관계 고부관계	한가족 1~2명 치료자	60~90분 주 1회	6개월 ~2년
개인 치료	성격의 재구조화	무의식, 감정전이	비지시적 소극적	성격, 무의식적 갈등	개인 1명 치료자	60분 주1회	2년~5년
	성격수정	방어기제	적극적	방어기제 부적응	개인 1명 치료자	60분 주1회	6개월 ~2년
	증상제거	기능회복	지시적	스트레스 관련불안	개인 1명 치료자	60분 주1회	1주~10주
집단 치료	사회적 기능의 향상	집단참여 피드백	유동적	빈약한 대인(또래) 관계	6~8명 1~2명 치료자	90분 주1회	6개월 ~2년

3) 가족상담과 가족치료

가족상담이나 가족치료의 개념은 일차적으로 개인상담이나 개인치료에 대한 논의와 관련이 있다. 우선 상담이나 치료에 대한 개념 정의가 필요하다. 상담은 비(非) 의학 분야에서 많이 사용된 용어로서 도움을 필요로 하는 내담자와 고도의 전문 훈련을 받은 상담자 간의 일련의 대면과정으로, 이를 통하여 내담자의 상황이나 성격, 행동에 변화를 가져오도록 교육 훈련하는 학습과정이라고 하며, 치료는 의학 분야에서 사용되어 왔으며 특히 치료는 정신과 관련하여 심리치료로 정의하기도 하였다.

상담과 치료의 관계는 궁극적인 목표가 같다는 점과 하나의 이론적 바탕하에서 상담이나 치료가 효과적이지 못하여 통합해가는 추세이며 이러한 구분에 대하여 연연해하는 그 자체가 어리석음을 나타낼 수 있다는 한계점이 있다. 개념에 대한 논의가 전문가들의 주된 논의에서 관심 밖의 사실이라면 두 용어를 구분하기보다는 혼용하는 것이 옳은 것이다.

그리고 가족정신치료는 가족체계이론과 가족구성원 간의 상호작용 패턴에 관한 지식을 기반으로 가족을 일정기간 면접 상담하여 개인과 가족의 감정과 사고를 탐색하고 변화를 가져오도록 개입한다. 이는 가족생활 교육과 완전히 구분되는 부분으로 가족체계 변화를 통하여 문제해결을 시도하는 것이다.

4) 가족생활교육과 가족상담

가족생활교육과 가족상담은 공통적으로 가족을 도와 건강하고 아름다운 가정이 되도록 개입하여 행복하고 기능적인 가족이 되도록 만드는데 목적이 있다. 흔히 두 접근법의 차이점에 대하여 구체적인 목적을 기준으로 서술하기도 하지만 가족생활교육은 문제를 예방하는 차원의 교육적 개입이고 가족상담은 발생한 문제에 대한 사후처리를 위한 상담치료적 개입이다. 그러나 현장에서 두 가지 접근이 연관되거나 유사성이 있어 이 두 가지 개입방법을 혼합하여 적용하기도 한다. 따라서 두 개입방법을 연속선상에 배치하여 가족에 관여하는 정도, 그 영향력 등의 특성을 비교하면 가족생활교육과 가족상담 치료는 다음과 같이 유형화된다(Doherty, 1995).

(1) 정보제공과 조언

가족생활과 부모 역할에 관한 교육은 가족상담에서도 활용되고 있으며 인간발달에 관한 정보를 일반 상식적 정보로 삼아 일반 가족들을 대상으로 자녀교육 강연이나 일회성 워크숍으로 진행하는 가족생활교육 등이 있다. 문제가 없는 대다수 가족이 참여하기에 교육적 영향력을 줄 수는 있지만 정서적 경험적인 부분을 다루기에는 여러 가지 제한점으로 역부족이고 개별 토론 역시 어려움이 있어 의미 있는 변화를 일으킬 정도의 깊이가 부족한 실정이다.

(2) 경험적 교육과 지원 세미나

가족의 일상적 스트레스와 갈등문제를 다루고 지식과 감정부분을 포함하며 개별토론을 할 수 있는 소규모 그룹이 진행하는 가족생활교육이다. 주로 의사소통 방법과 가족의 역기능을 진단하고 개선방법을 연습 훈련하게 한다. 집중 세미나 방식으로 특정한 문제를 가진 가족의 집단적 지원 성장 세미나 형식을 빌려 진행하면 좋다. 교육 후 상호 점검과 계속적인 모임을 가질 수 있고 여러 면에서 변화를 가져올 수 있어 영향력이 크다. 다만, 문제가 심각한 경우와 치료를 요하는 긴박한 상황이면 다음 단계의 개입이나 상담치료에 임하도록 전문가에게 이관시킨다.

(3) 단기개입

간단한 가정문제를 해결하고 가족 내 상호작용 패턴의 변화를 목적으로 하는 단기개입은 가족생활교육과 가족상담을 혼합한 형태의 개입방법이다. 예를 들면, 장애가족의 애로사항, 만성병환자 가족의 스트레스 문제, 가족의 정신건강문제, 부모 역할과 자녀교육 문제, 자녀대상 분노조절문제, 고부갈등 해결 등에 단기개입한다. 이때 가족체계이론과 개인의 성장발달이론에 기초하여 가족을 돕게 되는데 어떤 경우는 인격적인 대접과 들어만 주어도 클라이언트에게 큰 도움이 된다. 개입의 결과, 영향력이 클 수 있지만 더 심각하고 해결에 실마리가 잡히지 아니한 경우와 장시간 필요한 상담일 경우에는 가족상담 치료에 의뢰하는 것이 좋다.

3. 가족상담의 기본전제 및 원리

1) 일반적 상담의 원리

(1) 내담자의 모든 행동의 의미와 이유를 가능한 정확하게 이해한다.

내담자의 모든 행동은 나름대로 목적과 이유가 있다. 면접 중의 내담자 말의 내용, 어조, 표정, 자세, 태도 등 모든 행동은 내담자의 문제를 해결하고 이해하는데 필요한 자료이므로 상담자는 상담 중에 보이는 행동 하나하나를 주목하고 그 의미와 이유를 생각해 보면서 때로는 녹음과 녹화(본인 허락 후)로 기록을 남기도록 한다.

(2) 내담자의 반응을 정확히 예측하고 관찰한다.

내담자의 반응은 즉각 관찰될 수 있는 것도 있지만, 관찰될 수 없고 늦게 나타나는 반응도 있다. 내담자의 모든 행동에 대하여 반응을 정확히 이해하고 예측할 수 있으면 상담은 더욱 효과적으로 진행될 수 있으며, 감수성이 예민한 상담자는 내담자의 행동이 다른 사람에게 미치는 영향을 정확히 감지하는 능력으로 많은 효과를 높일 수 있다.

(3) 상담목표를 분명하게 정하고 먼저 중간 목표를 달성하도록 노력해야 한다.

내담자가 제시하는 여러 가지 문제와 상담에서 기대하는 목표는 상담자의 입장에서 볼 때 내담자의 행동 변화, 정신건강, 생활적응, 의사결정 등으로 표현될 수 있으며, 이것이 상담의 최종 목표이다. 중간 목표는 문제의 성질, 내담자의 적응수준, 상담자의 전문적 판단에 따라 그 내용이 달라질 수밖에 없으므로 상담자와 내담자가 서로 믿는 가운데 솔직한 대화를 나누면 내담자의 현실적인 자기 이해와 자기 수용이 촉진되며, 그 후에 다른 사람이나 환경에 대한 의존이나 원망 없이 자주적으로 생각할 수 있고 행동하게 된다.

(4) 문제보다는 문제에 대한 내담자의 대처방법에 주안점을 둔다.

모든 상담에서는 공통적으로 인간의 과거의 사건을 변화시킬 수는 없으나 그 사건이 미친 영향은 변화, 조절할 수 있고 개인의 외적 변화는 한계가 있어도 개인의 내적 변화는 가능하다는 기본 신념을 지닌다. 그러므로 상담자는 내담자의 사건, 사람, 변화에 대한 관점을 바꾸고 의식적으로 대처방법을 선택하도록 하여 감정을 통제하고 행동에 책임을 지도록 돕는다.

(5) 긍정적인 경험을 반복 · 변화 요인으로 확장시킨다.

상담에서 모든 인간은 변화하고 상황을 개선하려는 욕구와 능력을 가지며 잘 대처하는데 필요한 내적 자원을 가지고 있다는 기본 신념을 공통적으로 가지고 있다. 그러므로 상담자는 내담자에게 긍정적인 경험을 하게 하고 이것을 실제 생활에서 반복, 확장시켜 자율적으로 기능하고 발전하도록 돕는다.

2) 가족상담의 원리

가족상담은 일반적인 상담원리를 기초로 하면서 동시에 체계이론에 근간을 두고 다음의 가족상담의 원리를 적용, 가족상담을 성공적으로 이끌어 나가야 한다.

(1) 문제발생과 변화에 대한 모든 가족의 책임의식이 중요하다.

가족은 생애발달주기에 따라 고유한 발달과업을 지니면서 각 단계마다 필요한 과업을 이룩하며 변화하고 적응하며 상황을 개선하려는 노력으로 가족원의 책임을 강조한다. 이에 가족구성원들의 욕구와 능력을 지니고 있기에 이들을 돕고자 한다. 그러므로 가족은 변화의 주체가 되어야 하며 삶의 중심에 있어야 한다. 즉, 문제발생과 유지에 모든 가족원이 관여되어 있으므로 가족구성원 간의 상호작용의 역할 감당과 가족 전달체계를 변화시킴으로써 문제가 자연스럽게 해결되고 역기능적 가족에서 기능적 가족이 되도록 하여야 한다.

(2) 치료의 첫 단계로서 가족에 대한 초기면접과 진단이 필요하며 가족원 간 상호작용 요인의 패턴 파악이 중요하다.

치료자들은 가족이 다세대적인 정서체계를 지니고 있으므로 인간관계의 문제는 원가족으로부터의 정서적 경험과 연관되어 있다고 볼 수 있다. 또한 가족에 대한 개인적 사례에서 인지된 사항과 지각한 내용을 민감성을 가지고 가족관계의 모든 면을 분석 진단할 수 있다. 모든 것에서 공통적인 기본개념은 "인간은 과거의 사건을 변화시킬 수 없으나 그 사건이 교훈한 영향력은 변화 가능하며 조절할 수 있고, 개인이 외적 상황을 변화시키는 것은 어려움이 있지만 이러한 한계를 극복하기 위해서 개인의 내적 변화를 기능케 한다."는 것이다. 그러므로 치료자는 먼저 가족의 초기면접과 진단을 통하여 내담자로 하여금 원 가족과 현재 가족에서의 역기능적인 상호작용 패턴을 파악하여 가족문제의 연관성과 요인을 분석 인지하고 수용하게 함으로써 의식적으로 기능적 상호작용 패턴으로 변화하도록 원조하며 돕는다.

(3) 최종 목표를 분명히 설정하고 중간 목표를 실천하는 일이 중요하다.

가족상담 치료의 일반적인 목표는 가족이 변화하도록 돕는 원조활동인데 이것은 개인의 행동이 가족체계를 유지시켜 주는 중요한 기능을 회복시켜 역기능적 가족관계를 더 이상 필요 없게 하는 것이다. 가족상담의 공통적인 최종 목표는 역할의 융통성과 적응력을 기르도록 하는데 있으며 가족집단 내의 개인의 자율성을 확보하여 부부간 권력의 균형을 유지하고 의사소통의 구체성과 개방성 및 명료성을 증진시키는 데 있다.

또한 공통적인 기본 중간목표는 "상담자와 클라이언트 간의 신뢰를 바탕으로 하는 치료적 관계형성"과 "클라이언트의 자기이해와 자각 및 자율성 회복"이다. 전자는 상담의 촉진자적 조건이고 후자는 문제해결의 기본 명제적 과제이다. 여러 치료기법들이 접근 모델마다 사용되지만 공통적인 기법으로 과제를 수행하는 주기가 있다.

위의 이론적 기본원리를 근거로 하여 가족상담을 할 때 지켜야 할 기본원리를 요약하면 6가지로 다음과 같이 축약할 수 있다.

① 가족문제를 한 사람의 정신 병리적 관점에서 파악하기보다는 가족구성원 간의 관계성에 초점을 둔다.

② 가족관계에 대하여 선형적 인과론이 아닌 순환적 인과론에 초점을 두어 가족의 문제가 상호작용에 의한 것이라는 점을 고려한다.

③ 가족상담은 주로 현재 상황에 초점을 맞추어서 상담을 진행한다.

④ 가족상담의 목표는 가족의 구체적인 행동 변화에 초점을 두는 것이 바람직하다.

⑤ 가족 안에서 어떤 문제가 발생하고 어떤 갈등이 있는가?도 중요하지만 그것으로 인하여 어떤 결과가 예상되는지에 주목하고 가족들을 인식시켜 문제를 미연에 예방한다.

⑥ 가족 간의 부정적 감정 표출이 불가피하기도 하지만 이것은 이미 그 가족에게는 일상의 생활일 수 있기에 상담자는 가능한 과거와는 다른 행동을 하도록 돕는다.

3) 가족상담의 기본전제

(1) 원 가족은 개방적이고 변화하며 목표 지향적이고 적응적이며 변화의 추세이다.

(2) 가족의 구성원들은 각기 다른 발달단계를 살아가는 사람들이고 그에 따라 개

성과 욕구의 기대 가치관 등이 상이하여 인격적 성숙과 문제해결 능력도 다르다. 그러므로 가족구성원들의 개인차와 개성, 자율성이 존중되어야 한다.

(3) 가족구성원 한 사람의 정서적·행동적 문제는 개인의 내적 측면에 비롯되기도 하지만 가족관계적 측면과 가족의 발달단계 문제에서 비롯되는 경우가 많다.

(4) 가족 안에서 의사소통과 역할, 심리적 유대 규칙과 권력구조 등이 변화하면 가족구성원의 증상이 해소될 수 있다. 즉, 가족체계의 부분을 변화시키면서 전체 가족이 변화될 수 있다.

4. 가족상담의 적용

가족상담 치료는 전체 가족을 대상으로 하면서 또는 부부, 부모-자녀, 형제 등 가족의 하위체계 또는 개별 가족구성원을 대상으로 가족관계를 원활히 유지 증대하며 가족의 문제해결을 돕는 원조활동을 하기도 한다. 그러나 일반적으로 기본적인 가족의 역할과 사회적 적용의 문제 및 가정의 역기능 수행의 문제로 부적합할 때 시행한다. 미국의 결혼 및 가족치료협회(American Association for Marriage and Family Therapy: AAMFT)에서 제시한 가족치료의 적용문제들을 고찰해 보고자 한다.

① 자녀의 정서와 비행적 문제 및 학교 부적응
② 우울증과 불안 등의 정서장애, 감정의 심한 기복
③ 성적인 부조화 문제, 문화인식의 성적 갈등 문제
④ 가족원 간의 의사소통 문제, 가족대화 기법 부족
⑤ 알코올과 마약문제
⑥ 반복되는 경제적 무능력과 무절제의 문제
⑦ 현저한 몸무게의 변화, 즉 체중의 급격한 변화, 누적된 피로감
⑧ 만성적 직장 부적응의 문제

⑨ 폭력 및 강한 적개심과 분노 처리의 문제와 통제 불가능의 문제

⑩ 결혼생활 및 가정생활의 지속적인 불만의 요인

⑪ 배우자 부정과 외도, 부적절한 관계로 가족관계 신뢰감 상실

⑫ 죽음, 이별, 질병, 실직 등의 위기극복을 위하여 어려움이 있을 때의 문제

⑬ 자녀의 결혼과 독립, 노부모의 병환과 은퇴 등 가족의 전환기적 변화에 대한 부적응

⑭ 결혼생활과 가정생활의 장애요인 등이 있으나 좀 더 향상시키고자 하는 마음이 있을 때

가족상담 치료가 바람직하지 못한 경우를 살펴보면 다음과 같다

① 가족원들이 모래알 가족처럼 극단적으로 분리되어 있어 변화하고자 하는 동기가 약할 때

② 정신병적인 폭력, 지각장애와 사고장애를 보이는 정신병

③ 가족의 방어기제가 완강하여 이를 깰 때 우울증이나 정신지체와 같은 증상을 일으킬 가능성이 있을 때

④ 급성 정신분열증 환자가 사람을 거부하는 경우 등이다.

※ 가족상담의 치료가 실시되고 있는 기관이나 장소

미국이나 유럽 국가에서는 가족상담 및 치료를 담당하는 사람들은 자격증을 가진 전문가들이 활동하고 있다.

① 개인이나 공동으로 상담소를 개업 상담하고 있는 경우

② 정신병원의 입원병동 및 외래병동에서 일하는 경우

③ 지역사회의 가족서비스 기관에서 일하는 경우

이 외에도 가정의학전문의들과 함께 팀을 이루거나 학교의 문제학생 상담에 적극적으로 개입활동을 하면서 자문역으로 활약하거나 기업체에 근무하면서 직원들을 위한 정신건강 프로그램을 운영한다. 또 상담활동을 할 때 가족상담 치료기법을 적용

한다.

우리나라의 경우는 현재 일부 신경정신과와 가정의학과에서 환자의 심리사회적 장애를 치료하기 위하여 가족치료기법을 적용하기도 한다. 또 공공상담기관이나 민간 상담기관에서 가족상담을 필요로 하는 문제가 급격한 증가 추세에 있어 가정관리를 효과적으로 하여야 하기에 국가 공인 자격을 갖춘 전문 상담사들로 하여금 가족상담을 체계적으로 시행하고자 한다. 아직은 초창기라서 상담자들의 전문기술 습득이 미흡하고 감독자도 부족하기 때문에 본격적인 가족상담 수준에는 미흡한 상태이고 관련 연구도 계속적인 사례분석과 기본 틀을 마련해야 할 것이다. 앞으로 우리 사회가 지금보다 더 복잡하고 다원화될 것이므로 가족상담에 대한 수요가 증대될 것이고 새로운 가족관리 전달체계가 형성될 것이다. 이에 따라 가족상담이 활성화될 것으로 전망된다.

5. 가족상담 과정

1) 가족상담의 초기단계

개입초기에는 가족과의 관계형성, 면접, 생태도와 가계도를 분석하는 기술, 가족생애주기에 따라 가족의 욕구와 문제를 분석하는 기술이다.

(1) 접수면접 및 관계형성

사회복지사는 클라이언트가 보이는 미지에 대한 두려움과 변화에 대한 저항 등에 민감해야 한다. 그러므로 사회복지사는 클라이언트를 원조하는 과정에서 나타나는 저항에 대해 이해할 필요가 있다.

※ 저항의 4단계

- 갈등의 단계 : 클라이언트는 변화의 필요성을 감지하고 갈등하게 된다. 다가올 변화에 대해 생각하고 행동하는 가운데 문제를 대처할 수 있는 더 나은 방법이 있음을 인식한다. 그러나 클라이언트는 익숙한 믿음, 태도, 행동을 고수하고자 하기 때문에 이전 방식과 새로운 것 사이에서 갈등 혹은 양가의 감정을 경험한다.
- 방어의 단계 : 익숙한 방식이 위협받을 때 방어하는 것은 정상적이다. 변화의 필요가 분명하다면 클라이언트는 이들 감정들을 극복하게 될 것이다. 어떤 클라이언트는 변화를 받아들이게 되면 예전의 방식이 비효과적이거나 부적절했음을 인정할 수밖에 없기 때문에 새로운 방식과 사고에 대항하여 강하게 방어한다. 또한 위협감을 느끼기 때문에 자신을 정당화하고 합리화하기 위해서 더 강하게 고수할지도 모른다. 때로는 새로운 방식을 공격하거나 사회복지사를 불신할 수도 있으며, 원조관계를 철회할지도 모른다.
- 해결의 단계 : 사회복지사로부터 이해와 지지를 느끼고 현재의 상황에 대해 어느 정도의 불편함을 느끼거나 실제로 변화를 이룰 가능성에 대해서 희망을 느낀다면, 클라이언트는 모험을 결정하고 변화를 시도하게 될 것이다.
- 통합의 단계 : 새로운 사고 혹은 행동을 다른 방식의 생각과 행동으로 통합함으로써 투쟁에서 벗어나는 것이다.

① **전화접수** : 사회복지사와 클라이언트가 전화를 통하여 처음 접촉하는 경우가 있다. 이때 대부분의 클라이언트는 불안하고 자신의 기대사항에 대하여 혼란스럽고 불확실하며, 기관에 대하여 왜곡된 생각을 할 수도 있다. 때문에 전화통화 시 사회복지사는 클라이언트의 두려움을 줄이고 기관으로부터 기대하는 것에 대하여 전반적으로 이해시키는 것이 중요하다.

② **관계형성**(rapport)=“**합류**(joining)” : 사회복지사가 가족이나 가족체계와 직접적인 관계를 맺고자 할 때 사용되는 기법으로 무엇보다 가족성원들의 이야기를 경청

하는 것이 중요하다. 상담을 하러 온 사람들은 대부분 누군가에게 자신과 가족에 대한 문제를 노출한다는 것, 상담을 한다는 자체, 또는 다른 가족원을 위해 '끌려왔다' 또는 '희생한다'는 생각에 소극적인 태도로 임하거나 불안해하고 어색해 하며 불평이 많아지게 되므로 사회복지사는 성실성과 진실성이 행동으로 배어나올 수 있도록 노력해야 하며 가족과 긍정적인 관계의 형성을 위해 현재의 가족구조와 상호작용을 적극적으로 지지하고 인정하면서, 동시에 가족구성원 개개인의 특성과 장점, 그리고 잠재력을 지지하고 인정한다.

상담한 내용에 대하여 사회복지사는 요약과 환언이 필요하다.

※ 요약과 환언

요약과 환언
요약과 환언을 너무 자주 하면 상담과정을 매우 지루하게 만들거나 지나치게 인지적인 교육처럼 받아들이게 될 경우가 있으므로 시기적절하게 사용해야 한다. • 내담자가 전달하려는 내용을 분명하게 전달하지 못할 때 • 내담자가 여러 주제, 내용, 상황, 사건 등을 한꺼번에 말하는 등 두서없이 말할 때 • 내담자가 너무 오래 말할 때 • 내담자가 무슨 말을 하고 있는지 혼돈에 빠졌을 때 • 상담자 역시 내담자를 충분히, 확실히 이해하고 있는지 의심스러울 때

(2) 초기단계의 과제

① 언어적, 비언어적인 방법 두 가지를 모두 병행해 좋은 관계를 형성

② 물리적 환경은 좋은 감정을 갖게 하는 좋은 단서

③ 복장과 함께 가족성원의 행동에 치료자 자신의 행동을 조화시키는 것

④ 일정부분 가족의 자세나 움직임, 언어사용, 속도나 크기에 맞춤

⑤ 치료자와 가족과 공통으로 가지고 있는 경험이나 관심을 이야기

(3) 사회복지사의 역할

① **비자발적인 클라이언트** : 클라이언트에게 도움이 되는 방식으로 적절하게 권한을 사용할 줄 알아야 한다.

② **접근하기 어려운 클라이언트** : 이들은 빨리 판단하고 가장 부정적인 방식으로 상황을 해석하기 때문에 사회복지사가 따뜻하고 의지할 만하며 진실하다는 첫인상을 주는 것이 중요하다.

③ **약물 의존적인 클라이언트** : 자아존중감을 개발하고 문재해결 기술을 배우며, 내부자원에 의존하여 약물로부터 해방관계를 창출해 내도록 도와야 한다.

④ **조종적인 클라이언트** : 조종이 클라이언트에게 필수적인 대처전략임을 기억하여 인내를 증가시키고 심판을 감소시키면서 접근할 수 있도록 한다.

⑤ **위험한 클라이언트** : 화가 난 사람을 자극시키지 말아야 하며, 탈출구로부터 가까운 곳에 자리를 배석하는 등 자기-방어훈련도 필요하며 때로는 클라이언트의 행동에 도전적으로 임할 필요도 있다.

2) 가족상담의 중간단계

(1) 가족사정

① **가족사정의 개념** : 가족을 하나의 단위로 보고 가족 내부 및 외부요인 그리고 이들 양자 간의 상호작용 등을 파악하기 위해 자료를 수집 · 분석하고 종합하여 그 가족에 대한 개입을 계획하는 일련의 과정을 말한다.

② **가족사정의 기준** : 클라이언트가 호소하는 문제에 대한 사정으로 문제의 지속기간과 복잡성, 문제의 과거기록, 문제에 대한 가족원들의 관점, 문제해결을 위한 노력의 정도, 상황을 변화시키려는 의지의 정도 등을 파악하는 것이 중요자료가 될 수 있다.

※ 가족을 사정할 때 일반적으로 포함되는 문제들

- 가족성원 의식의 규정은 어떠한가?

결혼, 이혼, 법적 입양 등과 같이 법원의 명령에 의해 구성된 가족인 생물학적 가족의 성원들은 누구인가? 기능적 가족의 구성은 어떠한가?(누가 동거가족의 일부이고 일상생활에 대한 책임은 누가 지나), 생물학적, 법적 유대에도 불구하고 가족에 소속된 사람으로 고려되는 가족성원들로 인식된 가족은 누구인가, 생애 전반에 걸쳐 충성과 의무를 다할 장기적인 헌신이 가능한 사람은 누구인가를 살펴본다.

- 가족을 설명하는 사실과 실제는 어떠한가?

가족성원의 이름, 성별, 연령, 발달단계에 따르는 가족기능의 영향관계, 가족기능이 가족생활주기와 어떻게 관련되어 있는가? 어떠한 종교인 윤리, 문화적 정체성을 갖는가? 소득의 출처 및 경제활동인구는 누구이며 어디에서 근무하고 이들의 직업이 가족 역할과 기능 수행에 어떠한 영향을 미치는가? 결혼이나 가족의 형성관계, 아동과 관계한 상황들, 이혼, 유기, 폭력 등의 역사가 있는가? 가족성원의 질병이나 장애 또는 중독관계는 어떠한가? 등을 살펴본다.

- 가족의 기능 수행을 위한 지역사회의 지지기반은 어떠한가?

가족의 기능 수행을 위한 지역사회의 지지기반은 무엇이 있는가? 그곳에서의 생활을 통해 어떠한 영향을 받는가? 살기에는 어떠한가? 직장을 구하는 것은 가능한가? 기본적인 공공시설과 이용 가능한 서비스는 어떠하며 프로그램은 적절한가? 등을 살펴본다.

- 가족기능의 수행은 어떠한가?

경제단위(소득과 세금 등)로써의 가족기능은 어떤가? 일상생활의 과제(요리, 청소, 세탁 등)는 잘 관리되고 있는가? 휴식과 건강회복을 위한 사적인 공간의 제공이 가능한가? 가족에게 정체성과 소속감을 제공하는가? 가족은 동반자 의식과 양육과 사랑 등을 제공하는가? 아동은 격려와 지도를 받는가? 가족은 아동이 인간관계에 필요한 사회적 기술 등의 학습을 할 수 있도록 하는가? 중요하다고 생각되는 의식, 전통, 종교적 신념 등을 고수할 수 있는가?를 살펴본다.

• 하위체계, 경계, 규칙과 역할은 어떠한가?
가족은 복잡하게 얽혀있는 가족성원들 간의 관계망으로 하나의 역동적 체계라 할 수 있다. 이 역동적 체계인 가족은 성(gender), 이해관계, 세대(generation) 그리고 가족의 생존에 필요한 기능을 수반으로 하위체계를 발전시키는가? 등을 살펴본다.

(2) 사정도구 및 사정방법

가족을 사정하기 위해 가족구성원이나 중요한 타인을 상대로 인터뷰를 하기도 하고, 가족과 그들의 생활공간 내에 있는 사람과 기관 간의 연계를 그림으로 그리는 생태도를 통해 가족체계와 환경체계간의 관계를 파악하여 가족의 문제나 스트레스의 요인을 가족 외부의 환경체계에서 찾기도 한다. 또한 3세대 이상을 중심으로 특정기간 동안의 클라이언트 가족의 역사와 가정에서 생기는 사건을 한눈에 보게 하는 가계도 등을 그려보게 하여 활용하기도 한다.

① **생태도 작성과 분석** : 가족과 환경체계들과의 관계를 이해하기 위한 도구로서 가족과 체계들 간의 자원교환, 에너지의 흐름, 스트레스와 관련된 자료, 중재되어야 할 갈등, 메워야 할 간극, 활성화되어야 할 자원 등을 시각적으로 나타낸다.

② **가계도 작성과 분석** : 3세대 이상에 걸친 가족성원에 관한 정보와 그들 간의 인간관계를 표준화된 형식으로 도식화한 것을 말한다.
가계도에는 기본 가족구성과 구조를 나타내는 상징들, 상호작용 유형, 가족병력, 기타 가족에 관한 정보(종교, 교육, 직업, 병무, 법적 문제, 신체적 혹은 성적 학대, 약물남용 등)를 포함한다. 생태도에 비해 가계도에서 사용하는 상징들은 매우 다양하며 복잡하다.

③ **맥매스터 모델** : 문제해결, 의사소통, 가족 역할, 정서적 반응성, 정서적 상호작용, 행동통제를 포함한다.

(3) 목표설정 및 계약

① **목표설정** : 목표를 설정한다는 것은 꾸준한 개입의 방향과 성공의 판단 여부를 결정짓는데 중요한 요소가 되는 것이다. 효과적인 개입이 되기 위해서는 정확하면서도 클라이언트와 함께 동의된 목표가 있어야 한다.

목표의 설정 시 단기목표와 장기목표로 세분화하는 것이 유효한데 만일 원조의 시간이 많이 걸리는 것이라면 목표를 세분화하여서 달성하는 것에 대한 구체적 성취감을 맛볼 수 있게 하여 클라이언트가 계속 희망적으로 프로그램에 참여할 수 있는 의지를 갖게 한다든지 중간 목표를 설정해서 가능성을 보게 하는 것도 바람직하다.

② **계약** : 가족사정이 끝나고 목표가 설정되어지면 구체적인 서비스의 활동을 위해서 계약을 하게 된다. 이 계약에는 면담의 횟수와 그 간격, 시간, 참석자의 유무, 치료목표, 치료비 등이 포함되고 있다. 최근 한국의 상황에서도 사회복지사가 클라이언트와 원조를 시작할 때 서면으로 계약하는 경우가 늘어나고 있으며 분쟁의 소지를 없애주고 윤리적 딜레마로부터 벗어날 수 있기 위해서도 계약은 필요하다.

※ 서면서비스 계약의 유용성

① 계약의 활용에 있어 기관의 정책과 법적 요구사항을 명확히 할 수 있다.

② 서면서비스 계약의 장·단점을 이해해야 한다.

③ 계약은 클라이언트, 사회복지사, 기관이 함께 규정에 따라 구체화해서 작성해야 한다.

④ 클라이언트가 정확히 알 수 있도록 분명한 언어를 구사해야 한다.

⑤ 상대방을 희생시키지 않고 최선을 다하여 성공할 수 있도록 한다.

⑥ 목표는 클라이언트의 관점에서 현실적이고 이루고자 하는 가치가 있어야 한다.

⑦ 목표의 선택과 구성은 논리적인 순서를 따르며, 클라이언트가 혼자 할 수 있도록 한다.

⑧ 규정은 변화하는 현실적 상황에 따라 필요시 수정이 가능하며 이를 통해 신뢰를 유지할 수 있다.

(4) 사회복지사의 역할

원조과정의 중간단계라 함은 초기단계의 끝 무렵부터 시작해서 원조의 목표가 어느 정도 달성되어지기까지의 전체과정을 말한다. 이 중간단계의 활동은 초기단계에서 설정되었던 목표를 해결하기 위해서 구체적인 작업들이 행해지는 과정이기에 때로 문제해결단계 내지는 원조의 핵심적 단계라고도 말할 수 있다.

이때 사회복지사는 클라이언트가 호소할 문제를 해결하기 위해 여러 가지 방법들로 그 호소하는 문제를 풀어가려고 하는데, 명심해야 할 것은 목표라고 하는 것은 상황과 필요에 따라서 변화 가능하며, 때로는 특정가족과 비밀이 있을 수 있음을 알려서 신뢰감을 유지하는 것도 바람직하다. 또한 클라이언트가 의존적일 수 있음을 기억하여 자발적으로 참여하며 스스로 결정하고 책임질 수 있는 능력을 향상할 수 있도록 도와야 한다.

3) 가족상담의 종결단계

개입에 있어서의 종결이라 함은 모든 과정의 종결과 마찬가지로 원조를 받은 가족이나 개인에게는 특별한 의미를 갖게 된다. 따라서 그동안의 의존적인 상태에서 벗어나 사회의 네트워크 속으로 들어가 상호 의존관계를 유지할 수 있도록 배려하고 유도해 주어야 하는 것이다. 때문에 종결에 앞서서 사회복지사의 세심한 배려가 필요하며 보통 계약이 이루어지는 상담 초반에 가족과 종결에 대해서 의사소통을 해주는 것이 좋다. 이상적으로 종결은 예견되어야 하고 프로그램 개입초기부터 계획되어 있어야 한다.

(1) 종결 및 평가단계

그동안의 개입이 얼마나 효과적이고 효율적이었는가를 사정하는 과정으로는 얼마나 목적이 달성되었는가를 보는 효과성과 사용된 자원과 그것의 결과에 있어서 어느 정도의 비율로 나타낼 수 있는가를 보는 효율성에 대한 평가이다.

① **사회복지사의 개입노력을 사정하는 실천적인 평가** : 사회복지사의 노력이 개인, 가족, 집단, 조직과 지역사회를 얼마만큼 변화시켰나를 보는 것이다. 이 실천평가는 형성평가와 총괄평가를 통해서 꾸준히 원조과정을 사정하고 필요시 개입계획을 수정하면서 성공 혹은 실패와 관련된 요인을 알아내고 있다.

② **평가방식으로 프로그램 평가** : 클라이언트와 지역사회 전체에 제공되는 프로그램의 효과와 효율성올 평가하는 것으로 더 좋은 서비스를 제공하도록 기능 수행을 변화시키는 토대로서 형성평가를 실시하기도 하고 재원조달자에게 실시결과를 보고하기 위해 총괄평가를 실시하기도 한다.

※ 사회복지사가 활용할 수 있는 실천평가방법

① **단일사례설계**(Single-Subject Desion: SSD) : 인간을 상대로 하는 서비스 기관이 그 효과를 증명할 책임과 압력이 강화되면서 주목을 받게 된 방법으로 기초선의 활용과 후속적인 변화의 측정을 통해 개입의 영향을 평가하는 방법으로 다음과 같다.

가. 시간의 경과에 따른 사람의 변화를 점검할 수 있으며 사례 상황을 사정할 수 있다.

나. 표적사건에 긍정적인 변화나 부정적인 변화가 일어났는지를 평가할 수 있다.

다. 실천가의 개입이 변화의 원인으로 연결되는가를 평가할 수 있다.

라. 실천가의 개업에 대해 효과를 비교할 수 있다.

② **과제달성척도**(Task Achievement Scaling: TAS) : 개입과제를 완수한 정도를 결정하는 것으로 단순하고 유연한 평가도구이며 특히 개입이 기초선의 설정이나 단일사례설계의 적용이 어려울 때 유용하게 사용하며, 단기 서비스의 상황에서 적절하게 쓰인다. 이 방법은 과제중심적 실천과 조사에서 사용하기 위해 개발된 것으로 성공적인 과제의 달성은 사회복지사의 강화를 통해서 더욱 향상될 수 있다.

(2) 종결을 진행하는 단계

① **리사이틀** : 원조과정이 마지막에 가까워 올 때, 사회복지사와 각 가족원들은 변화된 것에 대해 토론하면서 가족사회사업의 경험에 대해 평가할 수 있는 기회를 가져야 한다. 이러한 기회를 통해 가족은 무슨 변화가 일어났으며 무엇이 이런 변화를 일으켰는지를 이해하게 된다. 이때 리사이틀이 필요한데 이것은 가족사회복지에서 중요한 사건을 재검토하는 기법이다. 협상된 목표가 달성되지 않았거나 추가의 문제가 나타났다면, 리사이틀을 통해 사회복지사는 다른 기관 혹은 같은 기관 내의 다른 사회복지사에게 의뢰할 필요성을 알게 된다.

② **변화에 대한 지각 유도하기** : 사회복지사와 가족원이 진행과정에 대해 지각하는 바를 서로 비교함으로써, 가족원들은 변화를 유발하는 개념적인 이해와 도구 모두를 발전시킬 수 있게 된다. 이러한 반영은 가족구성원들의 자존감에 대한 강력한 원천이 될 수 있다.

③ **진전을 견고하게 하기** : 종결의 세 번째 단계는 달성된 목표를 유지하고 확립하는 방법을 강조하기 위해 미래에 대해 이야기하는 것이다. 가족이 미래의 목표를 성취하는 전략을 개발하도록 돕는 것은 이미 획득한 것을 확고하게 하는 탁월한 방법이다.

종결은 끝이 아니라 전환이다. 종결을 이런 방법으로 클라이언트에게 묘사하는 것은 성취한 것을 인식하게 하고 더 나아가 이제부터 다시 새롭게 시작한다는 것을 의미한다. 사회복지사가 가족이 변화하도록 혹은 바라던 목표를 달성하도록 돕는다는 명확한 증거를 보여주지 못하더라도 그들의 노력은 클라이언트의 삶에 중요한 차이를 가져올 수 있다.

④ **사회복지사에게 피드백 제공하기** : 공식적인 종결에서 대면 토론을 하는 것은 중요하다. 마지막 세션에서는 성과에 대해 평가할 수 있다. 첫 번째 단계는 가족이 지각하는 성공을 가족과 함께 평가한다. 이 과정에서 가족은 잘한 점과 부족한 점들에 대해 지적할 수 있는 기회를 가지게 되며 사회복지사는 가족들이 지적한 사항들을 통해 피드백 받게 된다. 사회복지사는 피드백에 방어적으로 반응하지 않고 감사를 표현하며, 가족원의 기여가 이후의 개입에 도움이 될 것이라는 것을 알린다.

⑤ **종결 이후의 문제를 다룰 수 있도록 가족을 준비시키기** : 종결의 마지막 단계는 가족들이 이후의 도전들, 즉 변화나 실패를 가져올 수 있는 도전에 대해 예견하게 하는 것이다. 사회복지사는 가족이 그런 도전을 다루기 위해 계획한 것을 묘사해 보라고 요구해야 한다. 또한 가족사회복지사는 이런 테마를 가족 강점을 강화하고 새로 개발한 기술을 강화하는데 사용할 수 있다.

(3) 종결하기에 적절한 시기

세션의 빈도를 줄이는 가장 좋은 시기는 향상이 이루어지고 목표가 달성되고 갖고 있는 문제가 안정되어 가고 있다는 신호가 보일 때이다. 대부분의 가족은 자신들의 문제해결 능력이 향상되었다는 것을 확인할 수 있을 때 종결에 동의한다. 만일 가족이 종결을 받아들이기 힘들어한다면 사회복지사는 "무엇이 당신들을 문제로 되돌아가게 하나요?'와 같은 역설적인 질문으로 가족원들에게 이미 이룬 변화에 대해 자각하게 할 수 있어야 한다.

가족원들의 의존을 피하기 위해 사회복지사는 세션의 빈도를 감소시키면서 동시에 가족을 위한 공식적이고 비공식적인 지지를 동원할 수 있다. 가족이 세션의 빈도를 줄이는 것에 저항한다면 가족사회복지사는 그 문제에 대해 토론하고 모든 가족원의 지지를 이끌어내야 한다.

조기에 작업을 중단하는 것과 중도 탈락에는 차이가 있다. 조기 종결의 경우, 가족원들은 사회복지사에게 떠나는 것을 통보하고 그 이유를 알리려 한다. 조기 종결 유형 중 하나는, 클라이언트가 갑작스럽게 자신이 향상되었다는 것에 대해 과시할 때 발생한다. 이것은 "건강으로의 질주" 혹은 "위조된 행복"이라고 부른다. 이런 경우 사회복지사는 종결에 대하여 빠른 것 같다고 판단되면 문제를 재검토하는 종결의 리사이틀 단계로 즉시 옮겨가야 하고 새로운 계약을 재협상할 수도 있다.

종결은 영향에 따라 피할 수 있으나 조기 종결은 불가피할 수 있다. 이때 사회복지사는 가족들의 결정과 일치하지 않더라도 부적절하게 압력을 주지 않고 가족들이 결정한 종결을 겸허히 수용하는 것이 바람직하다.

이상적으로 종결은 제시된 문제가 해결된 이후에 이루어진다. 가족이 문제를 피하지 않고 대처하는 능력은 종결 준비를 위한 중요한 지표이다. 종결활동은 치료의 시작과 중간 단계가 성공적으로 마무리된다면 순조롭게 진행된다. 가족복지 개입과정을 효과적으로 진행할 수 있는 사회복지사는 종종 작은 목표를 설정하고 계획한 상담기간 내에 목표를 어느 정도 달성했는지 그 향상 정도를 평가할 것을 제안한다. 복지사가 중요하게 결정해야 할 대부분은 상담을 끝내는 시기에 관련된 것들이다.

(4) 종결 시 사회복지사의 과업

종결이라 함은 그동안의 전문적 원조관계를 시기적절하고 책임 있는 방법으로 마치는 것으로써 개입이 성공적이었는가 하는 평가를 할 수 있도록 항상 목적과 목표를 명확하게 설정하여 개입해야 한다. 그리고 평가 시 변화가 일어났는가의 유무를 설명할 수 있는 측정도구나 절차를 선택하고 설계하는 것이 필요하다. 변화에 영향을 미친 요인이나 변수를 확인하기 위해 측정절차를 결정할 때는 다음과 같은 것을 유념해야 한다.

※ 사회복지사가 유념해야 할 사항

① **타당도** : 측정하려고 하는 것에 대해서 실제로 측정하는가?

② **신뢰도** : 비슷한 조건에서의 측정을 반복하여도 유사한 결과가 오는가?

③ **적용의 용이성** : 측정방법과 절차가 짧고, 이용이 쉬우며, 누구라도 이해가 가능한가?

④ **유용성** : 사회복지사와 기관의 복지실천에 있어서 측정절차는 필요한 정보를 얻을 수 있는가?

⑤ **민감성** : 이 절차는 상대적인 작은 변화와 차이를 찾아낼 수 있는가?

⑥ **비 반응성** : 현상의 변화나 영향 없이 변화를 알아낼 수 있는 측정절차인가?

※ 그 외 사회복지사가 해야 할 과업

① 가족복지의 기능과 한계를 인식한다.

② 가족복지와 가족치료의 차이를 인식한다.

③ 가족이 가족복지 종결 이후에 달성해야 할 목표를 규명하도록 돕고, 사회복지사의 역할과 다른 원조자의 역할에 대해 비교 설명한다.

④ 종결 이후에 가족을 지원할 수 있는 지역사회 자원을 규명하고, 가족이 이러한 자원과 연결될 수 있도록 돕는다.

⑤ 종결과 관련된 느낌을 나누도록 격려한다.

⑥ 가족과 그 가족원들의 강점을 규명한다.

(5) 피해야 할 역기능 행동

① 가족과 종결을 토의하는 것에 대해 주저하는 것

② 종결을 미루는 것이 정당화되지 않았음에도 종결을 연기하는 것

③ 작업 중단에 대한 가족성원의 느낌에 대해 토론하기를 피하는 것

④ 가족사회복지사가 변화를 일으키는데 기여한 역할을 과소평가하는 것

⑤ 문제해결 노력에 대한 가족의 공로를 인정하기 싫어하는 것

(6) 클라이언트를 다른 전문가에게 의뢰하는 방법과 시기

① 가족의 문제가 복합적일 때 다른 전문가의 도움이 필요하다.

② 가족성원의 문제가 특별한 사정과 치료의 자원이 가능한 기관에서 맡아야 하는 경우가 있다.

③ 가족이 다른 지역으로 이전했으나 계속적인 원조가 필요할 경우, 새로운 지역의 사회복지사에게 의뢰하여야 한다.

④ 사회복지사는 가족을 의뢰해야 할 때 자신이 부족하다고 생각해서는 안 된다. 의뢰하는 것은 좋은 상담기술만큼이나 지역사회 자원에 대한 광범위한 지식을 필요로 한다.

(7) 가족상담의 결과 평가하기

가족복지에서 긍정적이고 극적인 결과가 나타난다 해도, 이러한 긍정적인 변화가 종결 이후 얼마간 지속되고 유지되는가에 따라 성공 여부는 측정된다. 따라서 사회복지사는 가족에게서 종결 이후의 사후 정보를 얻는 것이 바람직하다. 성과에 초점을 두는 것은 가족사회복지사가 변화를 지향하는 개입을 하고, 현실적으로 변화할 수 있는 문제에 초점을 둘 수 있게 하며, 가족들 스스로 자신의 문제에 대해 대처할 수 있는 방법을 생각하도록 돕는 역할을 한다.

클라이언트의 변화 이외에 결과를 측정하는 하나의 방법으로 사회복지사의 성과를 평가하는 것이다. 사회복지사의 유능함은 가족복지실천 개업의 성공에 중요한 요인으로 작용한다. 가족의 행동을 변화시키기 위해 목표를 설정하는 것 자체가 변화과정을 돕는 것처럼, 전문가의 활동과 관련한 목표를 설정하는 것은 전문기술을 발전시키는데 도움이 된다.

(8) 종결이 이루어지는 방식

① 제시된 문제가 성공적으로 해결되었기 때문에 상호 동의하고 종결

② 계약상 미리 계획했던 기간이 끝날 즈음 클라이언트가 주도한 종결(특정 기간을 계약하는 것은 개입을 효율적으로 만드는 시간의 틀을 제공한다)

③ 세션에서 더 이상 진전이 보이지 않아 공동으로 동의하고 종결

④ 클라이언트가 적극적인 저항을 보이고 과정과 결과에 대해 의심할 때 한 사람 혹은 그 이상의 클라이언트가 드러내놓고 비협조적이며 적대시할 때

⑤ 반복하여 약속을 취소하거나, 클라이언트가 정식철회를 하지 않은 채 약속을 지키지 않을 때

⑥ 클라이언트가 종결하겠다는 결정과 이유를 알리거나 혹 알리지 않으면서 대개 전화통화를 사용하여 직접적으로 철회할 때

(9) 평가와 종결에 주로 적용되는 실천기술

가족개입 종결단계에서는 개입을 통한 가족 혹은 성원들의 변화를 확인하고 가족이 변화를 유지할 수 있도록 지원하며 필요한 경우 추후면접을 계획한다. 사회복지사는 성원들에게 현재 문제상태가 어떠한지 가족개입 이후 변화된 것은 무엇인지, 개입과정에서 성원들의 역할은 무엇이었는지, 유사한 문제발생 시의 대처방법이나 생각은 어떠한지, 개입과정의 종결에 대해 성원들이 어떻게 느끼게 하는 요인은 무엇인지, 반드시 확인해야 한다.

사후 면접에서는 가족의 항상성을 유지하기 위한 자원을 규명하고, 가족이 성취한 목표를 점검하는 데에 초점을 두어야 한다.

제 8 장

가족복지의 치료

이 장의 내용

치료의 일반적인 개념보다는 가족복지 차원에서의 가족치료는 사회복지실천의 틀이 개인대상의 서비스에서 집단(가족)단위의 서비스 영역으로 넓혀지고 있다. 따라서 여기서는 가족틀 안에서의 서비스 영역을 제한하고 그 안에서의 사회복지실천방법의 하나인 치료를 주로 다루려고 한다.

과거처럼 가족 내에서 해결방법을 찾거나 미봉책을 구하지 못하므로 한 개인의 희생하에 난관을 극복하기를 강요하던 시대는 지나갔다. 따라서 직면하고 있는 다양한 가정문제를 치료하기 위하여 전문적인 조언과 심리적 지지, 조정과 타협 등을 통하여 사회에 적응하며 가정의 기능을 회복하도록 경쟁력을 갖추기 위해서 전문적인 가족치료가 필요하다.

따라서 이 장에서는 가족복지와 가족치료의 개념, 가족복지의 대상 영역과 접근방법, 가족치표의 사정방법, 가족치료의 치료모형별 비교 등에 대하여 살펴보고자 한다.

1. 가족복지와 가족치료의 개념

1) 가족복지란

(1) 가족복지의 개념과 정의

가족복지는 목적 면에서 국민의 생활권의 기본이념에 입각하여 가족의 행복을 유지시키고자 하는 것이며, 주체 면에서 가족을 포함한 사회구성원 전체가 되며, 대상 면에서 가족구성원 개개인을 포함한 '한 단위로서의 가족 전체'가 되며, 수단 면에서 제도적 · 정책적 · 기술적 서비스 등 조직적인 제반 활동이 되며, 범위 면에서 사회복지의 한 분야가 되고 있음을 알 수 있다.

가족복지의 개념은 가족은 전통적으로 혼인, 혈연 및 입양을 통하여 이루어진 관계자들의 집단이며, 의식주의 해결을 공동으로 하고 정서적 · 정신적 유대와 공동체적 생활방식을 가지는 집단이다.

가족복지란 가정생활의 문제가 발생하지 않도록 예방하고, 발생한 문제를 해결하며, 가족의 기능을 강화하고, 더 나아가 가족구성원이 사회에 잘 적응할 수 있도록 도와주는 지원활동이다. 이것은 가족구성원 모두의 행복을 꾀하기 위한 것이다. 가족복지의 궁극적인 목적은 지원과 교육, 새로운 기법 개발 등을 통하여 가족구성원을 위한 건강하고 만족스러운 환경을 발전시키는 것이다. 가족복지는 가족을 단위로 하기 때문에 특정 가족구성원의 욕구가 다른 가족구성원의 욕구에 우선하지 않으며 각 가족구성원의 요구가 상호작용에 의해서 이루어진다.

가족복지는 문제해결, 예방, 인간의 사회적 기능 수행의 활성화, 생활의 질적 향상 등에 직접적으로 관심을 갖는 사회복지서비스나 과정을 포함한다. 즉, 가족복지는 가족구성원 개인이나 가족에 대한 서비스뿐만 아니라 가족제도의 강화나 수정 및 변화에 대한 노력까지 포함하는 것이다.

(2) 가족복지의 목적

모든 가족구성원 개개인과 가족 전체에 대한 서비스 및 가족제도의 강화나 수정 및 변화 노력이며, 가족복지를 추구하는 사회구성원들의 공동체적 제반 노력이라고 할 수 있다. 가족복지는 가족의 전체성을 고려한 가족 중심의 접근을 지향하며, 가족의 일상생활과 지역사회에 기반하고 있다.

(3) 가족복지 필요성

가족복지란 무엇이며, 왜 필요한가? 우리 사회의 가족은 가정생활 전반에 걸쳐 많은 변화를 빠르게 겪으면서 가족의 규모가 축소되고 기능이 약해져 다양한 가정문제가 나타나고 있다. 가정의 문제는 개인과 가족은 물론 사회 전체에 부담을 주고 여러 가지 부작용을 일으킨다. 이를 해결하기 위해서는 사회적 약자를 대상으로 하는 보호수준의 복지를 넘어 일반 가정을 대상으로 하는 예방적 차원의 가족복지가 필요하다.

가족복지의 필요성 다음과 같다.

① 가족문제의 예방과 해결: 다양한 원인을 가지는 가족문제를 예방하고 해결하며, 건강한 가정생활을 유지하기 위해 가족복지가 필요하다.

② 가족구성원의 삶의 질 향상: 가족구성원의 요구를 이해하고, 이를 다양한 자원을 활용하여 충족시킴으로써 가족구성원의 삶의 질을 높이기 위해 가족복지가 필요하다.

③ 약화된 가족기능을 지원: 산업화 이후, 이전에 가족이 수행했던 많은 기능들이 약화된 반면 가족의 책임은 감소되지 않고 오히려 강화되는 경향이 있어 가족은 과부하 상태가 되고 있다. 이렇게 약화된 가족의 기능을 지원하기 위해서는 다양한 가족복지서비스가 필요하다.

④ 다양화된 가족욕구의 충족: 맞벌이가족, 독신가족, 무자녀가족, 한부모가족, 재

혼가족, 조손가족 등 다양한 형태의 가족이 생겨나면서 변화된 가족구성원의 생활요구를 충족시키기 위해 가족복지가 더욱 필요하게 되었다.

2) 가족치료의 정의

(1) 가족구성원들 사이의 관계를 규명하는 전문직으로 발돋움 하면서 역사적으로 결혼상담에서 가장 먼저 시작되었다. 그 이후 특히 정신과 의사와 목사와 교사 등이 자신의 직분을 수행하면서 동시에 부부위기상담을 다루게 되었다. 그러한 과정을 거치면서 심리분석 영역에서 부부와 아동문제를 본격적인 상담주제로 채택, 발전시키면서 오늘날의 가족치료에 이르게 되었다.

(2) 미국에서는 1950년대를 전후로 가족의 기능과 역기능을 연구하고 가족의 결속력을 강화하기 위한 부부성장 프로그램 등이 등장하기 시작하였다. 이것이 가족치료운동의 근간이 되어 가족치료가 형성되고 발전하게 되었다. 따라서 가족치료의 시초가 된 것은 부부문제를 다루는 부부상담이었다고 할 수 있다.
가족치료는 부부상담가, 임상심리학자, 사회복지사, 목회상담전문가들이 정신과 의사들이 제공했던 심리정신치료(Psychotherapy)와 유사한 치료방법을 사용하였다. 이들 외에 사회학, 가정학, 인류학, 교육학, 문화인류학, 보건학, 법학, 역사학, 간호학 등 여러 학문의 학제 간 연구와 가족에 대한 이론적 · 경험적 연구 성과들이 가족치료의 발전에 기여하게 되었다. 이러한 노력으로 입원을 하여야 하는 가족 정신병문제와 자녀의 양육문제, 청소년 비행문제, 학교부적응 문제 등 다양한 인간관계적 문제와 행동적 문제로 가족치료가 확대되면서 세부적 이론 연구가 필요하게 되었다.

(3) 가족치료는 가족의 변화를 통해 인간의 문제를 해결하고자 하는 집단치료의 한 방법이다. 사회복지사가 실시하는 개별 치료가 "환경속의 인간"을 대상으로 한다면, 가족치료는 "환경속의 가족"을 대상으로 하는 방법이다.

(4) 가족치료는 사회복지실천, 성 개혁운동, 가정생활교육운동, 결혼상담, 소집단 운동, 아동지도운동 등의 영향을 받았고, 학문적으로는 생물학의 원리 특히 일반체계 이론의 영향을 크게 받았다.

2. 가족복지의 대상 영역과 접근방법

1) 가족복지의 대상 영역

(1) 가족의 기능과 가족관계

부부갈등과 별거 및 이혼 그리고 부모-자녀관계, 청소년 문제와 직장 부적응 및 일탈행동과 미혼모 문제와 아동 학대, 아동 유기와 가족 유기 및 부랑아와 고아문제 등이다.

(2) 빈곤이나 사회자원의 결핍

경제문제와 직업문제 및 주택문제 그리고 건강상의 문제 등으로 저소득과 실업, 만성질환 및 신체장애, 세대주의 사망과 한부모가족 및 청소년 가장가족과 노인문제 등이 있다.

(3) 일시적 긴장

긴장상황 때문에 역할 수행상 어려움을 겪는 것으로부터 실직과 사업실패와 질병 및 불의의 사고 그리고 이민과 이주 및 가족원의 자살과 수감 등이 있다.

(4) 여성의 보건 복지 증진

여성의 사회참여와 기회확대 그리고 여성의 지위 확보와 향상, 직업여성의 증가와 가정폭력의 피해 여성, 직업여성의 자녀보호와 교육 등이 있다.

(5) 가족주기를 중시함

① **결혼성립기** : 부부결혼형태가 가족문제를 창출하므로 가족복지 대상 영역으로 설정

② **육아기** : 가족의 건전한 육아기능 수행을 관심

③ **노후기** : 노인의 생활문제는 가족문제의 주요 대상 영역

2) 가족복지의 접근방법

(1) 가족정책적 접근방법

문제가족에 대하여 사후복귀적인 처우라기보다는 예방적 처우라는 관점을 갖고서 사회의 구조적인 문제에 대하여 제도적·환경적·거시적으로 접근하는 것이다. 그러므로 가족정책은 정부가 가족을 위해 시행하는 모든 활동을 의미한다고 하겠다 (Kamerman & Kahn, 1978).

일반적으로 가족정책의 영역은 명시적인 가족정책과 묵시적인 가족정책 등으로 분류된다(NASW, 1995).

① 명시적 가족정책: 가족정책을 세울 때 그 대상이 가족복지 향상임을 직접적이고 분명하게 밝힌다. 예를 들면, 가족계획, 탁아정책, 각종 감세, 조세지원정책 등

② 묵시적 가족정책: 간접적으로 가족복지에 영향을 미치는 사회복지정책이다. 예를 들면, 유흥가를 주택가와 이격, 통제 또는 규제, 이민정책 등

(2) 가족복지서비스적 접근방법

문제가족에 대하여 개별적·심리적·미시적으로 처리, 치료하는 서비스이다.

1960년대를 기점으로 가족을 전체로 보고 하나의 유기체로 접근하는 방법으로 가족복지서비스의 분야에서 사회복지전문가들의 관심을 끌었다.

〈표 8-1〉 가족복지서비스적 접근방법

접근방법	목적	연구방법	개별제도 서비스 프로그램
거시적 방법	가족의 '삶의 질 향상'을 위한 모든 행동	가족복지정책	가족소득, 소득(세)공제, 가족소득지원, 건강지원, 보호대상자 지원(아동, 노인, 장애인, 환자 등), 주택정책 또는 급여
		가족복지행정	• 가족문제 대책추진위원회 결성 • 가족문제별 가족원조활동 조직결성 • 가족문제 지도연수 체제의 결성 • 가족문제 통합서비스 본부설치
미시적 방법	주로 가족 내적 문제	가족복지서비스 가족사회사업	가족보존, 가족상담, 부부상담, 가족생활교육, 가정조정, 결혼지원, 가족계획사업, 가족옹호

(3) 가족치료적 접근방법

대체로 가족복지서비스와 관련된 것으로 치료방법의 5가지를 기반으로 하여 서비스의 내용을 다양하게 제시하였다(NASW, 1970).

① 가족진단과 가족치료에 관한 것

② 자아심리학의 응용

③ 역할개념에 관한 것

④ 다양한 문제 가족에 대한 치료방법

⑤ 위기이론에 입각한 치료방법

3. 가족치료의 사정방법

1) 가족사정의 개념

클라이언트의 문제에 대해 개입하려는 사회복지사들은 우선 가족에 대한 사정(assessment)을 정확히 할 필요가 있다. 그러기 위해서 여기서는 생태체계(ecosystem)

적 관점에 근거한 가족사정의 틀과 방법에 초점을 두기로 하다.

일반적으로 사정은 다음의 5가지 사항에 대한 파악을 위해 자료를 수집하고, 분석하고, 종합하는 일련의 과정을 말한다(Hepworth & Larsen, 1993: 192).

(1) 클라이언트 문제의 본질
(2) 클라이언트 및 중요한 타인의 대처능력
(3) 클라이언트 문제와 관련된 체계 및 이들 체계와 클라이언트 간의 상호작용
(4) 클라이언트의 문제해결을 위해 이용 가능한 자원
(5) 문제를 해결하려는 클라이언트의 동기

초기 사정은 이상의 내용을 중심으로 개입의 전 단계에서 개입계획을 위한 근거를 제공하기 위해 이루어진다. 그러나 보다 넓은 의미에서, 사정은 특정 시기에 국한되는 초기사정뿐만 아니라 클라이언트에게 제공되는 서비스의 전 과정을 통해 이루어진다.

가족사정(family assessment)이란 가족을 하나의 '단위'로 보고 가족 내 및 가족 외부요인 그리고 이들 양자 간의 상호작용 등을 파악하기 위해 자료를 수집, 분석하고 종합하여 그 가족에 대한 개입을 계획하는 일련의 과정을 말한다. 여기서의 가족은 하나의 생태체계이다. 가족을 하나의 생태체계로 본다는 것은 가족원의 문제를 그 가족의 기능이나 역동과 관련하여 이해하는 것뿐만 아니라 가족에게 영향을 미치는 환경체계와 관련하여 그 상호작용 양상을 이해하려는 관점을 의미한다.

가족사정에는 '객관적 자료(objective data)'뿐만 아니라 '주관적 자료(subjective data)'에 대한 파악이 필요하다. 여기서 객관적 자료란 가족의 멤버십이나 가족역할, 가족의 물리적 환경, 가족규칙 등과 같은 가족의 객관적 상황에 관한 자료를 말하고, 주관적 자료란 사건이나 과정에 대한 클라이언트 개인의 반응과 의미 그리고 사람과 사건에 대한 가족원들의 느낌을 말한다(Holman, 1983: 16).

2) 생태도

(1) 생태도(Eco-map)란?

생태도는 생태학적 체계, 생활공간에서의 개인 혹은 가족들을 둘러싸고 있는 경계를 역동적인 방법으로 지도화한다. 이 지도는 가족생활을 구성하는 주요 체계들 그리고 가족과 이들 체계들의 관계의 본질을 반영한다(Hartman, Compton, & Galaway, 1999: 363에서 재인용).

생태도(eco-map)는 하트만(Ann Hartman)에 의해 1975년에 개발된 것으로, 그 가족의 생활공간 내에 있는 사람 및 기관 간의 연계를 그림을 그려 나타내는 것이다. 즉, 생태도는 그 가족의 주요 환경이라고 간주되는 체계를 그려서 가족체계의 요구와 자원 간의 균형을 보여주는 것이라고 할 수 있다. 생태도에는 클라이언트를 둘러싼 각 체계와 가족 간의 관계의 성격뿐만 아니라 환경에서 가족에로의 자원의 흐름이 표시된다.

따라서 생태도는 클라이언트 가족에게 유용한 자원이나 환경이 무엇인지, 가족체계에 스트레스를 주는 것은 무엇인지, 그리고 이들 체계 간의 관계가 어떻게 유지되고 있는지에 관한 많은 정보를 제공한다.

생태도를 그리기 위해서는 우선 생태도의 센터가 되는 중앙에 원을 그린다. 이 원 안에는 인터뷰를 통해 얻은 클라이언트 가족의 가계도를 그려 넣는다. 이때 동거하고 있는 가족을 원 안에 위치시키고, 가족관계에 있기는 하나 사망이나 이혼, 별거 등 여러 가지 이유로 동거하고 있지 않은 가족원은 원 밖에 위치시킨다. 그 다음에는 클라이언트 가족생활에 영향을 미치는 환경체계들을 센터 원의 주변에 배치시킨다.

(2) 생태도 작성 시 고려사항

① 생태도는 우선 중앙에 가족체계를 나타내는 커다란 원을 그리는 작업에서부터 시작한다.

② 중심 원 내부에 가족원들을 그려 넣는다. 가계도를 그린 후, 각 개인에게 영향을 준 요소를 그린다.

③ 남자는 네모로 그리고 여자는 원으로 표시한다. 이 네모 혹은 원 안에 해당 가족원의 연령을 기재하는 것이 유용하다.

④ 가족과 상호작용하는 다른 체계들은 중심 원 외부에 놓여 있는 보다 작은 원으로 표시한다. 원의 크기에 따라 개인에게 영향을 미치는 정도가 다르다. 이들 체계에는 확대가족, 친구, 학교, 사법기관, 사회복지기관, 교회, 직장, 의료기관 등이 포함될 수 있다.

⑤ 일단 가족이 상호작용하고 있는 의미 있는 체계들을 설정하고 난 후 이들과의 관계를 선으로 표시한다. 예를 들어, 강한 관계는 두꺼운 선 그리고 약한 관계는 가는 선으로 표시한다.

⑥ 스트레스가 있거나 갈등관계는 사선으로 표시한다. 체계들 간에 에너지 혹은 자원의 상호교환 관계는 화살표로 표시한다.

⑦ 원이 가계도를 중심으로 가까운지 아니면, 멀리 떨어졌는지에 따라 관계의 정도가 다르다.

⑧ 기타 클라이언트에게 중요한 사람들을 확인하여 빈 원을 채울 수 있다.

3) 가계도

(1) 가계도(genograms)란?

가족은 공간적으로 존재할 뿐 아니라 시간적으로도 존재하며 가족을 시계열적으로 조명할 필요가 있다(Hartman, Compton & Galaway, 1989: 168에서 재인용). 생태도와 더불어 가계도는 가족을 사정하는 데 널리 사용되어 왔으며, 여러 세대를 살펴볼 수 있다는 장점을 가지고 있다. 특히 가계도는 주요한 사건들, 가족원의 출생과 상실, 커뮤니케이션과 관계 유형, 직업 등 가족에 관한 연대기적 청사진을 보여준다

(Kirst-Ashman & Hull, Jr, 1999: 190).

가계도는 가족계보를 중심으로 그 가족의 3세대 이상에 관한 정보를 보여주는 것으로, 중요한 생활사건(결혼이나 별거, 이혼, 질병, 사망 등)이나 사회 인구학적 특성(인종, 사회계급, 민족, 종교, 직업, 거주지 등)을 알려준다. 따라서 가계도를 그리는 것은 그 가족의 가족문제에 기여하는 중요한 요인과 가족패턴을 알 수 있게 해준다.

(2) 가계도 작성 시 구체적인 표시방법

① 가족원의 이름

② 연령

③ 형제, 자매위치

④ 결혼과 사망날짜

⑤ 종교

⑥ 직업

⑦ 거주 지역

⑧ 중요한 생활사건

⑨ 남성은 네모로

⑩ 여성은 원으로

⑪ 네모와 원 안에 나이 기록

⑫ 가로선은 결혼을 의미

⑬ 선 위에 결혼날짜 기록

⑭ 세로선은 부모와 자녀를 연결

⑮ 3세대까지 확대하여 작성

⑯ 세모는 성별을 알 수 없는 경우에 사용

⑰ 이혼은 결혼을 의미하는 선을 가로지르는 사선으로 표기

⑱ 아동은 출생 순으로 왼쪽에서 오른쪽으로 표시

⑲ 사망은 네모, 원 혹은 세모 위에 X표시를 한다.

⑳ 점선은 대체적으로 함께 거주하고 있는 가족원을 의미한다.

4) 강점사정

최근 사회복지실천에서 클라이언트의 강점의 활용에 대한 관심이 증가하고 있다. 헵워스와 라센(Hepworth & Larscn, 1993: 194-195)은 병리에 대한 관심은 클라이언트의 성장 잠재력을 파악하는데 장애가 된 뿐 아니라 상당수의 클라이언트는 이미 자신감이 결여되고, 무가치하다고 느끼는 상태에서 도움을 요청하므로 원조과정에서 자아존중감을 향상시켜 주는 것이 중요함에도 불구하고 병리에 초점을 두게 되면 이를 제대로 수행하기 어렵다고 지적한다.

가족구조, 문화적 영향, 인종적 배경, 그리고 여러 다른 환경적 변수로 인한 차이 때문에 가족의 강점을 사정하는 것은 쉬운 일이 아니다. 이런 다양성에도 불구하고, 비버스와 햄슨(Beavers & Hampson, 1990)은 능력 있는 가족은 타협능력, 개인적 표현의 명료성, 개인적 선택과 양가성에 대한 존중 그리고 서로에 대한 제휴적 태도에 있어서 높은 수준의 일관성을 유지한다고 지적한다. 기능적인 가족은 특정 구조와 생활스타일을 가진 가족에게 국한되는 것이 아니라 다양한 구조와 생활스타일을 가진 가족에서 발견될 수 있다.

다시 말해서, 가족의 건강성은 가족원들의 상호작용의 본질 그리고 가족원들이 주고받는 지지에 따라 결정되는 것이다(Miley et al., 1995 : 203). 〈표 8-2〉 가족의 강점을 사정하는 도구는 일반 가족을 대상으로 하는 문항만을 소개하였다.

〈표 8-2〉 가족의 강점

( ) 1. 우리 가족은 서로를 위해 좋은 일을 한다.
( ) 2. 우리 가족은 느끼는 대로 말할 수 있다.
( ) 3. 우리는 가족을 자랑스러워한다.
( ) 4. 문제가 있을 때 자녀의 제안도 환영받는다.
( ) 5. 우리 가족은 필요시 도움을 요청할 수 있는 친구와 친척이 있다.
( ) 6. 우리는 서로에게 관심이 있다는 사실을 표현한다.
( ) 7. 우리는 서로의 이야기를 경청한다.
( ) 8. 우리는 가족으로서 함께 뭉친다.
( ) 9. 우리 가족은 유사한 가치와 신념을 가진다.
( ) 10. 우리 가족은 지역사회 혹은 종교집단 및 활동에 참여한다.
( ) 11. 나는 우리 가족으로서 친밀한 것에 대해 행복하다.
( ) 12. 우리는 서로에 대한 감정을 이해하는 것이 중요하다고 믿는다.
( ) 13. 우리는 가족 전통을 가지고 있고 이를 지켜 나간다.
( ) 14. 자녀는 규칙과 훈육에 대한 의견을 말할 수 있다.
( ) 15. 문제가 있을 때, 우리는 동일한 문제에 직면한 다른 가족에게 기꺼이 도움을 요청할 의사가 있다.
( ) 16. 우리는 가족 내 다른 사람들이 어떻게 느끼는지에 대해 관심을 쏟는다.
( ) 17. 우리는 논쟁하지 않으면서 문제에 대해 이야기할 수 있다.
( ) 18. 우리는 우리 가족의 역사에 대해 자랑스러워한다.
( ) 19. 집안일은 가족원들에게 공정하게 나누어진다.
( ) 20. 우리 가족은 필요할 때 외부의 전문적 도움을 얻을 의사가 있다.
( ) 21. 우리는 서로를 존중한다.
( ) 22. 우리는 함께 이야기 나누는 것을 즐거워한다.
( ) 23. 가족 구성원은 서로에게 충성심을 느낀다.
( ) 24. 중요한 가족 문제를 결정할 때 각 가족원은 의견을 표명할 기회를 가진다.
( ) 25. 떨어져 사는 가족원과 접촉을 유지하고 있다.

※ 개별적 강점 점수표
가족 돌봄 1, 6, 11, 16, 21번 문항의 총점
커뮤니케이션 2, 7, 12, 17, 22번 문항의 총점
가속 자부심 3, 8, 13, 18, 23번 문항의 총점
가족 결속 감 4, 8, 14, 19, 24번 문항의 총점
지역사회 및 가족유대 5, 10, 15, 20, 25번 문항의 총점

출처 : Duncan & Brown(1992); Miley et al.(1995), p.204에서 재편집

4. 가족치료의 치료모형별 비교

가족치료의 모델은 전통적 치료모델로 미누친(Minuchin, 1970)의 구조적 가족치료 이론에서부터 헤일리(Haley, 1980)의 전략적 가족치료이론, 사티어(Satir, 1964)의 경험적 가족치료이론, Breg & de shazer의 해결중심적 가족치료이론 등이 있으며, 〈표 8-3〉과 같이 요약 비교할 수 있다.

〈표 8-3〉 가족치료의 모델비교

모델	대표자	이론적 바탕	치료자의 역할	치료단위	목표
변화구조적 가족치료	Minuchin	체계이론 행동주의	단계지도자, 능동적 개입자, 조작적 사용	전체가족	가족조직의 재구조화
전략적 가족치료	Haley	의사소통 행동주의	지시적, 변화조성의 책임, 조직적, 역설의 사용	전체가족	현재의 문제 또는 증상을 제거하기 위한 행동의 변화
경험적 가족치료	Satir	의사소통	의사소통, 분명한 의사소통의 교사, 모델, 촉진자	부부와 4세 이상의 자녀	성장경험, 개방적 의사소통 체계의 발달
해결중심적 가족치료	Breg & de shazer	의사소통 사회구성주의	알고자 하는 자세를 가진 질문자, 강점의 발견자, 지지자	전체가족	문제중심적 대화를 해결중심적 대화로 전환, 잘 형성된 목표 발전시키기

[참고자료]

Mace !

깊고 험한 계곡에 산림이 울창하고 절벽이 있는 한 마을이 있었습니다.
산길은 좁고 어두웠으며, 위험 표지판이나 커브 길에 대한 안내판도 없었습니다.
수년 동안 많은 차들이 절벽으로 곤두박질쳤으며, 수많은 사람들이 죽거나 중상을 입었습니다.
마침내 마을 운영위원회는 문제를 해결하기 위해서 회의를 했습니다. 몇 주간의 연구 끝에 위원회는 보고서를 제출했습니다. 절벽 아래 앰불런스를 사서 배치해놓으면, 사고가 난 뒤 앰불런스가 생존자들을 병원으로 빨리 이송할 수 있고, 몇 명의 생명을 살릴 수 있다는 내용이었습니다.
이 결정이 비논리적이라는 것은 자명합니다. 왜 사고가 일어날 때까지 기다리는지요?
왜 미리 경고표지판을 세우지 않았을까요? 그랬다면 사고를 미연에 방지할 수 있고, 비용도 적게 들고, 비참함도 더 적을 텐데 말입니다.

제 4 부

가족복지실천 대상과 영역

제 9 장

빈곤가족

이 장의 내용

현대사회의 급속한 변화와 함께 나타난 그 근본으로 돌아가 보면 모든 것이 가족환경의 변화요, 가족해체의 문제이다. 이에 따라 가족의 기능이나 크기, 구성, 가치관도 과거와는 다르게 변하였다. 빈곤의 개념 자체를 시대에 따라, 국가나 사회환경에 따라서 다양하게 정의되고 있다.

일반적으로 빈곤은 욕구가 충분히 만족되지 않은 상태라고 할 수 있다. 그러나 현재는 빈곤의 개념으로 상대적 빈곤과 절대적 빈곤으로 구분한다.

우리나라의 경우는 빈곤가족의 경제적 측면을 우선으로 하여 사회복지와 관련하여 공공부조의 대상자를 중심으로 빈곤가족을 파악하는 편이며, 일반적으로 최저 생계비 이하인 대상을 의미한다.

따라서 이 장에서는 빈곤가족의 개념에 대해 이해하고 빈곤가족의 발생원인과 빈곤가족의 현재 삶의 실태와 그 문제점을 살펴본 다음 빈민가족을 위한 서비스 현황 및 그 대책을 찾고자 한다.

1. 빈곤가족의 개념

빈곤은 보는 관점에 따라 개념화되며 시대와 지역적인 정서, 빈곤이 출현하는 사회구조나 경제적 가치구조 등에 의해서 다양하게 설명될 수 있다. 빈곤이라 함은 욕구가 충분히 충족되지 않는 상태라고 정의하고 있다.

빈곤의 개념은 시대에 따라, 국가와 사회에 따라 다르게 정의된다. 시대, 국가와 사회 그리고 사람들의 가치관을 초월하여 빈곤을 보편적으로 합치하기는 어렵지만, 일반적으로 빈곤은 욕구가 충분히 만족되지 않은 상태라고 할 수 있다. 그러나 인간의 욕구는 다양하며, 인간의 욕구가 어느 정도 만족되어야 충분한 것인가에 대한 사회적 합의는 쉽지 않다.

이와 같이 빈곤에 대한 기준은 상이하지만, 일반적으로 빈곤은 개념적으로 절대적 빈곤과 상대적 빈곤으로 구분된다.

(1) 절대적 빈곤

고전적인 빈곤 개념으로서 인간의 기본적인 생존욕구를 충족하는데 필요한 절대적인 자원이 부족한 상태나 조건으로 최저생활을 유지하는데 필요한 생계비 또는 영양을 충족하지 못하는 것이다.

이 기준은 사회변화에 따라 융통적으로 적용되지 못하는 한계가 있다. 일반적으로 절대적 빈곤이라고 하면 한 가구가 최저생활을 유지하는데 웬만한 생계비에 비해서 연간 소득액이 부족한 경우를 절대빈곤인구라 하며, 경제적 궁핍을 강조하고 있다.

(2) 상대적 빈곤

불평등의 개념에서 파악하고 있는데, 자기가 다른 사람에 비하여 주관적으로나 객관적으로 소득, 교육, 지원능력, 기회 등이 박탈되어 있는 상태를 말한다. 현대사회의 특징적인 경제 · 사회 · 문화생활의 양상과 발전, 그리고 풍요한 생활환경 속에서 나타나는 불평등 혹은 상대적 박탈을 나타내는 개념이다. 이와 같이 상대적 빈곤은 사회적으로 규정되기 때문에 융통성이 있고, 다른 사람들과 비교하여 규정될 수도 있다(Gordon & Spicker, 1999: 113).

사회적 박탈로서 상대적 빈곤은 소득, 권력, 기회 등 포괄적인 가치에서 불평등함을 포함하는 것으로 물질적인 개념으로 제한하지 않고, 적절한 삶의 질의 결여, 문화적 재화에 대한 접근 부재 등을 포함한다. 국제적으로 빈곤은 상대적으로 규정되는 추세이며, EU의 경우 각 회원국의 평균소득의 50% 미만을 빈곤으로 규정할 만큼 범위가 확대되어 있다.

경제적 불평등에 대한 빈곤의 개념은 다음과 같다.

첫째, 상대적 개념을 소득, 권력, 기회 등 포괄적인 가치의 상대적 박탈로 보는 견해로서 물질적 개념뿐만 아니라 적절한 삶의 질의 결여, 문화적 재화에 대한 접근의 부재 등으로 본다.

둘째, 경제적, 물질적 측면에 국한시켜 절대 빈곤에 대비되는 상대적 결핍으로 설명하는 입장이다.

우리나라의 경우는 빈곤가족의 경제적 측면을 우선으로 하여 사회복지와 관련하여 공공부조의 대상자를 중심으로 빈곤가족을 파악하는 편이며, 일반적으로 빈곤가족이라 하면 최저생계비 이하인 대상을 의미한다.

최저생계비는 기초생활보장법 제2조에 따라 국민이 건강하고 문화적인 생활을 유지하기 위하여 소요되는 최소한의 비용으로 보건복지부 장관이 공표하는 금액을 말한다. 따라서 법적으로 빈곤가족은 소득인정액이 최저생계비 이하인 가족을 지칭하며 최소한의 기본적인 생활도 유지하기 어려워 생존권의 위험을 받는 가족을 의미한다.

(3) 세계적 빈곤

이것은 상대적으로 규정되는 추세로 유럽(EU)과 유엔(UN)으로 구분할 수 있다.

① **유럽(EU)** : 각 회원국의 평균소득의 50% 미만을 빈곤으로 규정
② **유엔(UN)** : 지속적으로 생계를 보장할 수 있는 소득 및 생산수단이 부족한 상태를 빈곤으로 보고 있다.

이러한 차원에서 빈곤가족은 빈부격차를 감소하기 위해서 복지 분야에서는 물론 노동, 조세 등의 경제대책이 있어야 하며, 아울러 가족, 교육, 주거 등의 분야에서 사회 정책적 고려가 필요한 상황이다.

우리나라의 경우 빈곤은 절대적 기준으로 적용한다. 즉, 경제적 차원에서 사회복지와 관련하여 공공부조의 대상자를 중심으로 빈곤가족을 파악하는 편이며, 일반적으로 빈곤가족이라 함은 최저생계비 이하인 대상을 의미한다.

2. 빈곤가족의 발생원인

1) 빈곤가족의 발생과정

(1) 봉건시대

왕족과 귀족이 혈통에 의한 것이라고 생각한 것과 같이 빈민의 생활 역시 그렇게 타고났기 때문이라고 생각했다. 즉, 빈민도 하나의 신분이었다.

(2) 산업화 시대

산업화과정 속에서 자본주의의 진전과 함께 신분제가 붕괴되면서 무능력, 무책임, 무절제, 낮은 열망 등 개인이 지닌 열등한 자질의 결과로 인식되었다. 한마디로 빈곤은 전적으로 개인의 책임이라고 보았다.

(3) 근대화 시대

빈곤이 개인의 책임이라는 인식을 바꾼 사람이 부스와 라운트리(Booth & Rowntree)였다. 이들은 과학적인 사회조사를 통해 빈곤의 주된 원인이 개인의 성격 결함에 있는 것이 아니라 너무 많은 노동자들이 서로 경쟁해야 하는 불리한 조건에 있다는 사실을 입증했다. 빈곤의 원인이 계절적이거나 비정규적인 노동, 즉 실업과 같은 경제적인 조건과 빈약한 보건서비스, 열악한 주택, 교육의 결여 등과 같은 사회적 조건에 있다는 사실을 실증 자료를 통해 설득력 있게 제시했다. 즉, 빈곤의 책임이 사회에 있다는 것을 주장하였으며, 따라서 빈곤의 문제를 해결하기 위해서는 빈민의 의식뿐만 아니라 국가가 개입해야 한다는 것을 의미한다.

2) 빈곤 발생의 원인

(1) 무작위적 사고 이론(the random events theory)

개인과 가족이 자신의 통제범위 밖에 있는 어떤 사건 때문에 가난해진다는 이론이다. 가장의 장애나 사망으로 인해 남은 가족구성원들이 가난에 빠지는 경우가 좋은 예이다. 이혼으로 자녀의 부양능력을 상실한 이혼녀도 여기에 속한다. 경기 후퇴로 인해 사업이 부도난 경우, 미혼모를 어머니로 둔 아이, 아버지로부터 버림받은 아이와 그 어머니, 정리 해고당한 노동자, 노동능력을 상실한 노인, 장애인, 편모가정 등이 여기에 속한다.

(2) 사회적 장벽 이론(the social barriers theory)

사회는 빈곤을 야기하고 빈곤으로부터 빠져나오기 힘들게 만드는 공식적 · 비공식적 정책을 펴고 있다. 인종차별, 주택차별, 노조에 의한 인위적인 고용 장벽, 취업 전 임시고용제, 고학력 요구 등이 그것이다.

(3) 개인차이 이론(the personal differences theory)

사회적 다수가 가진 개인적 자질이 결여되고 있기 때문에 가난하다는 이론이다. 낮은 학력, 낮은 기술수준, 잦은 생산성, 낮은 근로동기, 신체적 장애, 알코올중독, 약물중독, 도박습관 등이 그것이다(Rejda, 1999).

일반적으로 우리나라에서 빈곤가족이 발생하는 원인으로는 영세농 출신 도시 이입자의 취업기회의 제한과 불안정한 취업, 농촌지역의 영세성, 저소득층 자녀의 교육기회의 제한 등으로 인한 빈곤의 세습화, 공공부조나 사회보장 등 소득보장정책의 미흡, 최저임금제의 미정착과 심한 임금격차 현상, 사회복지서비스 미흡 등이다.

3. 빈곤가족의 실태와 문제

1) 빈곤가족의 실태

(1) 상대적 빈곤

① OECD(2001년) 기준, 즉 평균 가구소득의 50%에 못 미치는 가구

② 우리나라는 전체가구 소득비율의 20% 미만인 가구

(2) 절대적 빈곤

절대빈곤은 우리나라의 공적부조제도인 국민기초생활보장제도의 대상자로 파악할 수 있다.

(3) 기초생활보장제도의 적용대상

① 소득평가액 기준

② 재산기준

③ 부양의무

(4) 빈곤가족의 현황

빈곤의 실태를 파악하기 위해서는 빈곤선(최저생계비)을 기준으로 적용하는 것이 일반적이다. 빈곤선 측정방식을 나카무라(1990)는 다음과 같이 네 가지로 구분하여 설명하고 있다.

① 일정한 생활수준을 유지하기 위해서 필요한 생활물자나 서비스의 양을 생활과학의 지식에 따라서 계산한 후 이것을 금액으로 환산 · 집계하여 생활수준을 산정하는 마켓 바스켓 방식이다.

② 식료비의 지출비율은 생활 정도와 밀접한 관계가 있다고 하는 엥겔계수 방식이다.

③ 국가의 예산편성 직전에 정부가 발표하는 다음 연도의 경제 전망이 나타나는 국민의 소비수준 증가율에 피보호층과 인접하는 저소득층 또는 평균소득층과의 사이에 소득수준의 격차를 축소시키기 위해서 약간의 보호비를 추가로 지급하는 방식인 격차축소방식이다.

④ 생활보호기준이 일반 국민의 소비실태와 형평상 거의 비슷한 수준으로 결정되어야 한다는 수준균형방식이 있다.

우리나라에서는 빈곤선 측정방식을 마켓 바스켓 방식이라고 할 수 있는 전 물량방식을 사용하고 있지만, 일본에서는 1984년부터 수준균형방식을 사용하고 있다. 빈곤선은 보통 수치로 나타내기 쉬운 소득과 재산의 일정액으로 표시된다.

따라서 빈곤규모가 얼마나 되는지를 파악하기 위해서는 빈곤선을 어떤 것으로 설정하느냐와 어떠한 자료에 대입하느냐에 따라 달라질 것이다.

2) 빈곤가족의 문제

(1) 사회경제적 문제

대체로 빈곤층은 불안정한 취업상태에 있으며 낮은 소득과 직결되어 있다고 볼 수 있다. 저소득층이 취업하는 형태는 건설 일용직 등의 임시·일용직이어서 매우 불안정한 고용구조를 보이고 있기 때문에 가구주의 수입 이외에 배우자와 자녀들을 소득 획득에 동원하는 취업방식을 택하고 있다(박용순, 2001).

(2) 자녀 양육 문제

현재 빈곤가족의 아동은 불충분한 소득으로 인하여 충분한 보호를 받기가 어렵다. 빈곤가족의 경우 생계를 위해 맞벌이를 하는 경우가 많으나 보육시설을 활용할 수 없는 영유아의 경우 열악하고 위험한 주거환경에 방치되기 쉽다. 경제적 어려움으로 인해 자녀유기도 빈번하게 발생한다고 볼 수 있다.

또한, 각종 교육자료에 접할 수 있는 기회가 제한되어 있어 학습부진을 경험하기 쉽다. 결국 빈곤가족의 자녀는 적절한 교육수준에 미달하고 있기 때문에 안정된 취업의 기회가 현실적으로 제한되고 있다. 이로 인해 빈곤가족의 자녀들은 사회적 부적응은 물론 생활의 좌절을 겪으면서 비행화하는 경향이 높아질 수 있다.

(3) 주거의 문제

우리나라의 주택 보급률은 2003년 현재 전국적으로 100%로 나타났으나, 주택건설 실적을 보면 영구임대나 장기임대주택보다는 분양을 목적으로 하는 일반 공공주택이 대부분이다. 빈곤계층을 위한 공공임대주택은 15만호를 짓기로 했으나 2000년 7만호에 그쳤다(건설교통부, 2003). 2014년 월세로 생활하는 가구는 전국적으로 보면 약 46.4%, 임대주택 비중은 11.4%로 열악한 상태이다.

생활보호대상자의 경우 절반 이상이 무주택 상태인 것으로 나타났으며, IMF 이후에는 쪽방 거주자도 상당히 증가되고 있다. 이들의 주거환경을 보면 화장실과 상수도 보급률이 저조하며 불충분한 난방시설, 쓰레기 수거문제 등으로 인해 위생상의 문제도 심각하다(최경석 외, 2003).

(4) 건강문제

빈곤가족은 일반 가족에 비해서 만성적 질병률이 높다. 대다수 빈곤가족은 무주택, 영양부족, 비위생적인 식수관리 등으로 인해 건강의 악화를 초래한다(김창엽, 2000). 만성질병은 높은 의료비 부담을 초래하고 결국 가족을 더욱 빈곤하게 만든다.

이처럼 빈곤으로 인해 가족원에게 건강상의 문제가 발생하면, 적절한 치료와 서비스를 받아야 함에도 불구하고 빈곤가족은 의료에 대한 접근이 떨어지기 때문에 건강 악화가 가속화된다. 특히 가구주가 질병을 앓고 있어 노동능력을 상실하게 되면 가족의 경제적 어려움은 가중된다.

4. 빈곤가족을 위한 서비스 현황 및 대책

빈곤한 복지대책은 두 가지 방향에서 검토될 수 있다. 하나는 1차 분배라고 볼 수 있는 가족의 주 소득원의 시장임금을 확대하는 것이며, 다른 하나는 재분배 차원에서 빈곤가족에게 사후적으로 생활을 지원하는 것이다.

우리나라에서 빈곤가족을 위해 가족복지정책 차원에서 검토되는 것은 후자의 방식으로서, 빈곤가족에게 최소한의 생활보장을 목적으로 하는 제도가 있다. 현재 빈곤선 이하의 가족을 위한 공적 지원제도로 1999년 8월 도입되어 2000년 10월부터 시행된 기초생활보장제도가 그것이다. 그러나 빈곤가족에게는 이러한 경제적 지원뿐만 아니 가족구성원들 간의 관계에서 발생되는 갈등에 대한 적절한 대처와 경제적 불안으로 인해 파생되는 많은 문제에 대해서도 충분한 보호가 필요하다.

1) 국민기초생활보장제도

IMF 구제금융 사태 이후 사회는 노숙자, 이혼, 가출, 자살, 결식아동 등과 같은 문제들이 급증하게 되었다. 즉, 기존의 생활보호제도는 사회안전망으로서의 기능을 제대로 발휘하지 못했다. 이에 따라 근로능력에 관계없이 최저생계비 이하의 저소득층의 기초생활을 국가가 보장해야 할 필요성이 대두되면서 1999년 9월 「국민기초생활보장법」이 제정, 2001년 10월부터 시행에 들어갔다.

☆ 국민기초생활보장법의 특징 ☆

첫째, 최저생활을 보장받을 헌법상의 권리를 실제적으로 규정한 법률이다. 과거 생활보호법은 복지를 시혜적 보호로 간주했으나, 국민기초생활보장법은 복지를 국민의 권리인 동시에 국가 의무로 보고 있다.

둘째, 모든 국민들에게 최저생계비 수준의 기초생활을 국가가 보장한다. 생활보호법은 근로능력이 없는 빈민에게만 생계비를 지원했으나, 국민기초생활보장법은 근로능력의 유무에 관계없이 국가의 보호를 필요로 하는 빈곤선 이하 국민의 최저생활을 보장한다.

셋째, 근로능력이 있는 국민에게는 체계적인 자활지원서비스를 제공하여 일할 수 있도록 생산적 복지를 지향한다. 기초생활을 권리로서 보장하되 근로능력이 있는 사람에게 노동의 기회를 부여함으로써 사회에 기여토록 한다는 것이다.

넷째, 수급권자에 대한 급여는 보건복지부 장관이 중앙생활보장위원회의 심의 · 의결을 거쳐 매년 12월 1일에 공표하는 최저생계비에서 수급권자의 소득평가액을 차감하여 그 나머지 금액으로 정해진다. 국민기초생활보장법 수급권자 자격기준, 급여의 종류로는 다음 〈표 9-1〉과 같이 생계급여, 주거급여, 의료급여, 교육급여, 해산급여, 장제급여 및 자활급여가 있다(이영실 외, 2012).

〈표 9-1〉 국민기초생활보장 급여의 종류와 내용

구 분	급여 내용
생계급여	수급자에게 의복과 음식, 연료비와 기타 일상생활에 기본적으로 필요한 금품지급
긴급생계급여	급여실시 여부 결정 전에 긴급히 생계급여를 하여야 할 필요가 있는 경우 시장·군수·구청장 직권에 의해 생계급여 실시
주거급여	수급자에게 주거안정에 필요한 임차료, 유지수선비, 기타 대통령이 정하는 수급품 지급
의료급여	「의료급여법」에 의한 의료서비스 제공
교육급여	수급자에게 입학금, 학용품비, 기타 수급품 지원
해산급여	수급자에게 조산, 분만 전후의 필요한 조치와 보호를 시행
장제급여	수급자가 사망한 경우 사체의 검안, 운반, 화장 또는 매장, 기타 장제조치 제공
자활급여	• 자활에 필요한 금품의 지급 또는 대여 • 자활에 필요한 기능습득의 지원 • 취업알선 등 정보제공 • 공공근로 등 자활을 위한 근로기회 제공 • 자활필요한 시설과 장비대여 • 기타 대통령이 정하는 자활을 위한 각종 지원

출처: 보건복지부, 2010년 국민기촉생활보장사업안내.

2) 자활지원

자활지원은 국민기초생활보장법상 자활사업을 통하여 근로능력이 있는 저소득층이 스스로의 힘으로 자활할 수 있도록 안정된 일자리를 제공하고 자활능력을 배양하는데 있으며, 대상자는 조건부 수급자뿐 아니라 수급자와 차상위 저소득층에 대해서도 자활사업의 참여기회를 주고 있다.

자활지원으로 제공되는 고용 프로그램에는 취업알선, 공공근로(자원봉사), 직업훈련, 자활공동체, 창업지원과 대부 프로그램 등이 있다(조추용 외, 2001).

3) 고용지원

고용지원 서비스는 구직활동 지원 프로그램 내용으로 실시되는 것이다. 취업알선

성취 프로그램과 취업촉진 프로그램이 운영되고 있다. 이 프로그램은 취업능력과 취업의사가 있는 빈곤층을 대상으로 실시하는 사업이다. 빈곤가족의 고용을 촉진하기 위해서는 실업자 재취업 훈련이나 창업 훈련과 같은 자활직업훈련 프로그램이 노동시장에서 요구하는 것에 부응하도록 해야 하며, 더욱 체계적으로 실시될 필요가 있다. 뿐만 아니라 직업훈련을 받은 사람들이 취업할 수 있도록 적극적인 일자리 개발도 병행되어야 할 것이다.

4) 자녀양육 관련 지원

빈곤가족의 자녀양육을 위한 지원으로는 보육비 면제나 반액감면 혜택이 있다. 빈곤가족의 아동은 빈곤으로 인해 신체, 인지, 정서발달이 지체되고, 빈곤아동이 건강하게 성장 발달할 수 있도록 다양한 프로그램이 개발되어야 한다. 지금까지 학비 면제 위주의 경제적 지원뿐만 아니라 아동복지관이나 종합사회복지관을 중심으로 빈곤아동의 정상적인 발달을 도모할 수 있는 프로그램을 실시하여야 한다.

5) 가족관계 지원

빈곤가족은 경제적 문제와 함께 가족들 간의 정서적, 심리적 문제가 복합적으로 나타난다. 특히 상대적 박탈감과 생활만족도가 낮아 긴장과 갈등이 내재해 있는 경우가 많이 있기 때문에 이러한 욕구를 해결할 수 있는 대인서비스를 제공하는 것이 매우 중요하다.

가족관계 지원은 가구주와 가족구성원 개개인의 적응능력 향상과 잠재력을 개발하여, 가족구성원 스스로 빈곤으로부터 벗어날 수 있도록 지원하기 위한 것이다. 부부간의 역할관계에서 갈등이 빚어지고 있는 경우 부부관계 향상을 위한 부부상담, 아버지 및 어머니학교, 가족치료 등 지역사회 차원에서 제공하는 것이 요구된다(최경석 외, 2001).

제 10 장

한부모가족

이 장의 내용

한국 전통적인 가족형태는 근원가족으로의 대가족이었다면 현재는 핵가족이 그 주류를 이로 구성된다.

2005년에 개정된 모·부자복지법에 의한 모·부자가정을 살펴보면 '배우자와 사별 또는 이혼하거나 배우자로부터 유기된 자, 정신 또는 신체의 장애로 인하여 장기간 근로를 상실한 배우자를 가진 자, 미혼자(사실혼 관계는 제외), 또는 위 사항에 규정된 자에 준하는 자로서 여성가족부령이 정하는 자를 말하며, 이 법에서의 모·부자가정이라 함은 모(母) 또는 부(父)가 세대주(세대주가 아니더라도 세대주를 사실상 부양하는 자를 포함)인 가정을 말하며, 아동(兒童)이라 함은 위항에 해당하는 모 또는 부에 의하여 양육되는 18세 미만(다만, 취학 시는 20세 미만)의 자를 말한다.

따라서 이 장에서는 한부모가족의 개념을 이해하고, 한부모가족의 실태와 문제점을 알아보며, 한부모가족을 위한 서비스 현황을 파악하여서 그 가족에게 필요한 서비스 대책을 개발하는데 있다.

1. 한부모가족의 개념

1) 한부모가족의 개념

오늘날 현대사회에는 다양한 형태의 가족이 존재한다. 이들 다양한 가족형태를 그 역할 및 구성과 관련하여 분류하면 크게 네 가지로 구분할 수 있다. 전통적 가족, 맞벌이가족, 계부모가족, 한부모가족 등이 그것이다. 전통적 가족은 부(父)는 직업을 갖고 가정 밖에서 일하고 모(母)는 집안일을 하면서 자녀를 양육하는 부모와 자녀로 구성된 가족을 말하고, 맞벌이가족은 부모 모두가 직업을 갖고 소득을 가지면서 자녀를 양육하는 가족형태를 말한다.

또한 계부모가족은 부모 중 한쪽이 계부나 계모로 구성된 가족을 말하고, 한부모가족이란 부모 중 한쪽으로만 구성된 가족을 말한다. 이와 같은 가족유형 중에서도 특히 한부모가족은 부모 중 한쪽이 부재하기 때문에 그로 인한 복합적인 문제에 처할 가능성이 높아 사회복지의 일차적 관심대상이 되고 있다.

일반적으로 한부모가족은 부(父)나 모(母) 중의 한 사람이 단독으로 부모의 역할을 수행하는 가족으로 인식되고 있다. 그러나 한부모가족에 대한 정의는 이보다 복잡할 뿐만 아니라 학자에 따라 각기 다른 견해를 갖고 있어 하나의 합의된 정의를 이끌어 내기가 어려운 실정이다. 예를 들어, Schlesinger(1969)는 '부모 중 한쪽과 18세 이하의 자녀가 함께 사는 부모-자녀 집단'으로 보았고, Again Orthner, Brown, Ferguson 등(1976)은 자녀의 구체적인 연령을 지적하지 않은 채 '한 가정에서 사는 한쪽 부모와 요보호아동으로 구성된 가족'으로 규정하였다(Trost, 1980: 129).

한편, 한국여성개발원이 한부모가족에 대해 조사한 연구에서는 미국의 사회사업 백과사전에서 규정하고 있는 정의의 골격을 받아들여 '부모 중 한쪽의 사망, 이혼, 유기, 별거로 인하여 편부 혹은 편모와 그 자녀로 이루어진 가족'(한국여성개발원, 1984: 1)으로 보아 원인의 범위를 한정하여 한부모가족을 정의하고 있다.

이상에서처럼 한부모가족에 대한 정의는 부모의 한쪽과 자녀가 함께 살아야 한다는 점을 공통적으로 언급하고 있다. 즉, 한부모와 그 부모의 보호를 요하는 자녀로 구성된 집단을 지칭함으로써 자녀가 있더라도 그 자녀를 보호하고 있지 않는 부모는 혼자 사는 것으로 보아 가족이나 집단으로 보기 어렵다는 의미가 내포되어 있다.

그 외에도 한부모가족의 어떠한 특성을 정의의 기준으로 설정해야 하는지는 관점과 입장에 따라 다를 수 있음을 지적하고 있다. 예를 들어, 자녀의 연령이나 특성을 기준으로 삼아야 할 것인지, 아니면 한부모가족의 원인을 기준으로 삼아야 할 것이지이다.

한부모가족을 구체적으로 어떻게 정의해야 하는가가 중요한 의미를 가지는 것은 특히 이들에 대한 국가의 정책을 수립할 경우이다. 자녀의 연령을 기준으로 할 경우, 자녀의 연령이 특정 연령 이상이면 그 가족이 아무리 어려운 상황일지라도 한부모가족으로서의 혜택을 받지 못하게 될 것이다.

그리고 만약 한부모가족이 된 원인에 중점을 두어 사별과 이혼한 가족만을 한부모가족의 범주에 넣는다면, 실질적인 한부모가족 형태인 별거한 가족에 대한 지원은 기대할 수 없다. 또 가족의 형태에 초점을 두어 한쪽 부모와 자녀로만 구성된 가족을 한부모가족으로 하는 경우, 한쪽 배우자의 장애나 만성질환으로 인한 실질적 한부모가족 등은 국가로부터의 지원을 기대하기 어렵게 된다. 따라서 한부모가족을 어떻게 정의하느냐 하는 것은 중요한 의미를 가진다.

2) 한부모가족의 분류(Trost, 1980)

한부모가족이 되는 가장 일반적인 이유로는 배우자와의 이혼, 별거, 사망, 입양 그리고 사생아 출산(미혼모) 등인데, 이를 좀 더 체계적으로 분류해 보면 다음과 같다.

첫째, 부모집단 유형에 따라 분류하는 것이다. 즉, 부모가 결혼을 한 사람들인지 아니면 결혼을 하지 않고 동거상태로 살다가 한부모가족이 된 사람들인지 하는 것이다.

둘째, 가족해체의 유형에 따라 분류하는 것이다. 예를 들면, 해체의 유형이 부(父)나 모(母)의 사망에 기인한 것인지, 부모의 별거나 이혼에 의한 것인지, 배우자의 장기 입원이나 장기 구속에 의한 것인지 아니면 미혼의 모(母)에 의한 것인지 등이 그것이다(정복란, 1983: 3).

셋째, 아동에 대한 보호를 누가 맡느냐, 즉 부모역할을 누가 맡느냐에 따라 모(母)가 자녀에 대한 보호를 맡고 있는 모자(母子)가족(fatherless family)과 부(父)가 자녀를 보호하고 있는 부자(父子)가족(motherless family)으로 분류될 수 있다. 이처럼 한부모가족을 그 원인에 따라 구체적으로 구분하는 것은 각 범주에 따라 가족의 특성 및 문제가 다를 수 있기 때문에, 한부모가족을 상대로 일하는 사회복지사에게는 이에 대한 이해가 필요하다. 그 외에 한부모가족을 생활 유형에 따라 구분해 보는 것 또한 이들을 상대로 일하는 사회복지사에게 유용하다.

한부모가족을 생활유형에 따라 구분해 보면 다섯 가지로 정리할 수 있다(Mendes, 1979 : 193-198).

첫째, 부모 중 한쪽이 자녀에 대한 의식주뿐만 아니라 가정 내에서 자녀의 사회화 등 모든 것을 책임지고 단독으로 부모 역할을 수행하는 경우로서, 직업과 가사 책임의 이중부담으로 스트레스가 가중되기 쉽다.

둘째, 가족과 함께 살지 않는 보조부모(auxiliary)와 함께 부모 역할과 책임을 나누는 유형이 있다.

셋째, 한부모가족과는 관련이 없는 사람과 부모 역할을 함께하는 유형으로서, 자녀가 엄마처럼 느끼는 가정부와 함께 사는 경우나 한부모의 친구나 연인이 부모 역할과 책임을 수행하는 경우가 이에 해당한다.

넷째, 아동의 실질적인 부모는 아니지만 부모 역할을 수행하는 사람이 혈연관계나 법적인 친척관계에 있는 경우로서, 주로 조부모나 사촌, 형제 등이 결손된 부모 역할을 수행하는 것이 통례이다.

다섯째, 한부모가 알코올이나 약물에 중독되어 있거나 유아적인 사람이거나 혹은 심한 정신적 문제가 있는 경우처럼 사실상 부모 역할을 유기한 경우의 가족을 들 수 있다.

우리나라에서 이러한 한부모가족은 계속 증가 추세에 있고, 발생원인별 수치에서도 과거에는 배우자의 사망에 의한 가족이 다수를 차지하였으나 점차적으로 이혼이나 별거, 유기 등에 의한 발생률이 증가하고 있는 추세이다.

양육자의 유형으로 본 한부모가족의 현황을 〈표 10-1〉에서 살펴보면, 모자가족은 1,083,020가구(가구원 수 2,751,238)로 약 80%를 차지하며, 부자가족이 286,923가구(가구원수 741,291)로 약 20%의 분포를 보이고 있다. 2000년과 비교해 보면 모자가족의 증감률은 17.3%에 그치는 반면 부자가족의 증감률은 28.0%로 부자가족의 증가가 두드러지는 것을 볼 수 있다.

〈표 10-1〉 한부모가구의 변화추이 (단위: 가구, %)

유형	2000년 가구 수	2005년 가구 수(가구원)	증감(2000~2005)	
			증감	증감률
부자가구	225,000	286,923(741,291)	61,923	28.0
모자가구	923,000	1,083,020(2,751,238)	160,020	17.3
총계	1,148,000	1,369,943(3,492,529)	221,943	21.9

2. 한부모가족의 실태와 문제점

1) 한부모가족의 실태

한부모가정이란 이혼, 별거, 사별, 유기, 미혼모·부의 발생 등을 이유로 부모 중 한 사람과 자녀로 구성된 가정을 의미한다(Billingsley & Giovannoni, 1971).

또한 모(母)가 주 양육자이면 여성 한부모가정으로, 부(父)가 주 양육자이면 남성 한부모가정이라고 분류될 수 있다(김미숙 등, 2000).

한부모가구의 수는 2005년 137만 가구에서 2010년 159만 4천 가구, 2011년 163만 9천 가구로 증가했으며, 전체 가구에서 한부모가정이 차지하는 비율은 2005년 8.6%에서 2010년 9.2%, 2011년 9.3%, 2014년 18.4%로 증가했다. 한부모가정의 형성원인은 사별 29.7%, 이혼 32.8%, 미혼모·부 11.6%로 사별 이외의 요인으로 한부모가정이 형성되는 비율이 점차 높아지고 있다(통계청, 2013).

한부모가족의 현황을 보면 [그림 10-1]과 같다.

(단위 : 천명)

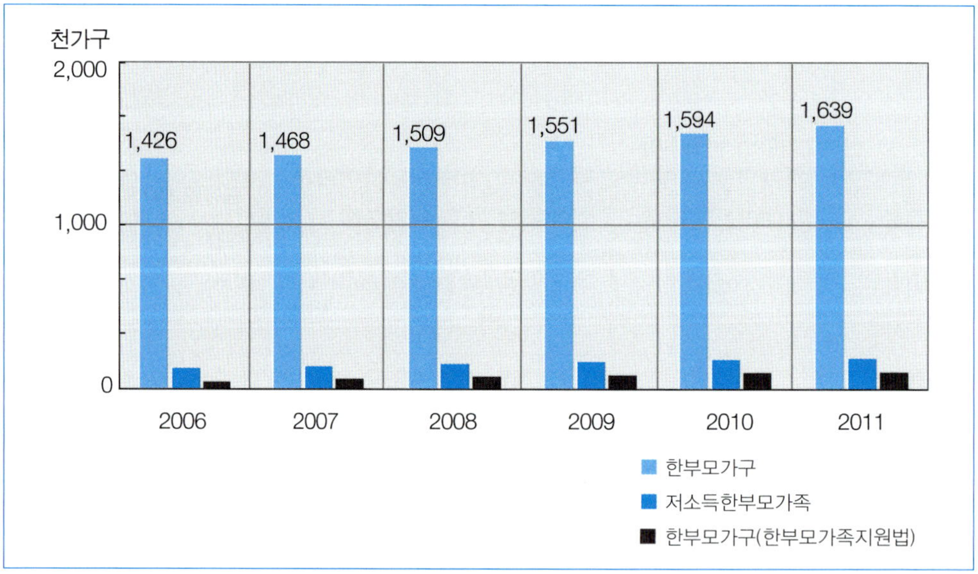

출처: 통계청(2013), '한국주택 총 조사보고서', 각 년도

[그림 10-1] 한부모가족의 현황

2) 한부모가족의 문제

(1) 경제적 문제

한부모가족이 겪는 경제적 문제는 부의 상실로 인한 소득의 감소뿐만 아니라 주택 문제 그리고 부모의 취업문제 등을 포함한다. 대부분의 모자가족은 주 수입원이 부의 상실과 함께 소득이 감소하거나 상실된다. 부자가족의 대다수는 부의 저학력과 저소득으로 인해 경제적으로 빈곤한 상태에 처해 있다. 이러한 경제적 빈곤은 부가 자녀양육과 가사일 양쪽을 다 신경 써야 하기 때문에 이를 고려한 직업을 찾다보면 직업선택의 기회가 적어지고 전직의 가능성도 높아져 더 악화되기도 한다.

(2) 심리 · 사회적 문제

① **역할 갈등** : 한부모가족의 부모나 자녀 모두 역할에 대한 혼란감을 경험하게 된다. 자녀들은 성장과정에서 부모의 부재로 동일시 대상이 없어짐으로써 발달장애 또는 역할동일시에 대한 학습결핍 등이 발생한다.

② **자녀의 부적응** : 한부모가족 중 이혼한 가족의 자녀들은 공격적, 일탈적 행동이 많이 나타난다. 모자가족에서 부의 부재는 부가 자녀에게 행사해 오던 행동에 대한 통제력과 감독권이 갑자기 사라지므로 자녀는 자기 자신에 대한 통제력을 상실할 수 있다. 부자가족의 자녀는 모의 부재로 인해 감정이나 애정을 표현하는 등의 표현적 경험을 가질 기회가 박탈되어 가족원을 비롯한 타인과의 긴밀한 관계를 형성하는 데 어려움을 겪는다.

③ **상실감과 소외감** : 한부모가족은 변화된 가족생활로 인해서 정서적, 심리적으로 어려움을 호소하고 있다. 이들은 절망감, 책임감, 슬픔, 스트레스 등의 부정적인 정서반응이 지배적으로 나타난다. 한부모가족의 정서적 문제는 사회적 지지체계의 부족에서도 비롯된다. 한부모가족은 실제로 친족 간의 지원이 감소하고 있으며, 특히 부자가족의 경우 배우자 친족과 멀어지는 경향을 나타내고 있다.

(3) 자녀양육의 문제

자녀양육과 관련하여 편모가족이 부(父) 혹은 모(母)와 이별 후 자녀를 키우는 데 있어서 가장 어려웠던 점을 살펴보면, 2008년 자녀양육 비용의 부족이 52.8%로 가장 높아 자녀양육에서도 경제적인 문제가 가장 중요한 것으로 나타났다. 자녀의 대학졸업과 취직에 대한 기대수준도 높은 것으로 조사됐다. 이렇게 높은 한부모의 자녀교육에 대한 기대는 학비부족 등 현실적 문제에 부딪치면서 자녀교육에 대한 문제를 더욱 심각하게 느끼게 한다(이영실 외, 2014).

이 밖에 Gongla(1982)는 편모가정에 대한 연구를 요약해 보면 다음과 같은 점들을 지적했다.

① 아동은 고질적인 갈등이 없고 애정적인 가정에서 정상적으로 발달할 수 있다.

② 아동은 한쪽 부모가 수행할 수 없는 과제의 일부를 수행함으로써 책임감과 권력을 얻게 된다.

③ 초기 어머니는 억압적으로 되고 아동은 공격적으로 되지만 외부의 지원을 받게 되면 이러한 것은 점차 변한다.

④ 가족원 간의 상호의존성이 증가한다.

3. 한부모가족을 위한 서비스 현황

우리나라의 한부모가족에 대한 정부 차원의 정책적 지원은 크게 사회보장제도 내의 사회보험제도, 공적부조제도 및 사회복지서비스 부문으로 나눌 수 있다. 민간 차원의 서비스는 대체로 사회복지관을 비롯한 여러 민간기관을 통해 이루이지고 있다. 우리나라의 경우, 모자가족에 대한 지원은 모자복지법을 통해 이루어지고 있으나 부자가족에 대한 지원도 그 문제의 심각성에도 불구하고 아무런 법적 근거가 없는 실정이다. 여기서는 주로 모자가족에 대한 지원을 중심으로 살펴보기로 한다.

1) 공적부조

공적부조 측면에서 한부모가족은 국민기초생활보장사업과 원호사업에 의해 지원을 받을 수 있다. 국민기초생활보장사업과 의료보호법에 의해 빈곤한 편모(모자)가족은 국민기초생활 수급권자로 지정되어 정부로부터 생계지원과 의료지원을 받을 수 있다. 한편 1995년부터 모자가족의 지원기준에 의해 일부 부자가족에 대한 지원이 이루어지고 있다. 또한 군사원호보상법, 국가유공자 등 특별 원호법에 의해 군인이거나 경찰관인 배우자가 사망한 경우 한부모가족은 원호금을 지원받을 수 있으며 자녀 교육보호, 의료보호, 직업보도, 자영업 및 주택지원 등을 받을 수 있다.

그러나 이들 제도 역시 보호수준이 낮고 보호기준을 불합리하게 책정하는 등의 문제점을 안고 있어 한부모가족을 위한 지원체계로서는 미흡한 실정이다(한국여성개발원, 1984: 226-227).

2) 사회보험

사회보험제도 내에서의 한부모가족에 대한 지원은 공무원연금법, 군인연금법, 사립학교교원연금법 등이 의해 배우자가 공무원이나 군인, 사립학교 교원인 경우 배우자 사망 시에 유족연금이나 유족일시금을 받을 수 있다. 또한 1988년에 시작한 국민연금제도는 피보험자와 그의 가족에게 노령연금, 상해연금, 유족연금 등을 보장하고 있어 한부모가족은 유족연금의 도움을 받을 수 있다.

현재 국민연금제도는 전 국민에게 적용되면서 소득신고율이 낮음은 물론 소득을 하향 신고하는 경향 때문에 연금제도의 취지를 퇴색시키고 있다. 이렇게 되면 계층간 소득 재분배 효과와 전 국민 노후생활보장이 우려될 뿐만 아니라 실제로 보호받아야 할 사람은 보호받지 못하고 안정적 소득이 있는 사람만을 보호하게 되는 결과를 초래할 수 있다. 이러한 점에서 농업이나 단순 노무, 행상, 하위 서비스직에 종사하는 한부모가족에게는 보험료 납부가 부담이 될 수 있으므로 많은 한부모가족이 이 적용대상에서 제외될 가능성이 높다.

특히, 국민연금제도의 경우, 혹 이 제도의 적용을 받는다 해도 시행 연도가 얼마 되지 않았으므로 현재로서는 한부모가족이 이의 적용을 받을 가능성은 거의 없다. 따라서 연금제도와 같은 국가의 사회보험제도를 통해 한부모가족이 도움을 받을 수 있는 가능성은 아주 적다고 하겠다.

건강보험제도 역시 거의 모든 국민으로 수혜대상이 대폭 확대되기는 하였으나 경제적 문제가 심각한 한부모가족에게는 큰 부담이 되고 있다. 특히, 가족원 중에 만성질환자가 있는 경우는 더욱 더 그러하다.

3) 사회복지서비스

사회복지서비스 부문에서는 모자보호시설과 모자자립시설, 여성복지상담소 등을 통해 지원받을 수 있다. 모자보호시설은 빈곤한 모자가족이 모자원에서 살면서 국민기초생활보장법에 의한 생계비 지원을 받을 수 있다. 모자보호시설은 2016년 12월 현재 전국 42개소에 1,026세대가 수용되어 있다.

모자보호시설에 입소한 가족에게 주어지는 사회복지서비스는 주택 제공과 생계보조금 전달과 이들의 사회 복귀를 위한 직업훈련이나 가족문제에 대한 상담이 서비스로 주어지는데, 이들의 심리·사회적 기능 증진을 위한 프로그램은 여전히 부족한 실정이다. 게다가 모자보호시설의 지역적 편재와 낙인감(stigma)으로 인해 입소를 원하는 세대가 많은데도 불구하고 시설의 정원(세대)도 다 채우지 못하고 있는 실정에 있다. 모자자립시설은 모자보호시설을 퇴소한 후 자립기반이 취약한 모자가정을 위해 설립된 것으로서, 2016년 현재 전국에 3개소가 있지만, 모자보호시설과 마찬가지로 홍보의 부족 및 모자자립시설에의 입소로 인한 낙인감 등으로 그 실효성을 거두지 못하고 있다.

한부모가족복지상담소는 저소득 모자가족이 모자보호시설 입소를 비롯한 제반 서비스가 필요할 때 이용할 수 있다. 한부모가족복지상담소는 2016년 현재 4개소로서, 한부모가족에 대한 위기·자립상담 및 문제해결 지원을 하고 있다.

그러나 간이상담소는 윤락행위집결지나 역 부근에 설치되어 있어 현실적으로 모자가족이 이를 통해 서비스를 받는 경우는 거의 없다. 이들 여성복지상담소의 상담원들은 취업알선이나 시설입소, 생계보호, 선도귀가·교육 및 조언, 치료 의뢰 등의 활동을 하고 있지만 대부분이 일회적인 교육이나 조언으로 끝나고 많은 경우 자원봉사자를 사용하여 상담을 하고 있어 모자가족이 이를 이용할 수 있는 가능성은 물론 그 실효성도 거의 없다고 할 수 있다.

모자가족에 대한 지원은 정부 차원의 지원만으로는 부족하기 때문에 민간 차원에서의 활발한 보조가 이루어져야 한다. 그러나 우리나라의 경우 모자가족이 사회복지기관을 비롯한 민간단체로부터 지원이나 서비스는 매우 부족한 실정이다. 한 조사연구에 의하면, 민간단체로부터 도움을 받은 모자가족은 응답자의 10% 남짓이었고, 그 지원주체는 85% 이상이 종교기관이었으며, 지원받은 내용 또한 거의 대부분이 경제적 지원에 한정되어 있었다(한국여성개발원, 1988: 153-155). 물론 정부 차원의 경제적 지원이 아주 미미한 상황에 있으므로 민간단체로부터의 경제적 지원이 이들에게 의미가 없는 것은 아니다. 그러나 이들 가족이 갖는 심리·사회적 문제의 중요성을 고려한다면 이에 대한 보다 전문적 접근이 요구된다. 그럼에도 불구하고 현재 민간 차원에서 이들 한부모가족에 대한 접근은 사회복지관의 재가복지서비스의 일환으로 주어지는 물질적 서비스를 제외하면, 실천적이고 전문적 접근은 대단히 미미한 실정이다.

모자가족에 대한 서비스 프로그램으로는 한국여성개발원에서 실시한 모자여름학교가 있다. 모자여름학교는 한국여성개발원이 모자가족을 위해 1984~1985년 2회에 걸쳐 시범 실시하고, 1986년부터 여성단체와 정부기관의 프로그램으로 전환해서 실시되고 있다. 모자여름학교는 모(母)와 자녀를 대상으로 한 여름캠프 프로그램이다.

프로그램의 주요 내용은 자녀와 모(母) 간의 대화와 의사소통을 촉진시키고, 그의 갈등과 어려움을 다른 모자가족들과 함께 나눌 수 있는 경험을 하도록 함으로써 모자가족의 유대와 정서적 안정을 도모하게 한다. 그러나 모(母)의 직장관계로 참석하지 못하는 경우가 많아 그 실효성을 거두는 데 어려움이 있다. 따라서 어떤 경우는 자녀만을 대상으로 하는 캠프로 전환되기도 한다(조회선, 1996: 93).

앞에서도 언급했듯이 부자가족에 대한 지원은 법적인 근거가 없기 때문에 거의 미미한 실정이지만, 1995년부터 모자복지법을 기준으로 하여 부자가족에 생업자금 지원을 하고 있고, 자원봉사자를 이용하여 가사 지원과 자녀의 정서 지원을 하고 있다. 그러나 여성인 자원봉사자들이 남성이 주로 집에 있는 부자가족을 방문하기 꺼려하는 이유 등으로 인하여 지원사업의 추진에 어려움이 있다. 부자가족을 위한 민간 차원의 프로그램으로는 사회복지기관에서 실시하는 재가복지서비스의 일환으로 지원되고 있을 뿐, 부자가족에 대한 의도적이고 전문적인 개입은 대단히 미미한 실정이다.

4. 한부모가족을 위한 서비스 대책

1) 실천적 대안

보건복지부에서 발간하는 사회복지전문요원활동 사례집과 일반 복지관에서 발간하는 사례집(예를 들면, 태화기독교사회복지관에서 발간하는 태화임상사회사업연구)을 보면 모자가족이나 부자가족에 대한 사회복지사들의 접근이 상당히 많은 부분을 차지하고 있는 것을 알 수 있다. 이는 사회복지사의 전문적 접근이 필요할 만큼 한부모가족이 많은 어려움을 겪고 있다는 것을 말해준다. 그러나 이들 한부모가족 사례에 대한 사회복지사의 접근은 주로 자원의 연결과 몇 번의 상담에 그치고 있는 실정에 있다.

이는 물론 사회복지사들의 과중한 업무 때문이기도 하다. 그러나 한부모가족은 가정폭력가족이나 비행청소년가족처럼 특정 문제를 기준으로 구분된 것이 아니라 가족의 구조를 기준으로 구분한 것이기 때문에 문제를 중심으로 한 일관성 있는 실천적 접근을 모색하는 것이 모호하고 어렵기 때문이기도 하다. 모자가족의 형태를 띠면서 비행청소년가족이 될 수 있고, 부자가족의 형태를 띠면서 가정폭력가족이 될 수도 있다. 이러한 점을 보완하기 위해서는 우선 한부모가족에 대한 개입(intervention)을 한부모가족의 욕구에 대한 구체적인 사정(assessment)에 근거하여 이루어지도록 해야 한다.

한부모가족에 대한 사정(査定)은 일반적으로 가족의 경제적 욕구 정도, 가족원의 친밀성에 대한 욕구, 가족 전반의 지지체계, 가족 간의 의사소통을 비롯한 가족관계 등을 대상으로 할 수 있다. 여기서는 한부모가족에 대한 개입을 위한 실천적(social work practice) 차원의 대안으로 부모교육 및 훈련, 가족상담 및 치료, 지지적 관계망 형성(support networking), 동년배(peer support group) 개입을 제시해 보기로 한다.

(1) 부모교육 및 훈련

대부분의 한부모가족은 한쪽 부모의 부재로 인해 부모 역할(parenting)의 문제를 가진다. 부모역할은 한부모가족의 가장 큰 관심사인 자녀양육과 교육에 있어 가장 중요한 영향을 미치는 부분이기도 하다. 따라서 이들에게 바람직한 부모 역할이 무엇이며, 또 한부모 상태에서 부모 역할을 하기 위해서는 어떻게 하는 것이 바람직한지에 대한 교육과 함께, 그러한 역할을 할 수 있도록 역할연습(role play)을 비롯한 다양한 기술을 통해 훈련시킴으로써 부모 역할의 능력을 길러주어야 한다.

(2) 가족상담 및 치료

가족상담과 가족치료는 한부모가족의 부모와 자녀 간의 관계상의 문제에 대한 주요 접근방법으로 사용될 수 있다. 특히, 이 과정에서 한부모가족의 강점을 강조하고 한부모와 자녀 간의 의사소통을 원활히 하도록 하여 가족 간 결속력을 강화할 필요가 있다. 한부모가족에 대한 가족 상담과 치료는 편모나 편부가 직업에 종사하기 때문에 자녀와 함께 모일 수 있는 시간적 여유가 대단히 부족함은 물론 일부러 복지관에 가족치료를 받으러 나오기도 어려운 상태이다. 따라서 이들 가족이 집에 있는 상태에서 사회복지사가 직접 방문하여 가족상담이나 가족치료를 하는 방안이 모색되어야 한다. 또한 가족원 모두가 모이기 어려운 경우 자녀나 편모(혹은 편부)만을 대상으로 단기가족치료(brief family therapy)를 실시함으로써 가족의 문제에 도움을 줄 수도 있다.

(3) 지지적 관계망의 형성

지지적 관계망의 형성(support networking)이란 한부모가족에게 잠재적으로 지지가 될 수 있는 공식적 · 비공식적 지지망을 확인하여 이들을 한부모가족에게 연결해 주는 것이다. 즉, 친척이나 친구, 이웃 혹은 사회기관 중에 한부모가족에 지지가 될 만한 자원을 찾아내어 한부모가족과 연계시키는 것이다. 이를 위해서는 사정(査定)단계에서 생태도나 사회적 관계망도를 이용해 지지적 자원을 구체적으로 파악해야 한다.

(4) 동년배 지지집단

동년배 지지집단(peer support group)은 동년배의 편모(혹은 편부)를 대상으로 10~12명 정도의 규모로 구성한다. 지지집단의 운영은 매주 2~3시간씩 6~10주 정도 모임을 가지면서 한부모가족의 편모나 편부에게 문제를 해결할 수 있는 지지를 제공한다. 동년배 지지집단을 통해 편모(혹은 편부)에게 제공되는 것은 다음과 같다.

① 비슷한 처지에 있는 편모(혹은 편부)끼리 자신들의 문제와 관심사를 논의함으로써 따뜻하고 지지적인 장을 제공한다.

② 그 한부모가족이 자녀에 미치는 영향은 물론 시간관리기술, 재정관리, 부모역할기술 등에 대한 교육을 제공한다.

③ 집단구성원 각자의 삶에서 가장 관심이 되는 이슈를 논의함으로써 개인에게 문제해결의 실마리를 제공한다.

④ 편모(혹은 면부)가 공식적 모임이 끝난 뒤에도 동년배 지지집단을 계속할 수 있도록 훈련함으로써 계속적인 상호 원조가 있을 수 있게 한다(Burden, 1980: 261-262).

2) 정책적 대안

한부모가족은 다른 어떤 유형의 가족보다 활용할 수 있는 자원이 부족하고 이에 따라 생계곤란과 같은 일차적 욕구의 문제를 해결하지 못하고 있다. 그러나 이들 한부모가족에 대한 정부의 정책적 접근은 이러한 일차적 욕구조차 충분히 충족시키지 못하고 있는 실정이다. 즉, 한부모가족의 소득보장을 위한 공식적·비공식적 지원체계가 미흡할 뿐만 아니라 그 수준 또한 인간다운 생활을 보장하기에는 대단히 미흡하다.

이러한 실정은 가족단위를 고려하지 않은 산발적이고 단편적인 정책이 가족에게 미치는 부정적인 영향을 고려해 볼 때 가족정책의 일차적 관심대상이 되어야 할 한부모가족에 대한 정책적 대안이 시급히 마련되어야 함을 시사해 준다. 한부모가족을 위한 가족정책이 거의 없는 우리나라의 경우 가족단위를 고려하여 하루속히 정부 차원에서 이루어져야 할 정책적 측면에서의 대책을 제안하면 다음과 같다.

(1) 한부모가족을 위한 대책은 한부모가족 단위를 고려한 정책적 측면에서 특히, 가족정책적인 개념의 범주 안에서 이루어져야 한다.

그래서 '한부모가족을 위한 가족정책'(single parent family policy)이 독립적인 영역으로 정립되어야 한다. 우리나라에는 1989년에 제정된 모자복지법이 모자가족에 대한 복지대책의 근거가 되고 있으나 지원의 범위나 수준이 모자가족이 자립하기에는 대단히 미흡한 실정이고, 부자가족에 대한 지원은 그 법적 근거조차 없는 실정에 있다. 따라서 부자가족의 복지를 위한 법적 근거를 마련하고, 모자가족과 함께 한부모가족을 위한 독립적인 복지대책을 마련해야 한다.

(2) 공적부조제도 내에 한부모가족을 위한 수당제도를 마련한다.

한부모가족에 있어 가장 관심의 대상은 역시 자녀문제이다. 따라서 한부모가족의 자녀양육을 위한 아동수당제도를 마련하고, 특별히 자녀가 학교 다니기 전인 경우 편부나 편모가 이들 자녀를 맡기고 직업에 종사할 수 있도록 탁아 수당제도를 마련해야 한다. 아울러 편모나 편부에 대한 수당 또한 지급되어야 한다.

(3) 기존의 국민연금제도 내에 유족연금 외에 자녀를 위한 유족자녀연금이나 편모와 편부를 위한 편모연금, 편부연금 등이 제도화되어야 한다.
특히, 사별로 인한 한부모가족뿐만 아니라 이혼이나 별거 그리고 실질적 의미의 한부모가족까지를 포함하는 경우도 사회적 위험(social risk)으로 보고 이에 대한 대책을 세워야 한다.

(4) 우리나라의 경제적 실정을 고려하여 한부모가족의 경제문제의 큰 부분을 차지하는 주택문제의 해결을 위해 공영주택의 임대나 우선 분양 그리고 주택 구입을 위한 융자금을 저리로 제공하는 등의 특별 배려와 함께 주택수당 지급을 위한 대책이 마련되어야 한다.

(5) 장기적인 의료비의 지출은 한부모가족을 빈곤상황으로 떨어뜨리는 또 하나의 주요 요인이라는 점에서, 이들에 대한 의료보호제도가 확대되어야 한다.

(6) 앞에서도 언급했듯이 한부모가족은 편모와 편부 당사자의 심리 · 사회적 문제뿐만 아니라 자녀들의 심리 · 사회적 문제 또한 우리가 관심을 가져야 할 대상이다. 따라서 한부모가족의 가족결속력 강화를 위한 사회교육 프로그램을 정기적으로 실시하고, 편모 혹은 편부가족으로 구성된 자조집단을 형성하여 긴장과 압박감을 완화할 수 있도록 제도적 · 정책적 차원에서 제반 지원이 이루어질 수 있도록 해야 한다.

부부의 날

부모로부터 독립하여 새로운 삶을 시작한 것이 엊그제 같은데 벌써 40여년이 흘러 자식들이 커서 시집갈 나이가 되어가고 있는데 오늘도 누가 먼저랄지 모르게 하루의 일에 파묻혀 살아가고 있는 부부를 생각해 본다.

부부란 사회의 가장 기본단위이면서 혈연도 학연도 아닌 남남이 모여 하나가 되었다. 그래서 21일은 둘이 모여 하나가 되었다는 뜻을 따라 5월 21일을 가족 중에서도 부부의 날로 정했다고 한다.

부모와 자식 챙기기에 바빠 남편과 아내가 어디 있는지 잊어버릴 정도지만 잠시 한숨 돌리고 옆에 있는 배우자의 얼굴을 돌아보고자 한다.

언제 알아들었는지 큰딸이 문자 메시지가 왔다.

'부부의 날 축하드려요 날씨가 너무 화사해요. 그리고 저도 모처럼 한가해요.'

그래 내용보다는 부모를 챙기는 큰 딸이 고맙다.

우리가 만나서 지금까지 살아온 나날을 돌이켜 보면 즐거운 날보다는 추운 날이 많았고 맑은 날보다는 궂은 날이 더 많았다.

배운 것이 무엇이라고 지금까지 살아온 것이 배우는 것과 애들 자란 것 구경꾼 노릇하고 그저 근무지 따라 이사했던 일, 너무나 많은 이사 (결혼해서 23회), 앞으로 얼마나 떠돌이가 되려는가? 적어도 1~2번은 아직도 가야 할 것도 같은데.

아직도 머물고 싶은 곳이 정해져 있지는 않지만 그래도 또 갈 것이라는 막연한 생각이 든다. 생각이 있으니 또 갈 것이라는 것이다.

이 부부의 날을 정한 분은 목사님으로 지난해 12월 국회본회의에서 '부부의 날 국가기념일 지정에 관한 청원'이 통과되어 올해부터 부부의 날은 공식 기념일로 지정되었다고 한다. 고마운 분들이다.

그분의 이야기인즉, 10년 전 어린이날 한 방송에 출연한 아이가 "내 소원은 엄마 아빠가 함께 사는 것"이라고 말하는 것을 보고 충격을 받아 부부 사랑 캠페인을 결심했다는 권 목사. 그는 애정 표현이 서투르고 어색하다면 부부의 날에 장미꽃을 선물하는 것부터 시작해 보라고 권한다.

남편은 아내에게 정열의 표시로 붉은 장미를, 아내는 남편에게 사랑과 존중의 표시로 분홍 장미를 선물하며 연애시절의 따뜻한 마음을 되살려보라는 것.

권 목사가 제안하는 또 한 가지 테크닉은 배우자에게 보내는 편지다. 그는 "지난 해 개

최한 '부부 캠프'에서 편지를 써서 낭독하는 시간이 있었는데 모두 감동해 눈물을 흘렸다"며 "쉬운 즉흥적인 말 백 마디보다 자신의 심정을 담담하게 적은 편지 한 장이 부부 사이에 쌓인 높은 벽을 허물어 내린다"고 강조했다.

지난 세월을 돌이켜 보면 경제적으로는 힘겨웠지만 마음만은 따뜻하게 살아왔다고 고백해 많은 이들의 마음을 훈훈하게 했던 '사랑을 위하여'의 가수 김종환씨도 올해부터 공식 홍보대사로 활동한다고 한다. 김씨는 "이혼율이 높아만 가는 현실에서 '부부의 날'이 제정된 것은 중요한 성과라고 생각한다"며 "지난달 미국과 캐나다 공연에서 내 노래를 듣고 눈물을 흘리는 기러기 엄마와 아빠를 보고 부부의 소중함을 다시 깨닫게 됐다"고 말했다.

참으로 고마운 분들이다. 부부를 다시금 생각하게 하고 남편으로서 부인으로서 자기를 뒤돌아보면 미래에는 좀 더 잘해야지 하는 소망을 갖게 해 주었으니 말이다.

특별히 복지학을 가르치는 교수라는 직업을 가진 나로서는 가족을 강조하는 한 사람이라고 자부하면서도 이렇게 의미 있는 행사를 하지 못했음을 고백한다.

나도 좀처럼 해보지 못했던 말을 오늘에야 해 보자! 여보 사랑해요!

2016. 5. 21

부부의 날에 즈음하여...박귀영

제 11 장

가정폭력가족

이 장의 내용

가정폭력이 사회문제로 대두되는 시기는 그리 멀지 않다. 가정폭력이 사회문제로 대두되면서 그 중요성이 인식되었다. 이제는 아내가 남편에게 폭력을 가하고 자식이 부모에게 온갖 폭력을 가함으로써 사회문제로 다루지 않으면 안 되게 되었다.

가정폭력이란 가정구성원 사이의 신체적, 정신적, 또는 재산상 피해를 수반하는 행위를 말한다(가정폭력범죄의 처벌 등에 관한 특별법안 제2조 1항). 이때 가족구성원의 범위는 현재의 관계뿐만 아니라 전 배우자와 동거하는 친족까지의 모든 실질적 관계를 의미한다. 이를 토대로 본다면 가정폭력이란 가정 내에서 일어나는 각종 형태의 폭력을 의미하는 것으로, 여기에는 부부간의 폭력(남편이 아내에 대한 폭력, 아내의 남편에 대한 폭력), 부모-자녀 간의 폭력(부모의 자녀에 대한 폭력, 자녀의 부모에 대한 폭력) 그리고 기타 가족구성원끼리의 폭력(며느리의 시부모에 대한 폭력, 시부모의 며느리에 대한 폭력) 등이 포함된다.

가정폭력이라 함은 아동, 아내, 남편, 노인에 대한 학대를 포함한다.

따라서 이 장에서는 가정폭력의 개념과 정의, 가정폭력의 발생원인을 알아보며, 가정폭력의 실태와 문제점을 파악한 다음 그 가정폭력에 대한 서비스현황과 대책을 개발하는데 중점을 두었다.

1. 가정폭력의 개념과 정의

1) 가정폭력의 개념

폭력이란 다른 사람에게 의도적으로 또는 잠재적 의도를 가지고 완력을 사용하여 신체적 고통이나 상처를 입히는 행위로서, 이 폭력이 가정 내에서 가족구성원들 사이에서 발생할 때 이것을 가정폭력이라 한다.

가정폭력은 넓게 보면 가정 내에서 발생하는 폭력으로서 배우자에 대한 폭력과 자녀와 부모에 대한 폭력을 모두 포함하지만, 좁게 보면 배우자에 대한 폭력은 남편의 아내에 대한 폭력, 즉 아내폭력을 말한다.

가정폭력의 개념은 신체적 · 경제적 · 성적 · 심리적으로 상대방 의사와는 상관없이 손상을 주는 개념으로 쓰여지고 있다. 구타는 주로 신체적으로 손이나 도구 및 무기를 사용하여 손상을 입히거나 위해를 가하는 경우에 쓰인다.

한국에서는 가정폭력이라는 용어에 대해 아내학대, 아내구타, 아내폭행, 배우자학대, 부부폭력 등의 용어가 혼용되고 있다. 아내학대나 아내구타는 여성주의 시각에서 사용되며, 가정폭력 혹은 배우자폭력은 일탈 및 범법행위의 다른 유형으로 학대를 이해하는 시각에서 사용된다. 한국에서는 남편에 의한 구타가 주종을 이루고 있어 아내학대와 같은 의미로 통용되는 경우도 많다.

현혜순(2005)에 의하면 가정폭력이나 가족폭력은 부부간의 폭력, 자녀폭력, 부모폭력 등 가정 내에서 발생하는 모든 폭력을 포괄하여 성 중립적이라고 하였고, 아내학대나 아내구타는 남성과 여성 간의 불평등한 권력의 결과인 지배와 통제의 수단으로 보았다.

미국에서는 가정폭력을 친한 파트너 폭력과 학대(intimate partner violence and abuse)라 하여 현재의 배우자는 물론 전 배우자, 이성 친구에 대한 실질적인 폭력 또는 위협을 주는 폭력이라고 보기도 한다. 가정폭력의 정도는 찰싹 때리는 행위와 같은 가벼운 신체적 고통을 가하는 것에서부터 살인까지 광범위하다(Straus, 1978).

2) 가정폭력의 정의

가정폭력이란 가족구성원 사이의 모든 폭력을 포함한 것으로 가족관계에서 사회경제적 약자인 아내, 노인에 대한 의도적 · 계획적 · 반복적 폭력의 결과로 막대한 신체적 · 심리적 · 정서적 피해를 입히는 것이다(김민정, 2001).

법률적 정의에서 살펴보면 「가정폭력범죄의 처벌 등에 관한 특례법」 제1호에서 언급하는 바와 같이 '가정폭력'은 "가족구성원 사이의 신체적, 정신적 또는 재산상 피해를 수반하는 행위"말한다. '가족구성원'이라 함은 다음 각 항목 중 1에 해당하는 자로 ① 배우자(사실상 혼인관계에 있는 자를 포함한다. 이하 같다) 또는 배우자 관계에 있었던 자, ② 자기 또는 배우자와 직계존비속 관계(사실상의 양친자관계를 포함한다. 이하 같다)에 있거나 있었던 자, ③ 계부모와 자의 관계 또는 적모와 서자의 관계에 있거나 있었던 자, ④ 동거하는 친족관계에 있었던 자 등을 포함한다. 즉, 가정폭력은 배우자, 사실상 혼인관계에 있었던 자, 부모, 조부모, 아들, 딸, 손자, 증손, 계부, 계모, 적모(아버지의 정실), 서자(첩의 아들), 친족(8촌 이내의 혈족, 4촌 이내의 인척) 사이에서 신체적, 정신적 또는 재산상의 피해을 수반하는 모든 행위를 말한다.

가정폭력은 가정 안에서 가족 간에 일어나는 폭력, 자식에 대한 부모의 폭력, 부모에 대한 자식의 폭력, 부부 사이의 폭력 따위가 있다. 가정폭력을 근절하기 위해서는 가정폭력에 대한 전통적인 관점에서 벗어나 이에 대한 새로운 시각을 가져야 한다. 무엇보다도 가정폭력의 피해자들은 법의 테두리 안에서 보호되어야 한다. 유의어로는 가정 내 폭력(家庭內暴力)을 말한다.

3) 가정폭력의 범주

(1) 신체적 학대

배우자나 보호자에 의해 원하지 않는 신체적 접촉, 공포와 육체적 상해의 원인이 되는 행동, 자유를 억압하는 행위 등을 포함한 가해행위를 말한다. 심한 구타, 밀치기, 발길질, 침 뱉기, 꼬집거나 물기, 목 조르기, 담뱃불로 지지기, 흉기로 찌르기 등의 폭력행위가 여기에 해당한다.

(2) 정서적 학대

비난이나 무시하는 언어, 억양적이거나 지시적인 태도, 협박, 거부, 위협적인 모습이나 제스처, 외부로부터 고립시키는 것, 소중히 여기는 사물이나 가재도구와 재산을 손괴하는 행위, 피해자의 의사결정을 침해하는 행위, 적절한 보호를 받지 못하는 위험한 환경에 처하거나 홀로 방치되는 경우까지 포함된다. 폭력범주 중에서 가장 사소한 것 같으면서도 모든 폭력의 출발점이 된다. 흔히 '입술의 3초가 가슴에서 30년'이라고 말할 만큼 깊은 상처를 준다. 대부분의 언어적 폭력은 또 다른 형태의 폭력으로 이어지는 출발점이다.

(3) 성적 학대

상대방의 동의 없이 성적인 접촉을 하는 행위를 통하여 강제적으로 성적 행동에 응하도록 협박하는 성적인 공격행동이다. 부부간의 성적 학대인 부부강간과 성인가족과 아동 사이 혹은 형제자매 사이에서 일어나는 친족 성학대 등이 포함된다.

(4) 경제적 학대

가해자가 모든 경제권을 소유하여 가족원에게 생활비를 지급하지 않으면서 아내와 자녀, 노부모가 경제적 권한을 간청할 때 계략적으로 경제권을 행사하거나, 가족을 부양하기 위한 돈을 벌기 위해 그 어떤 노력도 기울이지 않은 채 태만하거나, 도박중독이나 쇼핑중독과 같이 반복적으로 낭비벽이 있어 돈을 탕진하여 가족의 일상적 영위를 힘들게 하는 것 등이다.

(5) 방임과 유기

방임은 가족부양, 보호감독, 의복, 음식, 난방, 위생, 교육적 자극, 의료보호 등 가족원의 건강과 정상적인 가족생활을 영위하는데 요구되는 것들을 제공하지 않거나 무관심하여 방치해 두는 것을 말한다. 방임의 극단적인 경우 가족원을 가정의 보호와 영향권 밖으로 내다버리는 유기가 발생한다.

2. 가정폭력의 발생원인

1) 부부폭력의 발생요인

(1) 정신의학적 요인

정신의학적 접근은 일반적으로 가해자나 피해자의 비정상적 혹은 내적 결함에 의해 폭력이 야기된다고 보는 이론이다. 즉, 염색체 이상, 선천적인 뇌손상, 성 호르몬의 과다 분비와 같은 생물학적 · 유전적 요인이 공격적인 성향과 관계가 있다고 본다. 이 이론에 따르면, 구타당하는 아내 또한 죄책감이나 불안감으로 가득 찬 여성들로 정신적 · 성격적 결함을 가지고 있는 경우가 많다고 본다.

(2) 사회심리적 요인

폭력의 원인을 사회적 환경과의 상호작용에서 찾으려는 이론으로 사회학습이론, 좌절–공격이론, 교환이론, 갈등이론 등이 대표적이다.

① 사회학습이론

학습이론은 가정폭력을 인간의 다른 행동과 마찬가지로 학습된 현상이라고 설명하며, 가정이 폭력을 훈련하는 장소라고 보는 입장이다. 반두라(Bandura)와 몇몇 학자들의 연구는 관찰된 공격성과 공격적 · 폭력적인 행동의 상승 간에는 밀접한 상관관계가 있다고 하면서 분노 그 자체보다는 부정적으로 학습된 분노의 표현이 폭력행동에 결정적인 역할을 한다고 주장했다(권진숙, 1996).

따라서 폭력적인 사람일수록 자주 피해를 당해 왔거나, 원 가족에서 다른 가족의 피해를 관찰한 사람들이라 볼 수 있으며, 이러한 역기능적으로 학습된 폭력적인 사고나 행동은 자신의 의지로 학습하거나 적극적으로 재학습할 수 있다.

② 좌절–공격이론

좌절–공격이론은 인간의 목표가 좌절되었을 때 욕구불만의 결과로 폭력이 발생한다고 본다. 예컨대, 실직한 가장은 사회적 성공이 좌절되었기 때문에 욕구불만을 느끼고 이를 부인이나 자녀에게 폭력을 행사함으로써 해소한다.

③ 교환이론

교환이론에 의하면 사람들은 공평의 원리에 의해 인간관계를 맺으려 한다는 것이다. 그런데 이러한 공평의 원리가 깨지면 분노가 일어나고 그래서 폭력이 발생하게 된다는 것이 이 이론의 핵심이다. 교환이론에 따르면, 폭력의 가해자는 자신이 상대방에게 지불한 비용에 대해서 상대방은 응당한 보상을 돌려주어야 한다는 교환법칙의 상호성 규범에 입각하여 자신의 폭력을 정당화시킨다고 한다.

예를 들어 가족의 부양을 책임지는 것으로 자신의 할 일을 다했다고 생각하는 남편은 아내의 보상이 자신이 기대에 미치지 않을 때 아내구타를 통하여 응분의 대가를 치르도록 함으로써 폭력을 정당화하게 된다.

④ 갈등이론

부부가 서로 권력을 행사하기 위해 주도권 다툼을 벌인다든지 배우자 간의 태도, 가치관, 성격 등이 다른 경우, 부부간에 갈등이 생기고 이러한 갈등의 결과물로 폭력이 발생한다고 본다.

(3) 사회구조적 · 사회문화적 요인

사회구조적 이론들은 가정폭력의 발생원인을 가해자나 피해자의 개인적 상황보다는 그들이 속한 사회구조나 문화에서 찾으려는 이론이다. 사회구조적 관점에서 보면 가정폭력의 근본적 원인은 사회의 불평등, 비민주적 사회구조, 계층 간의 이동의 경직성, 경제적 빈곤과 불안정한 삶에 있으며, 이러한 사회구조에서 발생된 좌절감과 절망감이 가정생활에 전가되어 폭력이 발생한다고 본다.

또한 사회문화적 요인에서 보면 가정폭력이 긴장이나 좌절의 결과로 발생하거나 갈등을 해소하는 다른 대안이 없기 때문에 나타나기보다는 우리가 폭력을 용인하는 문화 속에서 자랐기 때문에 폭력이 발생한다고 본다. 예를 들어 폭력이 만연한 도시의 빈민가에 살고 있거나 남성다움을 지나치게 강조하여 남성의 폭력을 묵인하고 조정하는 문화 속에서 자랐다면 아내를 구타할 가능성이 높아진다는 것이다.

(4) 여성주의적 요인

여성주의 이론은 부부폭력이 발생되는 원인을 가부장적인 문화와 여성의 낮은 사회적 지위에서 찾는다. 즉, 남성의 권위에 여성이 종속되는 가부장제 가치관으로 길들여진 문화에서는 여성에 대한 폭력은 남성이 여성을 통제하는 수단으로 정당화된다.

이러한 경우 아내구타는 폭행으로 이해되기보다는 훈육과 아내 길들이기로 받아들여진다. 가부장적 문화 속에서 자라난 남편은 때때로 자신의 권위가 아내와 자식 앞에서 손상되는 것을 참지 못해 폭력을 행사하기도 한다.

2) 아동학대의 발생요인

(1) 개인적 요인

개인적 요인은 아동을 학대하는 부모의 특성과 아동의 특성을 설명하는 이론이다. 즉, 아동을 학대하는 부모의 심리적 특성과 성격을 보면 낮은 자존감, 의존성, 좌절, 정서적 박탈, 고독감, 지나친 엄격성을 보인다. 또한 부모의 정신병이나 우울증, 약물중독으로 어린 시절 부모로부터 적대감, 비난, 처벌, 거부, 무시 등 학대를 경험했다면 자신의 자녀를 학대할 가능성이 높다(Faller, 1981).

이러한 부모의 특성뿐만 아니라 자녀의 특성 역시 아동학대를 유발하는 개인적 요인으로 지적되고 있다. 예를 들어 아동이 사회적, 신체적, 교육적으로 발달이 지체되었거나 특별한 신체장애 및 만성적 질병이 있는 경우 이러한 기질적 신체적 장애로 인하여 부모로부터 학대를 받을 수 있다(Faller, 1981).

(2) 가족적 요인

가족적 요인은 아동학대를 유발시키는 가족원 간의 관계, 자녀양육 형태를 말한다. 예를 들어 10대 미혼부모나 편부모 가정의 경우 부모의 책임을 수행하지 못하거나 부모 역할에 대한 스트레스가 클 때, 또는 부모 자신이 달성하지 못한 성취감을 자녀에게 기대할 때 아동학대가 발생될 수 있다.

(3) 사회환경적 · 문화적 요인

아동학대의 원인들로 빈곤, 실직, 사회적 불평등으로 인한 좌절감과 스트레스, 사회적 고립과 사회적 지원의 결여, 체벌이나 폭력을 허용하는 문화, 가족원 간의 불화, 많은 자녀수, 원치 않은 자녀의 출생 등이 아동학대와 관련되어 있다고 본다.

3) 노인학대의 발생요인

(1) 사회학습이론

노인을 학대하는 자녀와 배우자는 학대적인 행위를 문화뿐만 아니라 그들의 출생 가족에서 학습하였다는 것이다. 즉, 어린 시절에 학대경험이 있는지 혹은 그들의 부모가 학대하는 광경을 본 경험 등이 노인학대에 유용화될 수 있다고 지적하고 있다(Steinmetz, 1981).

킴세이(Kimsey) 등은 가족의 전후관계 속에서 부모로부터 학대를 받았던 성인 자녀들이 현재 그들의 부모에 대항하여 유사한 형태의 폭력을 사용한다고 지적하였다. 즉, 신체적 힘의 사용이 있었던 가족구성원들 사이에서 부모가 힘의 역할 모델이 될 수 있었던 것을 자녀에게 가르친 결과로 노부모에게 신체적 혹은 언어적 폭력을 보인다는 것이다(Kimsey, 1981).

(2) 상징적 상호작용이론

상징적 상호작용이론에 따르면 인간은 다른 사람의 자신에 대한 의미를 주체적으로 해석하고 나름대로 상황을 규정한 후 자신과의 내면적 상호작용을 통해 상대방에 대한 반응양식을 결정하게 된다(박재홍, 1991). 즉, 개인이 처해진 한정된 상황, 자아개념, 다른 사람들의 반응에 따라 다르게 수행할 수 있다(Bahr, 1993).

스태인메츠(Steinmetz)는 노인학대의 연구에서 이 이론을 적용하였는데, 이 이론에 따르면 노인과 그들을 수발하는 자녀 사이의 태도, 행위, 상호작용을 관찰하여 모든 수발자가 똑같은 스트레스를 받고 있는 것은 아니며 수발수준이 자동적으로 스트레스를 일으키는 것이 아님을 지적하였다. 즉, 가정폭력의 상황에 대한 주관적 인지가 중요하며 실제적으로 이를 객관적이고 독특하게 측정할 수 있는 방법이 중요하다고 지적하고 있다(Steinmetz, 1988).

상징에 대한 의미를 소유하고 있는 자원과 관련되어 있기 때문에 상징적 상호작용이론은 자원이론에 따라 의사결정과 행위를 결정하게 된다. 여기서 사회·정서적 자원은 스트레스 부담감, 갈등을 규정하는데 중요한 역할을 한다.

이러한 사회·정서적 자원은 노인을 수발하는 성인자녀에게 똑같이 제공되는 것이 아니라 개인에 따라 다양한 형태를 지니고 있다. 따라서 성인자녀들이 이용할 수 있는 자원이 많으면 많을수록 스트레스와 폭력이 적게 나타남을 알 수 있다.

(3) 교환이론

노부모를 수발하는 행동에는 보상의 잠재적 원천이 깔려 있다(Walker, 1992)는 것이다. 예를 들어 "노부모를 모시는 것은 나의 책임이다", "나의 부모이니까"라는 언급에서 재정적, 사회적·정서적, 육체적 부담은 과중하게 부담되는 비용이지만, 자식의 도리에 대한 충분한 보상이 함께 하는 것이다.

교환이론에 따라 노인과 수발자의 관계는 긍정적이거나 부정적인 결과를 모두 이끌 수 있다. 미묘한 상황에 따라 개인적 교환, 즉 프라이버시, 여가, 노인을 돌보는 인내, 의무감, 재정적 비용이 수발하는 결과와 더불어 다르게 작용하기 때문이다(Steinmetz, 1988).

따라서 대가의 모색 없이 비용이 수발자에게 계속 증가되는 전통적 가족주의의 고수는 노인과 성인자녀 간의 관계에 큰 위기를 낳게 한다는 것이다.

3. 가정폭력의 실태와 문제점

2010년부터 2014년까지 전체 가족폭력 피해자는 12,887명이며 20세 미만은 1.7%, 20~29세는 12.9%, 30~39세는 29.1%, 40~49세는 33.1%, 50~59세는 17.7%, 그리고 60세 이상이 5.7%를 차지하고 있다.

1) 부부폭력

부부폭력은 일반적으로 아내학대, 배우자 학대, 아내구타 등 여러 가지가 사용되고 있다. 부부폭력은 남편에 의한 아내구타, 아내에 의한 남편구타, 남편과 아내 모두 폭력을 행사하는 상호폭력으로 나누어진다. 우리나라 가정에서는 남편에 의해 이루어진 아내폭력 비율이 아내에 의한 남편폭력 비율보다 5배 정도 높아 아내폭력을 지칭하는 것으로 더 많이 알려져 있다.

부부폭력에 관한 김재엽의 연구(1998)에 따르면, 우리나라 전체 가정의 31.4%가 1년에 적어도 한 번은 부부간의 폭력을 경험하는 것으로 나타났다.

부부폭력의 정도는 상대에게 물건을 집어던지거나 밀치거나 손바닥으로 뺨을 때리는 것과 같은 비교적 경미한 폭력에서부터 발이나 주먹으로 구타, 물건(몽둥이, 골프채 등)으로 구타, 칼, 가위, 총으로 위협하는 심각한 수준까지 매우 다양하게 나타났다.

2) 아동학대

아동학대란 18세 미만의 아동에 대한 신체적 · 정신적 상해, 성학대, 착취, 방임 및 학대를 말한다. 캐나다 의학협회는 아동학대는 아동을 보호하거나 관리하는 사람이 아동에게 외적 · 내적 타박상, 화상, 골절, 상처, 뇌손상, 중독과 같은 신체적 손상, 즉각적으로 치료하지 않으면 성장과 발달을 해치거나 그 결과 영구적인 상처가 나타나고 또는 죽음에 이르게 되는 영양실조, 또는 정신적 불건강, 성적희롱으로 규정하고 있다(이용교 역, 1995).

할레린(Halerin)은 부적절한 아동양육을 아동학대라고 하였는데, 이는 신체적 학대, 성적 학대, 신체적 태만, 의료적 태만, 정서적 학대, 정서적 태만, 교육적 태만, 유기 그리고 복합적 영역의 9가지를 포함시켰다(곽영숙 · 홍강의, 1992, 재인용).

3) 노인학대

노인학대는 크게 3가지 범주로 구분하여 정의한다.

(1) 노인 자신의 가정이나 부양자의 가정에서 배우자나 형제자매, 자녀 등 노인과 특별한 관계에 있는 누군가에 의해서 홀대가 이루어지는 가정 내 노인학대
(2) 요양원이나 노인 홈 등의 주거시설에서 노인에게 보호를 제공해야 할 의무를 지닌 유급 부양자나 전문가들에 의해서 행해지는 시설에서의 노인학대
(3) 신체·정신적 손상으로 인해 자신을 돌보는데 필요한 일을 수행하지 못하는 자기방임 또는 자기학대 등이다(Johnson, 1991).

4. 가정폭력에 대한 서비스 현황 및 대책

1) 가정폭력에 대한 서비스 현황과 문제점

(1) 사법적 개입

가정폭력의 심각성에 대한 공감대가 형성되면서 '가정폭력방지 및 피해자 보호 등에 관한 법률'과 '가정폭력범죄의 처벌 등에 관한 특례법'이 1998년 7월부터 시행되었다. 이 법의 제정을 통해 가정폭력이 더 이상 가정 내의 문제가 아니라 가정폭력에 대하여 사회의 적극적인 제도적 개입과 예방이 가능하게 되었다.

이 법안에 따르면 가족 내에서 발생하는 학대에서 가정보호사건을 심리한 결과 일정한 처분이 필요하다고 인정될 때에는 학대행위자에 대해 보호처분을 할 수 있다. 접근 제한, 친권행사 제한, 「보호관찰 등에 관한 법률」에 의한 사회봉사와 수강명령, 보호관찰, 보호시설에 감호위탁 등의 사법적 구속력이 그것이다.

예를 들어, 배우자를 학대한 남성에게 가해진 수강명령처분의 경우, 민간상담기관

에 위탁교육 방식으로 이루어지는데, 교육에 소요되는 경비는 국가나 지방자치단체가 부담하는 것을 원칙으로 '가해자상담교육'을 1주일에 한 번씩 20주 동안 받을 수 있다.

현재 우리나라의 실태는 예산이 전혀 책정되지 않았으므로 학대행위자들은 검찰로부터 위탁교육을 실시하는 민간기관의 상담 프로그램에 참석하여 본인이 실비의 비용을 부담하도록 하고 있다.

피해자에게 내려지는 보호처분으로는, 학대로 인해 신체적 · 정서적 손상을 치료하고 재적응시키기 위한 의료기관에의 치료위탁, 상담소 등에의 상담위탁이 있다.

(2) 상담서비스

① 가정폭력상담서비스

가정폭력상담소는 '가정폭력방지 및 피해자보호 등에 관한 법률'에 의거 설치되었으며, 전국에 전국가정폭력상담소를 205개소(2017.7.11기준)를 운영하고 있다.

가정폭력상담소의 주요기능은 다음과 같다.

첫째, 가정폭력을 신고받거나 이에 관한 상담을 실시하는 일

둘째, 가정폭력으로 인하여 정상적인 가정생활 및 사회생활이 어렵거나 의료기관 또는 가정폭력 피해자 보호시설로 인도하는 일

셋째, 행위자에 대한 고발 등 법률적인 상황에 관한 자문을 얻기 위하여 관련 기관에 협조와 지원을 요청하는 일

넷째, 경찰서 등으로부터 인도받은 피해자를 임시 보호하는 일

다섯째, 가정폭력의 예방 및 방지에 관한 홍보, 기타 가정폭력 및 피해에 관한 조사 · 연구 등이다.

② 긴급전화운영

노인, 여성, 아동에 대해 가해지는 학대 발생 시의 긴급전화로서, 1366(가정폭력, 성폭력), 1391(아동학대), 1388(청소년보호), 1922(노인 학대) 등이 있다. 이 외에 민간단체에

의해 운영되는 노인의 전화, 여성의 전화, 아동학대예방 전화 등의 상담센터들도 있다.

이 중 '여성1366'은 폭력피해자 등을 위한 긴급전화 상담서비스로 1998년 1월 1일 개통되어 2017년 현재 전국 18개 권역에 144개소가 설치되어 있으며 '한국여성의 전화 연합'에 의탁하여 운영하고 있다.

여성1366은 여성폭력 상담창구가 다원화되어 있어 적절한 안내를 받지 못하는 문제점을 해결하기 위하여 요보호여성이 언제라도 전화를 통하여 안내와 상담을 할 수 있도록 전국적으로 통일된 전화번호를 확보하여 전화 권역별로 365일 24시간 운영하도록 만들어졌다.

③ 가정폭력 피해자 보호시설 서비스

가정폭력피해자 보호시설은 2006년 현재 '쉼터'를 비롯하여 전국에 57개소가 설치운영 중에 있으며, 나머지는 민간단체에서 소규모로 이루어지고 있다.

보호시설은 보호 중인 가정폭력 피해자 위주의 상담업무, 피해자를 일시 보호하는 일, 피해자의 신체적·정신적 안정, 가정 복귀를 돕는 일 등을 한다. 입소대상은 가정폭력 피해자나 가족구성원으로 제한하고 있으며, 보호기간은 3일 이내(필요하다고 인정하는 경우 7일 이내로 연장가능)이며, 일시 보호는 원칙적으로 2개월 이내로 하고 있다.

④ 의료서비스

가정폭력 피해자에 대한 의료적 서비스로는 국민건강보험법에 의무적으로 적용대상이 되며, 진료비는 본인부담능력이 없는 경우에만 국고에서 보조된다. 또한 80병상 이상의 종합병원에서는 사회사업실의 운영이 의무화되어 있다.

의료기관으로서는 국공립병원과 보건소, 민간병원이 있는데 '성폭력특별법'과 '가정폭력피해자보호법'에는 성폭력 피해여성의 경우 지정병원을, 가정폭력 피해여성의 경우는 피해자나 상담소, 피해자 보호시설에서 요청할 때 적절한 치료보호를 제공하도록 명시하고 있다.

2) 가정폭력 서비스의 개선방안

(1) 법적 · 제도적 개선

현행 가정폭력법은 형사처벌을 보호처분으로 대체하고 있으나 가해자의 특성상 형사처벌을 하는 경우에도 치료와 상담은 필요하기 때문에 형사처벌과 보호처분을 동시에 병행할 수 있는 제도적 장치가 필요하다. 특히 가해자의 폭력 습성을 치료하기 위하여 현행법의 보호처분 내용에 가해자를 효과적으로 치료할 수 있는 프로그램이 포함되어야 한다.

또한 가정폭력 신고의무 규정의 정비가 필요하다. 가정폭력특례법 제4조 제2항에 아동교육기관장, 노인치료기관장, 노인복지시설장, 아동복지시설장, 장애인복지시설장 등은 가정폭력범죄를 알게 된 경우에는 정당한 사유가 없는 한 이를 즉시 신고하여야 한다고 규정하고 있다. 그러나 신고의무는 부여하나 그 위반에 대한 제재는 규정하지 않고 있어 신고의무가 강제적이지 못하다. 따라서 신고 불이행 처벌조항도 마련되어야 한다.

(2) 가정폭력 상담서비스의 개선

① 가정폭력 전문가 교육 강화

가정폭력에 효과적으로 대응하기 위해서는 각 전문가 집단의 적극적인 참여와 협조가 필요하다. 따라서 가정폭력 상담기관 종사자뿐만 아니라 검 · 경찰, 교사, 의료기관 종사자 등 가정폭력 관련 전문가들을 대상으로 한 교육이 지속적으로 이루어져야 한다.

즉, 가정폭력은 범죄이며 사회문제라는 인식을 고취시키는 노력을 확대해야 한다. 특히 가정폭력 담당자의 전문성을 높이기 위해서는 가정폭력 담당자의 전문교육과 지속적인 보수교육을 의무화시키고, 상담원자격시험제도 도입과 보수교육의 등급화, 등급별 교육자료의 개발이 이루어져야 한다(여성부, 2013).

② 보호시설 확충

가정폭력 상담소, 쉼터, 피해자 및 가해자를 위한 보호시설, 위탁보호가정, 기타 사회서비스 시설 등을 양적으로 늘리고 이에 대한 정부의 지원도 증액되어야 한다. 또한 피해자 보호시설의 보호기간을 탄력적으로 운영할 수 있어야 한다. 피해자 보호시설은 법에 의해 2개월로 되어 있으며, 특별히 기간 연장이 필요한 경우 3개월까지만 가능하다.

그러나 3개월의 기간으로는 가정폭력 피해자가 안정을 되찾고 가정폭력에 대응하기에는 불충분하다고 할 수 있다. 따라서 피해자 자활기간 정도에 따라 장·단기로 구분하여 실시하고, 이들을 위한 자활 프로그램의 내용도 강화하여야 한다.

③ 사회·심리적 지원체계 구축

가정폭력의 피해자들은 신속하고 지속적이며 포괄적인 서비스를 받지 못한 채 좌절을 경험한다고 지적한다. 예를 들어 폭행을 당한 직후에는 폭행 진상을 소상하게 말하지만, 직접 법정에서 남편이나, 폭력 부모에 대해 진술하는 것은 매우 어려운 결심을 필요로 하며 심리적으로 혼란에 빠지기도 한다. 또한 법 집행과정에 대한 지식의 부족으로 제대로 대응하지 못하는 경우도 있다.

따라서 피해자에게 필요한 서비스를 제공하기 위해 가정폭력 관련 기관 간의 연계를 통해 도움을 줄 수 있어야 한다. 이를 위해서는 지역사회 내에서 가정폭력 서비스를 제공하는 기관들을 중심으로 공식적인 통합적 서비스 연계체계를 구축하여야 한다.

[참고자료]

가정폭력방지 및 피해자 보호 등의 법률에 관한 주요내용

- 모든 국민은 건전한 가정과 가족제도를 유지, 발전시키도록 노력하여야 하며, 국가와 지방자지단체는 가정폭력의 예방을 위하여 노력을 기울여야 한다.
- 가정폭력을 알게 된 자는 누구든지 이를 신고 할 수 있다.
- 가정폭력 사건의 피해자 또는 폭력행위자가 아닌 법정 대리인은 폭력 행위자를 고소 또는 고발할 수 있다.
- 가정폭력 사건 신고를 받은 경찰서에서는 즉시 출동하여 제반 조치를 취한다.
- 법원은 피해자의 보호 또는 사건의 조사 및 심의를 위하여 필요하다고 인정한 때에는 피해자의 산정에 의하여 결정으로서 폭력 행위자에 임시 퇴거법 명령 또는 피해자 접근금지령을 내릴 수 있으며, 그 밖에 보호 관찰에 의한 사회봉사, 수료명령, 감호위탁, 치료위탁, 상담위탁을 할 수 있다.
- 가정보호 사건의 조사와 처분결정은 특별한 사유가 없는 한 2개월 이내에 종료하도록 한다.
- 국가 또는 지방자치단체는 국가 폭력 상담소를 설치 운영할 수 있으며, 국가 또는 지방자치단체는 민간단체로 하여금 이 사업을 대행하게 할 수 있다.
- 국가 또는 지방자치단체를 상담소 또는 보호시설의 설치, 운영에 소요되는 경비를 보조하도록 한다.

가정폭력방지의 시행 후 나타난 문제점과 대안

• 문제점

– 112신고 접수 후 늦게 출동. 또는 출동하지 않는 사례 다수
– 출동한 후에도 적극적으로 행위자를 제지하지 않고 여전히 가정의 일이라고 하며 법으로 해결해 주려는 노력을 하지 않음
– 경찰들이 오히려 기존의 가부장적인 사고에 기초하여 행위자를 일방적으로 옹호하는 현상이 많음
– 피해자들을 대하는 경찰관들의 태도가 위압적이고 문책을 받는 듯한 태도 여전히 개선되지 않음
– 피해자의 명확한 의사표현이 있음에도 가정보호사건보다 형사사건으로 처리함
– 사건접수 후 조사과정의 지연으로 인한 피해자의 공포감 가중
– 행위자를 벌금형으로 처벌함으로써 피해자에게 돌아오는 가중피해
– 신고자의 신분이 노출되어 불이익을 당함
– 법 자체의 인지도는 높으나 자신의 문제로 다가왔을 때는 활용 못함
– 가정폭력피해자녀의 전학처리 시 일선기관의 이해부족 문제
– 행위자의 상담/치료/사회봉사명령 후에 집행의 확인 없음

• 대 안

– 신고 접수 후 출동한 경찰관들의 적극적인 자세 훈련
– 출동일지의 꼼꼼한 처리여부 감독
– 경찰 · 검찰의 '가정폭력방지법'에 관한 교육내용 속에 피해자 조사 시의 피해자 심리 이해 부분을 보충하고 고압적인 수사 분위기를 개선
– 벌금형의 처벌에 따른 피해자의 부담을 덜어주는 방안으로 '임시조치(제29조)', '보호처분'(제40조)을 적극적으로 활용하는 방안모색
– 가정폭력의 경우 피해자와 행위자가 한 공간에 살고 있으므로 신고에도 지속될 폭력을 우려하여 빠른 처리에 힘써야 함
  → 이를 위해 진행된 사건의 처리기간에 대한 분석과 감찰을 경/검찰 내부에서 실시한다.
– 신고자에 대한 비밀보장에 대한 내부지침 수립
– 가정폭력근절을 위한 정부 차원의 의식개선운동이 요구된다.
– 초 · 중 · 고등학교 및 교육청에 교육법시행령(제21조 제3항. 제74조 제5항)을 적용한

가정폭력피해자녀 전학처리에 관한 홍보가 필요하다.

– 상담, 치료, 사회봉사 명령 후 수탁기관의 집행 여부를 확인해야 하며 행위자에 대한 치료 프로그램의 개발과 행위자의 상담 시 피해자의 상담이 병행되는 것이 필요하다.

가정폭력상담소 및 자격 취득에 관한 법률안

• 가정폭력상담소의 설치, 운영 : 가정폭력방지 및 피해자 보호 등에 관한 법률 제5조

– 국가 또는 지방자치단체

– 국가 또는 지방자치단체외의 자가 상담소를 설치 · 운영하고자 할 때에 는 시 · 도지사(※ 법 시행령 제7조에 의해 시장 · 군수 · 구청장에게 위임)에게 신고

• 가정폭력상담소의 설치기준 : 가정폭력방지 및 피해자보호 등에 법률시행규칙 제3조 [별표 1]

– 상담소에는 상담내용이 노출되지 아니하고 자연스러운 분위기에서 상담할 수 있는 상담실을 갖추어야 함

– 임시보호업무를 수행하고자 하는 상담소는 피해자의 숙식에 필요한 시설을 갖추어야 함

• 가정폭력상담소 종사자 : 가정폭력방지 및 피해자보호 등에 관한 법률 시행규칙 제3조 [별표 1]

– 상담소에는 상담소장 · 상담원 등 상담 및 임시보호에 필요한 직원을 두어야 하며, 상담소장이 상담원의 자격을 갖춘 경우에는 상담원을 겸할 수 있음

– 가정폭력상담소 종사자의 자격 : 가정폭력방지 및 피해자 보호 등에 관한 법률 시행규칙 제3조 [별표 1]

가. 일반기준

다음의 1에 해당하는 자는 상담소장 및 상담원이 될 수 없음.

(1) 금치산자 또는 한정치산자

(2) 파산자로서 복권되지 아니한 자

(3) 금고이상의 형의 선고를 받고 그 집행이 종료되지 아니하였거나 집행을 받지 아니하기로 확정되지 아니한 자

나. 상담원

상담원은 다음의 1에 해당하는 자로서 국가 또는 지방자치단체, 대학 또는 전문대학,

사화복지법인 · 법률구조법인 등 비영리법인이 개설 · 운영하는 소정의 가정폭력관련 상담원 교육과정을 수료한 자로 함. 다만, 고등교육법에 의한 대학 또는 전문대학에서 상담원의 교육과목의 일부를 이수한 경우에는 동 교육과목의 이수를 면제할 수 있음.

(1) 고등교육법에 의한 대학 또는 전문대학을 졸업한 자

(2) 사회복지 사업법에 의한 사회복지사의 자격을 가진 자

(3) 사회복지시설 및 사회복지단체의 임직원으로 3년 이상 근무한 경력(단순 노무자로 근무한 경력을 제외 한다)이 있는 자

(4) 대통령령 제5조 각호의 1에 해당하는 상담소에서 상담원으로 근무한 경력이 있는 자 또는 상담원이 아닌 직원으로 3년 이상 근무한 경력(단순노무자로 근무한 경력을 제외한다)이 있는 자

(5) 가정 복지 기타 사회복지 행정 분야의 공무원으로 3년 이상 근무한 경력이 있는 자

• 가정폭력상담소의 업무 : 가정폭력방지 및 피해자 보호 등에 관한 법률 제6조
  - 가정폭력을 신고 받거나 이에 관한 상담에 응하는 일
  - 가정폭력으로 인하여 정상적인 가정생활 및 사회생활이 어렵거나 기타 긴급히 보호를 필요로 하는 피해자에 대한 임시보호를 하거나 의료기관 또는 가정폭력피해자보호시설로의 인도
  - 행위자에 대한 고발 등 법률적 시행에 관한 자문을 얻기 위한 대한변호사협회 또는 지방변호사회 및 대한법률구조공단 등에 필요한 협조와 지원의 요청
  - 경찰관서 등으로부터 인도받은 피해자의 임시보호
  - 가정폭력의 예방 및 방지에 관한 홍보
  - 기타 가정폭력 및 피해에 관한 조사 · 연구

여성부, 법령자료실, 2004.

제 12 장

다문화가족

이 장의 내용

다문화가족이란 무엇인가? 우리나라는 "국내거주 외국인 백만 명 시대"를 맞이한 지가 오래 되었다. 서울 시내 거리를 다니거나 명동이나 동대문을 가고 서울 대공원이나 에버랜드를 가도 이제는 외국인들이 많이 눈에 띄고 서울 대학로나 동인천 차이나 타운이나 외국인 집단 거주 지역 또는 외국인 거리도 20여 군데가 넘는다. 나라별로도 중국, 필리핀, 베트남, 인도네시아, 스리랑카, 방글라데시, 태국 등 다국화되어지고 있다.

한국사회와 서구사회가 공유하는 다문화주의의 등장원인으로는 세계화, 저출산, 고령화 현상이 결정적 요인이라 할 수 있다. 또한 세계인구의 구조적 불균형과 가난한 국가에서 잘 사는 국가로의 노동력 이주 등의 영향이라고 볼 수 있다.

한국사회에서의 다문화주의는 2000년대에 들어서서 본격적으로 가시화되기 시작하였으며, 세계화와 저출산, 고령화 현상 이외에 또 다른 한국적 현상이 작용하였다. 그 이유로는 농촌 총각의 문제이다. 20세기 말 세계화와 한국사회의 산업구조 변화 그리고 농촌이 도시와 비교하여 상대적으로 낙후 되었다. 또한 서비스와 금융 산업이 농촌 여성들을 도시로 끌어들인 결과이기도

하다. 이 결과로 농촌 총각들이 결혼 적령기에 결혼을 할 수 없어 신부를 구하러 외국 원정에 나가게 된 것이 다문화사회로 급속하게 변화하게 된 것이다.

다문화가정의 증가와 더불어 이혼, 재혼, 사회 부적응 문제, 우리 문화에 대한 인식이나 수용문제, 언어문제, 다문화가정의 2세들의 정체성 혼란과 더불어 사회부적응 문제가 대두되고 있다.

이제는 외국인을 남의 나라 사람이라고 치부하기에는 너무 많은 영역에서 다양한 문제들이 분포되어 있어서 사회문제로 다루지 않으면 안 되게 되었다.

다문화가족이란 「다문화가족지원법」 제2조를 근거로 하고 있으며, 결혼이민자(한국인과 결혼한 외국인) 또는 귀화자가 포함된 가족을 말한다. 이때 다문화가족이란 이혼·사별한 결혼이민자와 자녀로 이루어진 가족, 한국인 사이에서 태어났으나 부모 중 한 명이 외국인(귀화자 포함)과 재혼한 경우도 다문화가족에 포함된다. 단, 북한이탈주민은 다문화가족에 포함되지 않는다.

따라서 이 장에서는 다문화가족의 이해, 다문화가족의 형성 및 유형, 다문화가족의 증가요인과 현황, 다문화가족의 지원정책과 문제를 파악한 다음 다문화가족의 문제해결과 발전방안을 제시하는데 중점을 두었다.

1. 다문화가족의 이해

1) 다문화가족의 개념

전에는 국제결혼, 이중문화가정 등으로 불리던 국제결혼가족을 불과 몇 년 전부터 '다문화가족'이라고 불리고 있다. 이렇듯 다문화가족이라는 용어는 국제결혼이라는 용어가 내포한 내국인 간의 결혼과 외국인과의 결혼으로 구분하는데 국적에 따른 차별성 대신 한 가족 내에 다양한 문화가 공존하고 있다는 의미로 해석할 수 있다. 다문화가족은 한국인 남성과 결혼한 외국여성가족, 한국인 여성과 결혼한 외국남성가족, 외국인 가족(노동자, 유학생)을 포함한다. 더불어 다른 피부색을 가진 사람들을 '혼열아'로 불리던 한국인과 외국 가족의 자녀들에게 대해서도 다문화가족의 자녀로 부르게 되었다.

한국사회에서 다문화(多文化)의 정의는 한 사회 안에 여러 민족이나 여러 국가의 문화가 혼재하는 것을 이르는 말이다. 또한 다문화사회는 여러 인종이나 민족으로 구성되어 있는 사회를 말한다. 다문화주의는 구성원 차원에서의 다양성, 문화 존중과 인정에 관한 의미로서 사용, 집단 내 소수자의 문화 및 권리 존중의 의미로 사용한다. 다문화사회는 여러 인종이나 민족으로 구성되어 있는 사회를 말한다.

다문화가족은 한국 내에서 배우자의 한쪽이 대한민국이 아닌 다른 문화권 출신으로 이루어진 가정을 의미하고 있음을 말하고 있다(유도원, 2011).

다문화가족이란? 서로 다른 국적 · 인종 · 문화를 지닌 사람들로 구성된 가족이다. "다문화가족"이라는 용어는 2003년 30여개 시민단체로 구성된 건강가정시민연대가 기존의 혼혈아, 국제결혼, 이중문화가족 등 차별적 용어 대신 "다문화가족"으로 대체하자고 권장하면서 널리 사용되기 시작하였다.

다문화가정은 국제결혼을 전제로 한다. 국제결혼은 "국적을 달리하는 남녀가 결혼하는 일"을 말하며, 다문화가정은 "문화가 다른, 또는 다양한 문화를 가진 가족들로 구성된 가족"을 뜻한다.

외국에서 다문화가정이란 그 나라 사람들이 아닌 다른 나라 사람들로 이루어진 가정을 뜻하는데, 한국에서는 한국인과 외국인이 결혼해서 이루어진 가정을 지칭하고 있으며 특별히 한국인 남성과 외국인 여성의 결혼으로 이루어진 가정을 염두에 두고 있다.

「다문화가족지원법」이 2008년 최초로 제정되어 지금껏 실시되어 오고 있다. 국회 법제사법위원회 박주민 더불어 민주당 의원(서울 은평갑)은 다문화가정 자녀들에 대한 따돌림을 방지하고, 다문화가족에 대한 아동·청소년들의 이해를 높이기 위한 교육을 실시하도록 하는 '다문화가족지원법' 개정 법안이 국회 본회를 2017년 통과했다. 이 법은 다문화가족 구성원이 안정적인 가족생활을 영위하고 사회구성원으로서의 역할과 책임을 다할 수 있도록 함으로써 이들의 삶의 질 향상과 사회통합에 이바지함을 목적으로 한다.

따라서 다문화가정은 한국인 남성과 결혼한 외국인 여성가족과 한국인 여성과 결혼한 외국인 남성가족이 자녀와 함께 한국 내에서 법적 혈연관계를 맺고 거주하는 가정의 형태를 말한다.

2) 다문화사회운동

한국사회는 90연대 초부터 최근까지 이주민(이주노동자, 국제결혼여성, 다문화가족 2세, 새터민, 새터민 청소년 등)이 늘어나면서부터 각 국가별로 당하는 인권과 노동권의 문제뿐만 아니라 지구 시장화, 세계화의 흐름에서 나타나는 가장 약한 약자의 권익에 대한 배려로 '더불어 함께 살아가는 상생의 문화, 경제'로 다문화사회에 대한 관심이 증가하게 되었다.

다문화사회운동은 '빈곤의 여성화', '이주의 여성화'로 표현되듯 세계시장의 가장 약한 여성과 유목사회에서 떠돌고 있는 이주노동의 문제일 뿐만 아니라 한 사회를 유지하고 지탱해 왔던 그 사회의 가치와 태도, 관습, 문화에 대한 근본적 질문이다. 다문화사회운동은 현상치유의 운동으로서 갖는 시급성뿐만 아니라 사회를 형성, 유지하는 문화적 컨텍스트의 문제로 한 사회의 가치와 문화를 새롭게 설계해 가는 운동이 되었다.

한국사회는 이주민에 대해 통제와 수단의 시각으로, 다른 한편으로는 노동권과 인권, 여성권 보호의 관점에서 논의가 진행되어 왔고, 근본적으로 다양성을 전제한 '다문화주의', '다문화사회'에 대한 진단과 연구는 부족한 실정이었다. 이에 대해 일부 '지구시민권' 등 새로운 개념 형성이 나타나기도 했지만 이에 대한 담론이나 해석이 부족했다.

다문화사회는 지역사회 구성원의 인식 전환과 다문화에 대한 경험이 필요하다. 그러나 아직 인권 복지적 차원의 긴급서비스를 제외하고 구체적인 시민사회의 참여활동 프로그램이나 지역사회의 다문화 평화문화형성을 위한 실천과제는 부족한 실정이었다. 지역사회 삶의 터전인 공간단위 마을이 국가와 민족 단위를 넘어 다양한 인종과 문화, 그리고 서로 다른 배경을 가진 사람들이 함께 어울리며 살아가는 다문화지역사회를 위한 소통, 연대의 공동체적 마을을 만들어 가기 위한 운동이 필요했다.

3) 다문화가족의 배경

2000년대에 들어서면서 본격적으로 가시화되기 시작하여 세계화와 저출산 고령화로 서비스와 금융산업이 농촌 여성들을 도시로 끌어들인 결과이기도 하다. 20세기 말 세계화와 한국사회의 산업구조 변화 그리고 농촌이 도시와 비교하여 상대적으로 낙후되었다. 이 결과로 농촌 총각들이 결혼 적령기에 결혼을 할 수 없어 신부를 구하러 외국 원정에 나서게 된 것이 다문화사회로 급속하게 변화하게 된 것이다. 또한 한국인들의 전통적인 유교문화의 탓도 무시할 수 없다. 가족중심의 사회에서 가족을 그 어떤 것보다 중요시하고 자식을 낳아 대를 잇는 것은 중요한 가치관이었다. 그러나 한국 농촌사회에서 신부감을 구하기 매우 어려운 현실이었다. 가족을 이루고 자식을 낳기 위해 외국에서라도 신부를 구하여 결혼하기 시작한 것이 다문화가족 형성이 급속하게 확대된 배경이 된 것이다.

이렇게 국제결혼이 이루어지는 배경을 보면 외국인 여성의 한국으로의 결혼이주는 1980년부터 통일교를 통한 일본 여성과의 국제결혼에서 시작되었다. 1992년 이후 중국 동포와 중국 한족의 결혼이주가 활발해졌으며, 1990년 말부터 베트남과 구소련 등 외국인 아내의 국적도 다양해졌다. 1990년 약 690명 가량의 일본 여성들이 통일교의 결혼시스템을 통해서 본격적으로 한국에 들어오기 시작했고, 1995년부터는 '한국농촌총각 구제' 명목하에 중국동포 여성들이 대거 한국남성과 결혼해서 한국에 오게 되었다. 2003년 7월 1일 한국–중국의 양해각서 폐지로 양국이 혼인신고를 할 수 있도록 제도를 변경한 후 중국인과 국제결혼이 빠르게 증가하였다. 이후 필리핀, 태국, 몽골 등으로 확대되다가 2000년 이후 베트남과 구 소련계, 캄보디아로 확대되어졌다.

국가별로 추진하는 세계화는 한국사회에도 많은 변화를 가져오고 있다. 우리나라는 2015년 통계청 자료에 따르면 국제결혼인구는 주민등록인구의 2.67%이다. 또한 2013년 기준 국제결혼은 총 26,948건으로 한국인 남성과 외국여성의 혼인율이 5.67%에 달하는 것으로 나타나고 있다.

4) 한국인의 다문화가족에 대한 인식

한국인의 다문화가족에 대한 인식은 결코 긍정적이라고 할 수 없다. 한국인의 마음속에는 순수 혈통의 민족 개념이 자리 잡고 있으므로 '보통 한국인'과 다른 다문화가족 성원은 한국사회에서 쉽게 수용되지 않았다.

모든 인간은 타인과 '다른 점'을 근거로 자신의 정체성을 형성하므로 쉽게 수용되어진다는 것은 쉽지는 않지만 그 방향이 존중 또는 존경과는 거리가 먼 것은 부인할 수 없는 현실이다. 즉, 단일 민족과 순수혈통을 강조하는 한국사회에서 다문화가족의 성원들은 차별 대우의 피해자가 될 수밖에 없었다.

정부는 2006년 정부 차원의 총괄추진체계를 마련하는 차원에서 탈법적인 결혼중개 방지 및 국제결혼 당사자 보호, 가정폭력피해자 등의 안정적 체류지원 및 보호 강화, 결혼이민자의 한국사회 조기 적응 및 정착지원, 업무 책임자 교육 등을 그 핵심으로 하는 결혼이민자 지원 대책을 발표하였다. 그 후 결혼이민자는 배우자의 귀책사유로 이혼했더라도 국내에서 합법적으로 체류할 수 있고, 또 별도 허가절차 없이 자유롭게 취업하며 국내에서 생활할 수 있다. 결혼이민자는 국적취득 전이라도 18세 미만 아동을 양육하는 경우, 국민기초생활보장법, 긴급복지지원법, 모부자복지법에 의하여 생계, 의료, 주거 등의 지원혜택을 받을 수 있다.

2. 다문화가족의 형성 및 유형

1950~1970년대의 6.25전쟁으로 인한 국제결혼은 한국에 주둔한 미군 병사 남성과 한국인 여성의 결혼이 주류를 이루었다. 그들은 미군 기지촌 주변에서 가정을 꾸려 생활하거나, 본국으로 귀환하는 가장을 따라 미국으로 이주하였다. 미국의 풋볼 영웅 하인즈 워드의 가족이 이 유형에 속한다.

한국의 경제력이 신장된 1980년대 이후에는 외국인의 국내 유입과 한국인의 해외 진출이 증가하였고, 그 과정에서 외국인 남성 전문직 종사자와 한국인 여성의 결혼이 새로운 유형으로 등장하였다.

1980년 말, 이른바 '북방정책'을 통해 중국, 소련과의 교류가 시작되었고, 그 후 1990년대 초 국내에서 '농촌총각 장가보내기 운동'의 일환으로 국제결혼을 추진하면서, 한국인 남성과 외국인 여성의 결혼유형이 그 반대 유형보다 더 많아지게 되었다.

이러한 추세는 현재에도 지속되고 있으며 특히 2002년 이후 국제결혼이 급증하고 있다. 수많은 국제결혼중개업체들이 활동하고 있기 때문에 앞으로도 계속될 것이다.

1980년대 말부터 국내로 들어온 이주노동자들이 한국인과 결혼한 사례도 발견되고 있으며, 그 유형은 한국인 여성과 외국인 남성의 국제결혼이 주류를 차지한다.

3. 다문화가족의 증가요인과 현황

1) 국제결혼의 증가요인

국제결혼이 증가하고 있는 한국의 사회적 배경을 보면 과거 남아선호사상에 따른 여아와 남아의 성비 불균형(100:106), 즉 편중된 성 비례로 인해 결혼하지 못하는 남성의 수요가 급증하고 있기 때문이다. 물론 결혼하지 않고 혼자 사는 여성이 증가하고 있다(과거에는 결혼이 필수이었으나 지금은 선택사항으로 취업이나 전문직 여성들의 결혼기피 현상으로 결혼을 하지 못하는 남성계층들이 증가했기 때문).

한국여성의 결혼조건을 충족시키지 못하는 남성들이 결혼을 대안으로 저개발국의 여성을 선택하는 경우가 증가하고 있다(한국의 양극화로 인해 한국여성과 결혼하기 힘든 남성계층이 생겨나고 저출산·고령화, 농촌의 비폐화로 국제결혼이 하나의 대안으로 제시되고 있다. 여기에는 농촌에서 살기를 기피하는 한국 여성의 가치관이 작용함).

정보화, 세계화에 따라 국제결혼에 대한 인식과 가치관이 바뀌고 있기 때문이다(옛날에는 타 국민과 결혼이 이상하다고 생각하였지만 글로벌 시대의 흐름에 따라 국제결혼도 대세로 변화되고 있기 때문).

저임금 외국인 노동자의 고용정책으로 외국인의 한국으로의 이주가 많아졌고, 주변국 여성이 결혼을 통한 한국 이주를 빈곤에서의 탈출로 생각한다(가족의 가난을 해결하고 부모와 형제자매를 살리기 위한 결혼).

국제결혼중매업체들의 적극적인 상술과 노총각 구제 차원의 국제결혼을 독려하는 사회적 분위기가 맞물려 국제결혼의 증가 배경이 되고 있다(국제결혼중매업체들의 프로젝트를 통한 결혼을 전문적으로 성사시키고 있기 때문).

2) 국제결혼의 현황

국제결혼은 한국사회의 국제적 지위 향상, 세계화 및 외국과의 빈번한 교류, 인터넷의 발달로 인한 정보공유의 확산 등으로 국내·외 인구이동이 급격히 증가하고 있는 한편, 저출산·고령화와 혼인 수급의 불균형 등으로 외국인과 결혼하는 국제결혼이 〈표 12-1〉과 같이 변화하고 있다.

2007년부터 2011년까지 해마다 약 3만 건 이상이 증가하고 있었으나 2012년부터 연속하여 감소 추세를 보이고 있다. 2015년 11월 기준 행정자치부 외국인 주민현황조사에 따르면 결혼이민자, 혼인귀화자, 기타사유 국적취득자 등 295천명이다.

〈표 12-1〉 연도별 결혼이민자 및 인지 · 귀화자 현황

(단위: 천명)

연도	계			결혼이민자			혼인귀화자			기타사유 국적취득자		
	계	남	여	계	남	여	계	남	여	계	남	여
2015. 11월	295	57	238	145	25	120	93	10	83	57	21	36
2015. 1월	305	52	253	147	22	125	92	4	88	66	25	41
2014	295	49	247	150	22	128	90	4	86	56	23	33
2013	281	45	2365	148	21	127	84	4	80	50	20	30
2012	268	42	225	144	19	125	76	4	72	47	19	28
2011	253	40	213	142	19	123	70	4	66	41	17	24
2010	222	34	187	125	16	109	57	4	53	40	15	25
2009	199	31	168	126	16	110	41	2	39	32	13	19
2008	168	26	142	103	14	89	42	3	39	24	10	14
2007	142	22	120	88	12	76	39	3	36	15	7	8

출처 : 행정자치부 외국인주면현황조사, 2015

※ '15년 통계 기준 변경 : 조사시점이 1.1일자에서 11.1일자로 변경, 등록센서스 방식으로 조사, 조사시점 기준 전후 3개월 중 91일 이상 해외 체류자는 제외 다문화가족지원법 개정('11.4.4개정, '11.10.5시행)으로 인해 2012년부터는 혼인귀화자 외에 기타사유 국적취득자(인지 · 귀화)도 다문화가족에 포함

• 다문화가족지원법 제2조(정의)

1. "다문화가족"이란 다음 각 목의 어느 하나에 해당하는 가족을 말한다.
   가. 「재한외국인 처우 기본법」 제2조 제3호의 결혼이민자와 「국적법」 제2조부터 제4조까지의 규정에 따라 대한민국 국적을 취득한 자로 이루어진 가족
   나. 「국적법」 제3조 및 제4조에 따라 대한민국 국적을 취득한 자와 같은 법 제2조부터 제4조까지의 규정에 따라 대한민국 국적을 취득한 자로 이루어진 가족

지역별로 결혼이민자수는 〈표 12-2〉와 같이 경기도가 8만 6천명이고, 서울이 6만 8천명으로 52%를 차지하고 있으며, 세종시와 제주시가 인원수가 3천명 이내로 작게 분포되어 있다. 또한 다문화가족의 자녀의 수는 198천명으로 앞으로 많은 관심을 가지고 접근해야 할 부분이다.

〈표 12-2〉 지역별 결혼이민자 및 인지 · 귀화자 현황

(단위: 천명)

연도	계			결혼이민자			혼인귀화자			기타사유 국적취득자			다문화가족 자녀 수		
	계	남	여	계	남	여	계	남	여	계	남	여	계	남	여
계	295	57	238	145	25	120	93	10	83	57	21	36	198	101	97
서울	68	20	48	28	8	20	20	4	16	20	8	12	30	15	15
부산	11	1	10	7	1	6	3	0	3	1	0	1	9	5	4
대구	8	1	7	5	1	4	2	0	2	1	0	1	6	3	3
인천	19	4	15	9	2	7	6	1	5	4	2	2	12	6	6
광주	6	1	5	3	0	3	2	0	2	1	0	1	5	3	2

연도	계			결혼이민자			혼인귀화자			기타사유 국적취득자			다문화가족 자녀 수		
	계	남	여	계	남	여	계	남	여	계	남	여	계	남	여
대전	6	1	5	3	0	3	2	1	1	1	0	1	4	2	2
울산	6	1	5	3	0	3	2	0	2	1	0	1	4	2	2
세종	1	0.1	0.9	0.5	0	0.5	0.2	0	0.2	0.1	0	0.2	0.7	0.4	0.3
경기	86	20	66	39	8	31	28	4	24	19	8	11	50	25	25
강원	7	1	6	3	0	3	2	0	2	1	0	1	6	3	3
충북	9	1	8	5	1	4	3	0	3	1	0	1	7	4	3
충남	14	2	12	8	1	7	4	0	4	2	1	1	11	6	5
전북	10	1	9	6	1	5	4	0	4	1	0	1	10	5	5
전남	12	1	11	6	0	6	4	0	4	1	0	1	12	6	6
경북	13	1	12	7	0	7	4	0	4	1	0	1	12	6	6
경남	17	2	15	9	1	8	6	0	6	2	0	2	14	7	7
제주	3	0	3	2	0	2	1	0	1	0	0	0	3	2	1

출처 : 행정자치부 외국인주면현황조사, 2015

국적별 결혼이민자 및 인지·귀화자는 한국계 중국인이 6만명으로 절반을 차지하고, 다음이 중국과 베트남이 그 다음으로 많은 결혼이민자 및 인지·귀화자가 많은 나라가 된다.

〈표 12-3〉 국적별 결혼이민자 및 인지·귀화자 현황

(단위: 천명)

국적	2007	2008	2009	2010	2011	2012	2013	2014	2015(1월)	2015(11월)
합계	142	168	199	221	252	267	281	295	305	295
중국(한국계)	60	71	78	88	89	98	101	103	98	103
중국	34	39	54	60	70	66	68	72	81	60
베트남	16	21	31	35	42	48	52	56	59	62
필리핀	7	8,	10	11	12	14	15	16	17	18

일본	7	7	6	6	11	12	12	13	13	11
캄보 디아	–	–	–	3	4	5	6	6	6	7
몽골	2	2	3	3	3	3	3	3	3	3
태국	2	2	2	2	3	3	3	3	3	3
미국	1	2	2	2	3	3	3	3	3	5
러시아	1	2	1	1	2	2	2	2	2	2
대만	6	4	1	2	2	2	3	3	3	4
기타	7	10	12	9	12	12	13	14	16	15

출처 : 행정자치부 외국인주민현황조사, 2015
※ 캄보디아의 경우 '09년 이전에는 '기타'에 포함

시도별 결혼이민자 및 인지·귀화자 현황은 17개 시·도의 2007년부터 2015년 11월까지 결혼이민자와 귀화자 인구 수를 보여주는 표는 다음 〈표 12-4〉와 같다. 국적별 결혼이민자 및 인지 귀화자 현황 : 한국계중국, 중국, 베트남, 필리핀, 일본, 캄보디아, 몽골, 태국, 미국, 러시아, 대만, 기타 국가의 2007년부터 2015년 11월까지 결혼이민자와 귀화자 인구 수를 보여주는 표이다.

지역별 결혼이민자 및 인지 귀화자 현황 : 17개 시·도의 결혼이민자, 혼인귀화자, 기타사유 국적취득자의 인구수와 다문화가족 자녀수의 합계를 보여주고 있으며, 각각 남, 여 인구수를 확인할 수 있는 표이다.

연도별 결혼이민자 및 인지 귀화자 현황 : 2007년부터 2015년 11월까지의 결혼이민자, 혼인귀화자, 기타사유 국적취득자 인구수를 보여주고 있으며, 각각 합계와 남, 여 인구수를 확인할 수 있다.

〈표 12-4〉 시도별 결혼이민자 및 인지·귀화자 현황

(단위: 천명)

시도	2007	2008	2009	2010	2011	2012	2013	2014	2015(1월)	2015(11월)
합계	142	168	199	222	253	268	281	296	305	295
서울	46	49	57	63	70	70	71	74	75	68
부산	7	8	8	8	10	10	11	12	12	11
대구	4	5	5	6	6	7	7	8	8	8
인천	8	10	12	13	15	16	17	18	19	19
광주	3	3	3	4	4	5	5	5	6	6
대전	3	3	4	4	5	5	5	6	6	6
울산	2	3	3	4	4	5	5	5	6	6
세종	–	–	–	–	–	–	1	1	1	1
경기	35	47	54	61	71	77	82	86	89,877	86
강원	3	4	4	5	6	6	6	7	6,697	7
충북	4	4	5	6	7	7	8	8	8,736	9
충남	5	61	9	10	11	12	13	13	14,019	14
전북	4	5	7	7	9	9	10	10	10,291	10
전남	5	6	7	8	9	10	11	11	11,316	12
경북	6	7	8	9	10	11	12	13	13,045	13
경남	6	8	10	11	13	14	15	16	16,836	17
제주	1	1	2	2	2	2	3	3	3,275	3

출처 : 행정자치부 외국인주민현황조사, 2015

국제결혼 방식은 친구나 친척의 소개방식(중국 동포와 중국 한족), 직접 만남 방식(중국 한족, 몽골 여성), 종교단체를 통한 방식(일본, 필리핀, 태국 여성), 결혼중개업체를 통한 방식(캄보디아, 베트남, 몽골 및 구소련 여성) 등이 있다. 결혼중개업체를 통해서 만나는 경우는 캄보디아, 베트남 여성이 주로 이루어지고 있고, 종교기관은 일본 여성이 많다. 그리고 스스로 만나서 결혼한 경우는 북미, 호주, 서유럽의 경우로 나타난다.

3) 다문화가족의 현실

(1) 자국민과 차등 없는 외국의 다문화가족 지원

선진사회의 다문화가족 지원정책은 대상별로 특화되어 있다. 영국, 프랑스, 독일, 캐나다, 오스트레일리아 등에서 결혼이민자는 수백 시간에 걸친 언어교육과 사회적응교육을 의무적으로 이수해야 한다. 교육비는 전액 국가가 부담한다. 미국, 일본을 비롯한 선진국에서 합법적으로 체류하는 이주노동자 가족은 그 나라 국민과 차등 없는 사회복지혜택을 받고 있다. 미국, 캐나다 등에서는 '적극적 차별 시정조치' 프로그램을 통해 혼혈인과 소수민족에 대한 차별 없애기 위해 적극적으로 노력하고 있다. 영국, 프랑스 등은 동성애자 가족에 대해 일반 가족과 동등한 복지혜택을 제공하고 있다. 선진사회와 비교하면, 한국의 다문화가족 지원정책은 걸음마 수준에 불과하다. 결혼이민자 대상 한국어 교육, 부부교육, 문화체험 등은 아직 시범사업 수준이고, 전체 결혼이민자를 고려하면 그 범위가 매우 좁다. 이주노동자와 혼혈인 및 동성애자 가족 지원정책은 아예 비교가 불가능한 수준이다.

(2) 다양한 사회구성원이 되도록 인식, 제도 정비 시급

다문화가족의 성원들이 한국사회의 구성원으로 제자리를 잡을 수 있도록 체계를 정립하고 착실히 실천하는 게 필요하다. 이민정책의 근간이 될 '재한 외국인 처우 기본법'을 시급히 제정하여야 한다. 그리고 결혼이민자, 이주노동자, 혼혈인 및 가능하다면 동성애자 가족을 위한 지원할 수 있는 법률을 만들어야 한다.

국회에서 논의되고 있는 「'이주민가족에 대한 보호와 지원 등에 관한 법률」, 「혼혈인 및 혼혈인 가족지원에 관한 법률」, 「다문화가족지원법」을 입법 및 개정해나가고 있다. 또 「건강가정기본법」, 「가족정책기본법」 등을 시대에 맞추어 개정해서 다양한 가족에 대한 지원이 가능하도록 제도를 정비해 나가야 한다. 제도 정비와 아울러 한국사회에서 살고 있는 모든 이들의 실천이 있어야만 다문화가족 성원들이 한국사회의 구성원으로 당당히 살 수 있을 것이다.

4. 다문화가족의 지원정책과 문제

1) 다문화가족을 위한 지원정책

(1) 보건복지부의 지원정책

① 저소득 다문화가정을 대상으로 임신 및 출산 관련 산전·산후 돌봄 서비스와 영·유아 보육료 지원사업을 실시하고 있다.

② 다문화가족의 자녀가 자신의 소질과 적성에 근거한 역량을 개발할 수 있도록 여러 가지 지원을 하고 있다.

(2) 교육과학기술부의 지원정책

① 저소득 다문화가족 아동을 대상으로 해당 계층에 따라 교육비를 지원하고 있다.

② 보육시설에 다니지 않는 아동을 대상으로 부모의 희망에 따라 희망 교육사가 가정으로 방문하여 교육하도록 하고 있다.

③ 여성가족부의 지원정책

④ 다문화가족지원센터를 두어 가족 교육, 상담, 다양한 정보 제공, 문화 프로그램 등의 서비스를 제공한다.

⑤ 집합 교육에 참석하기 어려운 가족을 대상으로 방문 교육 지도사를 파견하여 한국어 교육 지도와 아동 양육 지도를 지원하고 있다.

2) 다문화가족의 문제

(1) 문화적인 적응의 문제

국제결혼가정은 한국인 배우자의 가부장 문화의 여성결혼이민자의 양성평등문화가 충돌을 일으킨다. 한국인 남편이 아시아 여성배우자에게 기대하는 것은 동등한 반려자라기보다는 시부모를 봉양하는 며느리, 아내, 성적 파트너, 자녀 출산과 육아

등의 가부장적 성역할이다. 여성결혼이민자의 경우, 구 사회주의권 나라 출신이거나 모권제 유습을 지닌 출신으로 한국보다 비교적 양성평등적인 가족구조와 가족문화를 갖고 있다. 결혼이민자를 한국 가부장문화에 길들이는 것이 아니라 오히려 한국가족문화를 결혼이주여성이 갖고 있는 양성평등적인 문화로 변화시켜야 한다. 이 같은 문화적 차이에 따른 갈등도 매우 중요한 문제 중의 하나이다. 그리고 의식주 생활과 관련한 생활방식의 차이, 가족관계, 성 역할 등에 관한 문화와 의식의 차이로 인한 오해와 갈등이 증폭될 수 있다.

(2) 의사소통 문제

결혼이민자가 겪는 가장 큰 어려움 중의 하나는 언어문제다. 여성결혼이민자들이 한국어를 모르는 것은 단순히 불편함을 넘어 생존의 문제와 직결된 것이기에 '한국어 교육'은 한국생활 적응은 물론 인권을 보호하기 위해서도 일차적인 과제다. 그럼에도 불구하고 접근성의 문제, 가족의 인식 부족, 임신과 출산, 자녀양육과 노부모 돌봄, 가사 또는 생계를 위한 취업 등으로 인해 교육의 기회를 박탈당하는 경우가 많다. 국제결혼부부가 경험하는 가장 큰 어려움 중의 하나는 언어와 의사소통의 문제이다. 특히 중개를 통하여 결혼한 부부의 경우 기본적 의사소통조차 거의 이루어지지 않는 경우가 많았는데 요즈음은 아예 언어 소통능력이 있는 사람만을 입국시킨다고 하니 의사소통의 문제도 해결되어 갈 것이다.

(3) 빈곤과 취약한 사회복지서비스의 문제

관련 연구에 따르면 국제결혼가족의 52.9%가 최저생계비 이하의 소득을 가지고 있으며, 특히 18세 미만의 아동이 있는 가구의 경우 절대 빈곤율은 57.7%이다. 그러나 기초생활수급자는 17.3%에 불과하고 국제결혼이주여성의 23.6%가 의료보험에 가입되어 있지 않았다. 또 국제결혼이주여성의 18%가 치료비 부담과 의료서비스 시설 접근성 제약으로 병원치료를 포기한 적이 있는 것으로 나타났다. 국민기초생활보장법의 수급권 대상이나 긴급복지지원법의 수혜대상으로 한국국적을 취득한 결혼이민자와 미성년 자녀를 양육하고 있는 결혼이민자로 한정되어 있어, 미성년 자녀가 없는 영주권자는 실질적 복지지원 혜택에서 제외되어 있다. 여성결혼이민자 72.8%가 직업훈련 참여를 희망하고 있으나, 참여 경험자는 10.4%에 불과하다. 국제결혼의 기간이 경과할수록 다문화가족의 자녀수도 증가하고 자녀들의 연령도 높아져서 이에 따른 어려움도 제기되고 있으며, 다문화가족의 자녀수는 만 6세 이하가 59.6%, 만 7~14세 이하가 26.6%로 나타나 경제적 부담은 더할 것으로 보인다.

(4) 취약한 자녀양육환경 문제

국제결혼이주여성의 평균 자녀수는 한국사회의 평균보다 높은 것으로 알려져 있다. 그러나 미취학자녀를 보육시설이나 유치원에 보내는 비율은 한구사회의 평균보다 매우 떨어지는 것으로 나타난다. 또한 국제결혼이주여성이 한국어에 능통하지 않은 관계로 일부이기는 하지만 미취학 자녀의 언어발달 수준이 떨어지기도 하고, 학령기 자녀의 학습지도나 학교생활지도에 어려움을 많이 겪고 있다. 국제결혼부부의 자녀는 어머니가 외국인이라는 이유나 외모상의 차이로 집단 따돌림을 경험하기도 한다.

(5) 법적 신분 불안과 불이익 문제

1997년 국적법 개정 이후로 국제결혼이주여성은 한국인 남성과 결혼하면 방문동거비자(F-2)를 받으며, 2년 동안 결혼생활을 유지하며 체류하면 한국 국적을 취득할 수 있는 간이귀하(혼인귀하) 자격이 주어진다. 그러나 체류기간 연장허가를 받기 위해서는 원칙적으로 한국인 남편을 동반해야 되고 신원보증을 받아야 한다. 물론 반드시 배우자가 동행해야 한다는 의무조항은 없어졌지만, 아직도 여전히 일선 출입국사무소에서는 배우자 동행을 요구한다. 또 체류기간 동안 배우자의 귀책사유를 입증하지 못할 경우 이혼 시 국적취득이 불가능하다(결혼이주여성을 통제하는 수단으로 악용). 국제결혼이주여성은 한국 물정에 어둡고 언어소통이 원활하지 못한 관계로 이혼과정에서 배우자 귀책사유를 입증하는 것이 매우 어려워 불리한 경우가 많다.

(6) 사회적 편견과 차별 문제

개발도상국 출신의 결혼이주여성에 대한 무시나 편견은 가족구성원만이 아니라 이웃과 많은 한국인에 의해서 이루어지고 있다. 생활방식이나 사고방식의 차이로 인한 상황을 국제결혼이주여성의 가족이 못 사는 나라 출신이므로 문화적으로 열등하고 머리가 나쁘다는 근거 없는 무시와 구박을 하기도 한다.

(7) 모성보호와 육아의 양육환경 문제

결혼이주여성들의 경우 대부분 초산인 경우가 많고 이국땅에서 적절하게 산전·산후 돌봄을 받기가 어렵다. 또한 아기를 낳고 길러 본 경험이 없기 때문에 육아의 어려움을 겪으며, 자녀들이 자라 학교에 들어갈 경우 교육에 대한 문제에 여러 어려움을 겪는다. 현재 초·중·고등학교에 다니는 국제결혼가정 자녀는 계속 증가하고 있다.

(8) 빈부의 차별과 인격적인 문제

국제이주여성은 무조건 돈을 위해 한국에 온 사람이라고 생각하거나 도망을 갈 것이라는 생각, 일방적으로 불쌍한 사람이라는 인식을 하고 그에 근거하여 국제결혼이주여성의 행동을 해석하기도 한다. 이러한 편견은 국제결혼이주여성에게 국한되는 것이 아니라 한국인 남편에게도 존재한다. '오죽했으면, 외국인과 결혼하겠는가?'와 같은 인식은 국제결혼부부의 자존감을 저하시킨다. 이러한 편견으로 인하여 국제결혼가족이 외국인 배우자를 맞이 했다는 사실을 숨기거나 부정하는 경우도 있다.

(9) 이혼에 따른 가족해체의 문제

한국 여성과 외국인 남성, 외국인 여성과 한국 남성 이혼 추이를 [그림 12-1]에서 보면 한국 남자와 외국 여자와의 이혼은 2011년 8천 3백건, 외국 남성과 한국 여성의 이혼이 2010년 3천 2백명으로 나타났다. 1996년 한국 남자와 외국 여자와의 이혼은 1천 5백건, 외국 남성과 한국 여성의 이혼이 1백명에 비하여 증가했으나 2016년은 오히려 줄어들어 한국 남자와 외국 여자와의 이혼은 5천 6백건, 외국 남성과 한국 여성의 이혼이 2천 1백 명으로 줄어들고 있다. 따라서 이혼을 하고 난 뒤에 남성이든 여성이든 케어와 안정이 필요한데 다문화가정의 이혼 역시도 일반가족들처럼 가족해체와 더불어 일탈과 방황, 심리적·정신적인 고통을 받고 있다. 이혼 증가 원인으로는 결혼방식이 신랑이 모든 비용을 대고 한국보다 어려운 나라에서 신부를 데리고 오는 방식으로 인한 "문화와 성격차이, 경제적 갈등, 언어로 인한 의사소통 부재, 또는 가정폭력" 등을 주요 원인으로 들고 있다. 결혼이주여성을 위한 정책세미나나 조사에 의하면 여성결혼이민자의 이혼사유 1위가 부부갈등, 2위가 가정폭력, 3위가 밝히지 않음, 4위가 고부갈등, 5위가 기타로 나타났다.

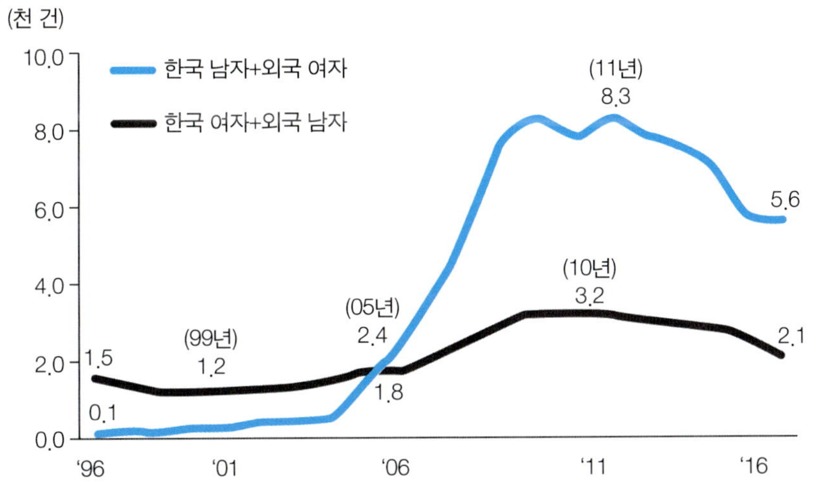

출처: 통계청 자료, 2016

[그림 12-1] **외국인과의 이혼 건수 추이**(1996~2016)

(10) 가정폭력 문제

2009년 여성가족부가 행한 가정폭력 경험 비율은 47.7%로 한국의 일반가정 40.3%보다 높게 나타나고 있다. 가정폭력의 유형 발생률을 보면 39.1%(경한 폭력 5.3%, 중한 폭력 16.9%, 복합 폭력16.9%), 경제적 폭력 12.2%, 방임 20.7%, 성 학대 15.7%로 나타났다.

결혼이주여성들이 겪는 인권침해는 남편과 가족의 상습적인 구타와 폭언, 성적 학대, 상품취급하거나 무시하는 인격모독, 도저히 결혼생활을 유지할 수 없을 정도인 사기결혼에 가까운 남편의 알코올중독, 정신지체 행태, 생활비를 주지 않거나 취업을 시켜놓고 그 돈을 갈취하는 취업 착취 등이다.

5. 다문화가족의 발전방향

여성가족부가 "활기찬 다문화가족", "함께하는 사회"를 비전으로 제시한 내용을 위주로 정리하였다.

1) 소득수준, 거주기간 등을 고려, 다문화가족에 대한 합리적 지원 추진

(1) 평등한 가족문화 구축 및 가족서비스 강화

(2) 다문화가족 자녀 취학 및 학교생활 지원, 다문화 이해 제고 중점 추진

(3) 신규 입국자에게는 사회통합서비스를, 일정기간 경과 시는 취업 등 자립기반 강화

(4) 정책 추진체계 강화 및 다문화가족지원센터 등 서비스 전달체계 효율화

(5) 주요 국제결혼 상대국과의 협력강화를 통해 제도적 사각지대 개선 및 인권침해 예방

2) 건강한 가족문화가 정착될 수 있도록 쌍방향 언어 및 문화 이해 제고

(1) 상대방의 문화 · 제도 이해 제고

(2) 쌍방향 문화교류 확대 및 사회적 지지 환경 조성

3) 특별한 서비스보다 보편적 서비스에 대한 접근성 제고

(1) 일반가족과 동일한 보편적 서비스 제공

(2) 서비스 접근성에서 제외 부분 점검 및 적극적 안내

4) 한국어 능력 향상, 학교정보 제공, 입학 전 적응 등 지원

(1) 한국어 교실 상시 운영, 참여환경 개선

(2) 학교에 대한 입학에서 졸업까지의 전반적인 과정 안내

(3) 입학 전 · 후의 준비과정 및 각종 활동 안내

5) 결혼이민자의 직업훈련 및 취업 활성화

(1) 결혼이민자 일자리 확대

(2) 직업훈련 지원 및 결혼이민자 역량 개발

(3) 사회참여 확대

6) 일반국민의 다문화 이해 제고 및 다양한 인종 · 문화를 존중하는 사회문화 조성

(1) 인종 · 문화 등 차별에 대한 법 · 제도적 대응방안 마련

(2) 다양한 인종 · 문화를 인정하는 사회문화 조성

(3) 대상별 다문화 이해 교육 실시

(4) 학교에서의 다문화 이해 제고

(5) 다문화가족 구성원의 입영에 따른 병영환경 조성

7) 주요 상대국, 관련부터 등과의 협조체제 강화 및 서비스 전달 체계의 효율화

(1) 다문화가족 지원대상 확대 및 지원의 제고

(2) 다문화가족정책 총괄 추진력 강화

(3) 국가 간 협력체계 구축

제 5 부

가족복지의 미래

제 13 장

가족복지의 전망과 과제

이 장의 내용

사회복지의 기초이자 결론이 가족복지에 있다고 본다. 가족의 모든 문제를 해결하는 것이 복지를 해결하는 것이고 가족이 삶에서 만족하고 행복하다면 그것은 곧 복지의 해결이다. 발달된 산업사회에서 핵가족이 이상적이고 운명적인 가족형태라고 과연 말할 수 있을까? 오늘날 가족이 실제로 해체되는가? 혹은 또 하나의 새로운 형태로 변화하는가? 가족은 존속시킬 가치가 없는가? 가족의 미래란 있는가? 미래가 실현가능한가? 그것은 과연 현재의 가족문제를 해결할 수 있는가? 이러한 의문들을 해결해 줄 만한 미래의 가족에 대한 대안으로서 새로운 가족유형들을 알아보고자 한다.

가족복지를 전망할 때 가족의 미래는 불확실하지만 어떠한 형태로든지 지구상에 인류는 존재하면서 가족이라는 범주를 벗어날 수 없다. 따라서 가정은 인간 존재의 가치를 함양하고 인간 존재의 궁극적 의미를 부여해 줄 수 있는 기능을 가지고 살아갈 것이다. 따라서 가족은 존속할 것이며 또한 존속되어야 가치가 있다. 만일 우리가 아무런 대책 없이 가족의 변화를 고려하지 않고 대비하지 않는다면 향후 전자가족 등 다양한 형태의 가족관계 때문에 결국 가족의 미래를 예측하고 대응할 수 없게 되어 커다란 혼란을 경험하게 될 것이다.

따라서 이 장에서는 다양한 가족생활 유형, 가족복지 전망과 과제, 미래 가족구조의 전망, 그리고 가족복지의 과제에 대하여 기록하였다.

1. 다양한 가족생활 유형

1) 미래 가족구조의 다양화

(1) 독신자(singlehood)

우리나라는 과거로부터 결혼하지 않은 남녀가 죽으면 가장 무서운 귀신이 된다는 독신 금기 사회였다. 그러나 결혼중심의 우리 사회에 존재하는 독신에 대한 부정적 이미지와 고정관념에도 불구하고 독신의 삶을 선택하는 사람의 수는 계속해서 증가하고 있다. 산업화 이후 뚜렷한 증가추세를 보이고 있는 가족형태 중의 하나는 1인 가족의 증가이다.

독신을 선택하는 사람들이 증가하면서 독신자들의 혹은 독신자들을 위한 온라인, 오프라인 모임들이 생겨나고 있는데 인터넷 동호회 업체인 '다음'에는 싱글을 주제로 한 동호회가 69개나 개설되어 있다. 소포장 식품, 독신생활 가이드나 1인용 밥솥, 핸디 청소기, 1~2인용 커피메이커처럼 독신을 겨냥한 '개전(個電)제품'까지 나타나고 있으며 독신자들을 위해 기본가구와 가전제품이 미리 설치되어 있는 furnished 형태의 독신자형 원룸주택이 인기를 모으고 있다. 개인주의와 여성의 경제적 독립의 증가, 도시화의 경향이 계속될 미래의 사회에서 독신자는 계속 증가할 것으로 보인다.

(2) 자발적 무자녀 가족(voluntary childlessness family)

다양한 사회에서 자발적으로 무자녀를 선택한 결혼은 첫째, 결혼하기 전에 부모의 역할을 하지 않겠다고 약속하는 경우가 있고, 둘째는 자녀를 가지는 것을 연기하다가 무자녀 가족으로 남게 되는 경우가 있다.

하우스넥트(Houseknecht, 1981)는 자발적 무자녀 가족을 결심하는 데에 영향을 주는 중요한 요인들로 교육, 노동력 참여, 직업 참여, 자치권, 준거단체의 지지 등을 꼽았으며, 교환이론적 측면에서 무자녀 여성의 경우 무자녀로 인한 보상을 받게 되는데 그것을 ① 자녀의 양육과 관련된 경제적 비용의 회피, ② 직업 참여에서 얻어지는 경제적 보수 증가, ③ 직업 참여로 수반되는 여러 가지 보상의 증가, ④ 개인주의 사상의 증가로 지적하고 있다.

이러한 과정을 거쳐서 자발적으로 선택해서 무자녀가 된 결혼일지라도 사회적 압력이나 편견에 대한 방어로서, 또는 미래의 안정된 결혼생활을 위하여, 때로는 양자의 가능성에 대해서 고려해 볼 수 있다. 그러나 이런 경우 그들 자신이 아이를 입양해서 그들의 생활유형을 실제로 바꿀 가능성은 높지 않다. 다만 입양한다는 태도 표현을 통하여 부모가 되어진듯한 상징적인 가치를 가지는데 그치는 경우가 많다. 즉, 자신들도 아이를 키울 수 있다고 믿음으로써 부모 됨과 비부모 됨의 심리적 차이의 가능성을 부인한다. 그럼으로써 스스로 정상상태임을 재단언하는 효과가 있다. 또한, 무자녀 부인들은 그 독특함이나 소외된 감정으로 무자녀에 대한 지지 관념을 확고히 하기 위하여 때로는 부모를 위한 조직체를 만들기도 한다(김태현, 1986).

무자녀 가족은 이제까지 딩크(D1NK: Double Income No Kid)로 인식되어 왔다. 1980년대 후반 미국에서 만들어진 용어인 딩크족은 남녀가 맞벌이로 돈을 벌면서 아이를 갖지 않는 커플을 말한다. 주로 남녀 모두 고소득 직종에 종사하면서 경제적으로 부유하게 살기 원하고 아이란 경제적으로나 정신적으로 걸림돌이 되는 존재로 여겨 낳지 않으려는 이들이다(주간한국, 2001.4.25).

(3) 한부모가족(single parent family)

이혼, 별거 및 미혼모의 증가로 자녀만 데리고 사는 여성이 증가하고 있으며, 편부도 소수이긴 하지만 증가하고 있다. 특히 서구사회에서 1967년 서독에서 처음으로 채택한 쌍방 무책임 이혼(no-fault divorce)이 확대되고 여성의 직장생활이 증가함에 따라 이러한 가족형태는 급속히 늘어나고 있다.

우리나라의 경우 한부모가족은 1985년 9.7%, 1990년 8.7%, 1995년 8.6%, 2000년 7.9%, 2005년 8.6%, 2010년 9.2%, 2011년 9.3%, 2014년 18.4%로 나타나고 있으며, 이 중 부자가족이 20%, 모자가족이 80%를 차지하고 있어 모자가족이 부자가족보다 약 4배 많은 것으로 나타났다(통계청, 1996, 2003).

편부모가족은 이상적 가족에 대한 대중의 이미지로 인해 고통을 받고 있으므로 이러한 고정적인 이미지를 변화시키려는 노력이 필요하다. 즉, 정부 정책이나 교육 및 다른 정책에서 폭넓은 이해와 변화가 있어야 한다. 즉, 편부모를 정상적이고 사회적으로 지속될 모습으로 간주하기 위해서는 우선 이를 보는 관점에 많은 변화가 있어야겠다. 편모가정의 자녀에 대한 연구에 있어서 다음과 같이 우리의 관점을 변화시키는데 도움을 줄 수 있는 중요한 점이 지적되고 있다.

① 아동은 고질적인 갈등이 비교적 적고 애정적인 가정에서는 정상적으로 발달할 수 있다.

② 아동은 한쪽 부모가 수행할 수 없는 과제의 일부를 수행함으로써 책임감과 권리를 얻게 된다.

③ 초기에 어머니는 억압적으로 되고 아동은 공격적이 되지만 외부의 지원을 받게 되면 이런 것은 점차 변화된다.

④ 가족원 간의 상호 의존성이 증가한다.

한편 편부모의 자생 집단(self-generated groups)의 출현으로 그들은 이 집단을 통해서 서로 경험을 나누고 그들이 겪는 고독감을 완화시키며 자존감을 강화시키는 수단을 제공받을 수 있어야 한다. 이러한 과정에서 대부분의 한쪽 부모의 자녀나 양쪽 부모의 자녀를 포함하여 보다 큰 부모체계를 이루기 위해 편부모 체계를 변경시켜야 한다.

(4) 계부모가족(step-parent family)

계부모가족이란 2명의 성인과 그들 중 한쪽 혹은 양쪽에서 나온 자녀들로 이루어진 다양한 유형의 가족을 말하는데, 2012년 남자 51.1천건, 여자 56.5천건으로 여자 재혼이 급속히 늘었다. 1994년까지는 남자의 재혼건수가 여성보다 높게 나타나고 있다. 또 여성재혼–남성초혼의 비율이 1991년 2.5%에서 2000년 4.9%로 2배 가까이 상승한 반면, 남성재혼–여성초혼은 3.5%로 10년 전과 같다. 여성의 재혼건수가 높아지고, 연하남이나 초혼남과 재혼하는 비율도 높아지는 등 재혼의 양상이 많이 달라지고 있다.

계부모가족은 다음과 같은 특징을 가지고 있다.

① 가족은 처음부터 부부 두 사람으로 시작하지 않고 과거의 배우자와의 관계에서 이미 이루어진 부모–자녀관계에서 출발한다.
② 한 사람 또는 두 사람의 친부모가 계부모가족에 영향을 준다.
③ 자녀는 두 가정의 성원으로서 기능하기도 한다.
④ 가족은 복잡하고 확장된 가족관계망을 갖는다.
⑤ 계부모가족에 영향을 주는 친부모, 즉 이전의 배우자와 관련된 강력한 삼각관계가 존재한다.
⑥ 계부모와 의붓 자녀 간에는 법적 관계가 없다.

(5) 수정확대가족 또는 수정핵가족(modified extended family or modified nuclear family)

서스맨(Sussman), 깁슨(Gibson), 리트(Litwak) 등은 현대사회의 전형적인 가족구조로서 핵가족 대신 수정확대가족, 친족망과 같은 개념을 제안하고 더 나아가서 부부나 친족관계의 결속이라기보다는 구성원 상호 간의 정서적 유대가 강조되는 "친밀한 환경으로서의 가구"를 주장하며 이러한 형태가 현대 가족의 고립을 피할 수 있다고 주장한다(Skolnick, 1983).

수정확대가족은 부모, 자녀 가족이 각기 별개의 가구를 마련하지만, 근거리에 살면서 실제로는 한 집과 같은 왕래와 협조를 하며 사는 것을 의미한다. 이 방식들은 절충적인 방법으로서, 양측의 프라이버시를 비교적 방해하지 않고 자녀에게 큰 부담을 주지 않으면서 친밀한 유대를 이룩하고자 하는 것이다. 그러나 우리나라에서는 시가 근처에 거주하면서 시부모의 간섭과 영향을 받아야 하는 가부장제 특성이 앞으로도 상당기간 잔류할 것으로 보이므로 이를 극복하기 위해서는 자녀와 부모세대의 경제적, 정신적 독립이 우선되어야 한다고 본다.

수정핵가족은 외형상으로는 한 울타리 안에 거주하지만 내용적으로는 안채, 바깥채, 혹은 위층, 아래층 또는 같은 집에 살아도 한 끼는 다같이, 아침식사는 각각 등 어느 정도 피차간에 프라이버시를 유지하며 동거하는 방식이다. 3세대 가족구조가 현대 산업화사회에 적합한 가족의 기능을 수행할 수 있고 안정된 가족관계를 가질 수 있도록 가족의 구조, 기능 및 관계의 상호역동성이 충분히 연구되면 우리 사회에 정착될 수 있는 좋은 모델이 될 수 있을 것이다.

(6) 4세대 가족

가족구조 형태는 앞으로 3세대 가족에서 4세대 가족으로 전환하게 된다. 만일 노인을 가족이 부양하는 현존제도가 앞으로 그대로 존속된다면, 40대의 직장인은 실제로 60대의 부모와 80대의 조부모 등 4인의 노인을 모셔야 하고, 밑으로는 고등학교,

대학교에 재학하는 자녀양육에 소요되는 비용을 동시에 부담해야 하는 책임이 있다.

이러한 가족 구성 형태에서는 80대의 조부모는 소득원을 상실한 지 20년이 넘고, 60대 부모 역시 이미 정년퇴직을 하고 자녀에게 의존하고 있는 상태이다. 4세대 가족, 즉 8인으로 구성되는 이러한 가족 형태에서 소득이 있는 사람은 40대의 장년인 손자뿐이다. 자유경제체제 아래에서의 임금구조는 가족을 부양하기에 적합하도록 책정되어 있는 관계이므로, 한 명의 봉급생활자가 위로 4명의 고령자를 부양, 책임진다는 것은 가계지출 면에서도 문제가 된다. 4세대 가족에서는 40대의 며느리가 60대 부모와 80대 조부모의 취사, 몸시중, 병간호 등의 일도 겸해야 한다. 80대 노인 중에는 중풍, 노망 등으로 대소변을 받아내야 하는 경우도 적지 않다. 4세대 가족에서는 주거문제도 있다. 이러한 가족 구성 형태에서도 방 4개가 있는 주택이 필요한데 봉급생활자들의 능력으로는 주택구입비의 문제가 뒤따른다.

따라서 앞으로의 사회에서 노후생활을 해야 할 노년층은 노후를 스스로 책임지든가 사회 부양에 의존하는 비중이 높아질 수밖에 없고, 그렇게 하기 위해서는 해당자 모두가 미래 생활에 대처해 나가기 위한 사전 준비, 사전계획을 소홀히 할 수 없을 것으로 본다.

2) 가족기능의 다양화

고도 산업사회가 출현하기까지 가족은 경제적, 교육적, 종교적, 오락적, 보호적인 여러 기능을 갖고 있었으나, 현대 가족은 재화나 의류의 생산은 가정 밖에서, 때로는 식사까지도 외식으로 해결한다든가, 교육은 학교나 학원, 오락은 영화, 텔레비전, 보호기능은 사회복지기관, 보험회사, 경찰, 병원에 의해 대행되고 있다. 이러한 가족의 기능적인 면의 변화는 몇몇 다양한 가족형태를 초래할 수 있다.

19세기 사회학자들은 공동체를 재발견하고 사회에서 가장 소중한 것들인 사랑, 헌신, 우정, 협동, 유대 등이 공동체로부터 산출된다는 것을 밝혔으며 미래사회가 공동체적 사회로 건설되어야 한다는 전망을 확고히 정립해 주었다(정해은, 1992). 1840년대에 최초의 공동체적 가족은 유토피아적 사회주의 가족을 실험한 미국의 존 험프라 노이즈(John Humphrey Noyes)가 창시한 오네이더(Oneida) 공동체이였다(Schulz, 1982).

공동체 운동이 필요하게 된 이유는 다음과 같다.

① 세대 간의 문제는 젊은 세대가 기존질서(기존세대)를 배격하고 그 대신 새로운 질서, 새로운 사회를 동경하면서 현실사회에 대한 대안으로 새로운 공동체를 만들어 보자는 심각한 고민이 제기되었다.

② 가부장적 권위주의가 자녀의 인격이나 인권을 침해하고 자유를 박탈하고 있으며, 부부관계에 있어서도 서로가 서로에게 사랑을 빙자해서 소유하고 있다.

③ 가족은 생산과 소비의 공동단위가 되어야만 여성이 참여의식을 가질 수 있으나 핵가족에서 여성은 생산에서 소외당하고 있다. 가사노동은 여성을 중심으로 할 것이 아니라 공적 분야(지역사회)를 중심으로 의 · 식 · 주의 소비생활이 이루어져야만 여성이 가사노동에서 해방되어 생산에 참여할 수 있다. 특히 미혼모의 증가로 편모가족이 증가하므로 이를 위한 공동체의 필요성을 가지게 되었다.

④ 놀이와 일의 가치문제는 19세기 유토피아론자는 육체적인 노동은 인간의 창조적인 삶 그 자체라고 묘사하고 있다. 그러나 현대 자본주의사회는 소득 자체에만 더 매달리게 되어 오락과 휴식 등 건전한 놀이가 없다. 공동체 생활에서는 취미가 비슷한 사람끼리 모여 참여할 수 있으므로 놀이도 일만큼 중요해질 수 있다.

⑤ 정체감의 문제는 분화, 경쟁적, 전문화된 사회에서 개인은 자기가 맡은 일이 부분적인 기능밖에 수행하지 못함을 알기 때문에 자아정체감이 뚜렷하지 못하다. 그러므로 확고하고 뚜렷한 공동체 멤버로서 소속감, 이해 타산적이 아닌 자연스런 사랑과 존경이 필요하게 되었다.

⑥ 인간 혁명의 문제는 비대해진 관료조직, 권력제도 앞에서 무기력한 인간을 어

떻게 새롭게 만들 수 있는가? 창의력과 새로운 의욕을 어떻게 소생시킬 수 있는가? 하는 물음은 인간혁명의 필요성을 야기시켰다.

이러한 여섯 가지의 이유로 등장한 초기 공동체는 피난처와 희망이라는 유토피아적 신념을 가지고 유토피아적 갈망을 성취하기 위해 모인 형태였다.

공동체가족으로서 들꽃 피는 마을은 부모로부터 버림받은 어린이들이 소규모그룹으로 나뉘어 생활하는 공동체로서, 45명의 어린이와 청소년들이 경기 안산시, 충북 진천군, 전북 장수군 등의 열 가구에 나뉘어 함께 생활하고 있다(한국일보, 2001. 1. 2). 이와 같이 가족적 역할을 보충해 주는 공동체가족이 많이 생겨나고 있으며, 그 외에도 다양한 목적을 위한 공동체가족이 형성되어 있다.

공동체의 성격에 따라 다섯 가지 유형, 즉 가족모임 공동체, 합동가족 공동체, 협동조합 공동체, 이웃사랑 공동체, 사회변혁 공동체로 나누어진다. 가족이기주의에서 벗어나 이웃가족과의 관계를 회복하여 건강한 가족을 이루고, 사회 전반에 관심을 가지자는 취지의 모임의 '가족모임 공동체'로 대표적으로는 〈좋은 아버지가 되려는 사람들의 모임〉, 〈한부모 모임〉등이 있다.

3) 가족 합법성의 다양화

가족은 결혼이라는 합법적 절차를 거쳐서 성립되는 형식적 제도이다. 현대에 이르러 가족의 성립에 있어 합법성을 부여하는 기준이 어느 정도 융통성을 가져야 하는가에 대해 논란이 제기되는 동거가족, 독신부모가족 및 동성애가족이 증가하고 있다.

(1) 동거가족(cohabitation)

동거가족은 결혼식의 여부에 상관없이 법적인 혼인신고가 되어 있지 않은 가족으로 흔히 '사실혼'이라고 한다. 이러한 동거는 결혼하지 않은 남녀가 같은 주거지에서 함께 생활을 하는 것으로 법적인 절차와 같은 복잡함이나, 상대의 가족이나 자녀에 대한 책임감과 같은 구속을 원하지 않고 단순히 두 사람만의 관계를 원하는 사람들(주로 젊은 세대들)이 선택하는 삶의 유형이다. 동거는 미래에 결혼을 하기 위한 준비의 과정이나 시험결혼의 과정일 수도 있고, 전통적인 결혼을 대신하는 영구적인 형태일 수도 있다.

유럽인에게 있어서 동거는 시험결혼의 성격을 띠나 정상결혼의 유형으로 나타나고 있는데, 스웨덴에서는 함께 사는 부부의 75%가 동거부부이며, 자녀의 55% 이상이 법적으로 결혼하지 않은 부모를 가지고 있는 것으로 보고된다. 혼전동거가 보편화된 프랑스에서는 결혼하는 100명 중에서 87명이 동거를 경험한 것으로 나타나고 있는데, 동거가 보편화되면서 1999년 '모든 형태의 동거커플에게' 결혼한 부부와 똑같은 사회적·법적 세제상의 복지혜택을 보장하는, 결혼도 동거도 아닌 새로운 제도인 시민연대협약(PACS)법안이 통과되었다(이기숙 외, 2002). 즉, 결혼도 동거도 아닌 '제3의 길'과 같은 이른바 '연대민권계약', 줄여서 '팍스'(PACS)라고 부르는 제도이다. 프랑스에서는 남녀(또는 동성커플)가 동반자 관계를 맺는데 있어 결혼과 동거 외에 '팍스'라는 또 다른 방법이 있다. '서류화된 계약결혼'쯤으로 번역될 팍스는 결혼과 동거의 중간 형태인데, 결혼보다는 책임이 덜 따르고 동거보다는 강한 유대를 형성하는 게 특징이다.

우리나라에서도 젊은이들 사이에서 '살아보고 결혼하는 것이 합리적'이라는 시각이 증가하면서 동거에 대해 긍정적인 견해가 확산되는 추세이다. 전국의 20~50대 성인 600명에게 '동거에 대한 실태와 의식'을 조사한 결과 응답자의 9%가 동거경험이 있으며 58%는 혼전 동거가 가능하다고 답했고, 특히 20대는 72%, 30대는 66%가 혼전 동거에 찬성하는 것으로 나타났다(동아일보, 1999.11.14).

동거기간이나 관계 특성 등에 따라 동거의 유형을 몇 개로 나누어 볼 수 있다.

① 일시적인 편의에 의한 동거가 있다. 이것은 단순히 주거를 공유함으로써 생기는 편리함 때문에 동거하는 경우이다.

② 남녀 교제에 있어서 두 사람이 서로 함께 있는 것을 원하기 때문에 동거하는 경우가 있다.

③ 시험 결혼과 같은 의미의 동거가 있어 앞으로 장기간 같이 살 수 있는가를 타진해 보는 목적을 가진다. 특히 각자가 자신이나 상대방이 장차 전통적인 부부 역할을 할 것인지 아닌지를 판단하게 해주는 기회를 갖는 것이다.

④ 결혼을 하고자 하는 남녀가 결혼할 여건이 갖추어질 때까지 일시적으로 동거하는 경우가 있다.

⑤ 남녀가 결혼한 것과 비슷한 관계에 있으나 법적이나 종교적인 결혼절차를 거치지 않은 경우이다. 동거에서도 부모가 되는 것을 거부하지 않는 등 일상생활 태도는 합법적인 결혼에서와 별다름이 없다.

(2) 독신부모가족

결혼하지 않은 채 자녀를 가지는 경우로서 미혼모가 미혼부보다 훨씬 많다. 이것은 현대여성에게서 자치성의 욕구가 증대하면서 남편 없이 자녀와 가족을 이루는 것을 의도적으로 선택하는 경향이 늘어나는 현상을 반영하는 것이다. 즉, 원하지 않은 실수의 임신이거나 또는 강제에 의한 경우보다는 새로운 형태의 삶을 사는 방법으로 미혼모가 되거나 동거하다가 남자와 헤어진 후에도 그대로 자녀를 키우고 혼자 사는 경우들이다.

(3) 동성애가족

현대사회에서 동성애자들로 이루어진 배우자나 자녀를 포함하는 가족을 과연 가족으로 인정할 수 있느냐에 대한 검토를 하기에 이르렀다. 미국의 부부에 대한 1983년도 연구(Blumstein and Schwarty)에서는 동성애자도 부부로 취급하였다. 이러한 결정은 1960년대 후반에 킨제이 연구소 에서 36~45세의 남성 동성애자를 연구한 결과 그 중 71%가 동거하고 있다는 보고에 따른 것이다. 이성 부부와 동성애 부부 간에 유사

점이 있기는 하지만 상당한 차이점 또한 존재한다. 차이점은 관계의 발전, 인식, 금전, 성, 권력을 다루는 방식에서 나타난다.

이 부부들이 배우자가 가진 돈의 액수에 대해서 실망할 때 전반적인 관계의 만족도가 낮아진다고 느끼지만 여성동성애 부부들은 예외이다. 직장에 대한 문제에서 동성애 부부들은 직업상 필요에도 불구하고 그들의 관계를 함께 유지해 나가는 문제를 우선적으로 고려한다고 하였다. 이것은 여성부부들이 누가 일할 권리를 갖느냐에 관심을 보이는 것과는 대조된다. 동성애 부부가 가족에서 차지하는 비중은 작지만 남성 동성애자 사이에서 장기간의 관계가 존재한다는 사회의 인식이 커지고 있기 때문에 가족형태의 하나로 간주되고 있다.

덴마크, 포르투갈, 헝가리, 프랑스 등에서는 동성애자에게 법적 지위, 재산권 등을 인정하고 있으며, 네덜란드는 2001년 4월 세계 처음으로 동성애자의 결혼 및 입양권을 인정한 바 있다. 벨기에에서도 2001년 6월에 동성결혼법안을 통과시켰다. 이 법안의 출발점은 동성 부부도 이성 부부와 같은 동등한 대우를 한다는 것이다. 아시아에서도 대만에서 2001년 6월에 동성애자에 대해 결혼과 비슷한 법적 결합과 입양을 허용하는 법안이 계류 중이다(이기숙 외, 2002).

이상에서 살펴보았듯이 가족의 변화를 시도한 수많은 실험과 대안들이 출현하여 때로는 실패하기도 하고 때로는 성공하기도 한다.

가장적 권위나 남성우위의 쇠퇴는 많은 남성들에게 결혼을 고무시키는 심리적 보상을 제거할 것이며, 사회적 · 계급적 질서의 대들보였던 혈통의 소멸은 가족의 사회적 부권의 합법화를 박탈할 것이다. 여성은 가계가 그들의 야심과 관련된 욕구의 만족을 위해서는 너무 작다는 것을 알게 되었다. 자녀에 대한 부모의 영향이 감소함에 따라, 도전과 창조성에 있어 중요한 원천이었던 가족의 중요성은 감소하였다.

인구와 출산조절의 움직임 역시 남성과 여성 모두의 부모로서의 특성에 영향을 미친다. 아마도 머지않은 장래에 모성은 의무와는 거리가 멀고 권리조차 아닌 것으로 보는 선택적인 특권이 되어, 소수만이 다수를 위해 아이를 낳을 것이다.

우리의 최초의 질문으로 돌아가서 가족의 미래는 과연 있을 것인가? 분명히 몇 십년 안에 어떤 기본적이고 역행할 수 없는 변화가 있을 것이며, 인간의 새로운 공존형태가 출현할 것이다. 모든 문화는 그만의 적법성과 정당성을 갖고 있고, 자신들의 방법이 본질적으로 탁월함을 입증하기 위해서 어떤 새로운 변화나 일탈의 중요함을 지적하는 것을 무시하곤 하였다. 그러나 금기의 완화는 무서운 속도로 진행되고 있으며, 일부는 급격히, 일부는 서서히 용인되고 있다.

이처럼 사회의 변화속도가 급격한 만큼 미래사회를 예견하기는 매우 어렵지만, 우리가 가족의 미래를 연구하고자 한다면 다음의 예측을 토대로 해야 할 것이다.

① 성행위나 결혼의 경험이 합법적으로 다양화되는 추세

② 이들과 관련된 부정적 감정의 감소

③ 인간관계의 종류, 내용, 기간에 있어서 개인적 선택의 가능성 증가

④ 전체적으로 새로운 형태의 공동체 내 공공생활제도의 확대

⑤ 변화하는 생활주기와 다단계 결혼 등

요즈음 한국가족의 변화는 근대화의 속도만큼이나 급진적이어서 미처 지금까지의 변화내용에 적응하지도 못하는 가운데 새로운 변화를 맞이하고 있다. 전통적인 가족의식 속에서 전수되어야 할 바람직한 가치는 무엇인지 그 내용이 시급히 정립되어야 할 것이며, 새로운 가치와 어떻게 조화를 이루어야 할 것인지도 제시되어야 한다.

또한 이러한 내용이 가족 내외에서 어떻게 전수되어야 할 것인지 그 실천방법이 효과적으로 개발되어야 할 것이며, 가족문제와 같은 일탈된 결과 역시 통합적 시각에서 충분히 검토, 치료되어야 한다. 이러한 모든 과업은 가족 연구자들의 사명이며 동시에 우리 사회 개개인 모두의 의무라 할 수 있다(유영주 외, 2001).

[참고자료]

인간복제 클리닉 개업하는 날

신(神)의 영역에 도전하는 21세기 생명의학은 이미 그 금기(禁忌)를 넘어서고 있다. 신이 아닌 인간이 새로운 생명체를 만들어 가고 있는 것이다. 서울대 수의학과 황우석 교수팀이 세계 최초로 인간 배아를 복제해 거기서 배아줄기세포를 만드는 데 성공, 전 세계적으로 화제와 함께 치열한 윤리적 논란을 뿌리고 있다.

황 교수의 이번 연구는 애초부터 동전의 양면(兩面) 같은 것이었다. 복제된 인간 배아를 여성의 자궁에 이식하면 복제 인간이 탄생하는 것이고, 그렇지 않고 이번처럼 배아줄기세포 부분만 떼어내 실험실에서 키우면 난치병 환자에게 필요한 장기이식 재료가 되는 것이다. 이 같은 윤리적 논란은 생식세포 조작기술을 이용해 불임치료를 할 때부터 태동했다.

1978년 실험실에서 정자와 난자를 수정시켜 만든 '시험관 아기'가 탄생했을 때 그것은 신의 영역에 대한 도전이었다. 남자와 여자 간의 섹스 없이도 생명이 탄생할 수 있다는 것을 의미했기 때문이다. 이후 그 기술은 시험관에서 난자 안으로 정자를 밀어 넣어 수정란을 만드는 '정자 주입술'로까지 발전했으며, 이제 그것은 불임치료의 기본이 됐다. 하지만 생식세포가 아닌 이미 성숙된 체세포(體細胞)로 새로운 생명을 창출하는 것이 불가능한 일로 알았다.

그러나 그것은 순진한 생각이었다. 1997년 영국 로슬린 연구소의 윌머트 박사는 성장한 양(羊)의 체세포를 떼어 난자의 핵과 바꿔치는 '핵 치환' 방식으로 새로운 생명체 복제양 '돌리'를 만들었다. 그것은 남녀 유전자가 반반 섞이는 유성(有性)생식에 의한 생명체가 아닌, 한쪽 유전자만 온전히 갖는 무성생식 생명체를 의미했다. 세포의 분화과정을 거꾸로 돌린 '코페르니쿠스적 전환'이기도 했다. 그 후 복제동물은 생쥐·소·돼지'뿐만 아니라 원숭이 등 포유류를 거치면서 인간의 턱밑까지 쫓아왔다. 하지만 그래도 얼마 전까지만 해도 인간세포는 그렇게 될 수 없는 줄 알았다.

그런 순진한 생각은 황 교수팀의 연구로 깨졌다. 인간도 복제양 '돌리'와 같은 방식의 생명이 창출될 수 있다는 것이 입증된 것이다. 이제 우리는 새로운 생명 창조 방식을 어떻게 받아들여야 할지 진지하게 고민해야 할 때가 됐다. 그것이 현실이 됐기 때문이다.

과연 수많은 난치병 환자에게 복음과 같은 혁명인지, 아니면 생명 창조와 관련된 인류의 마지막 터부를 깨뜨린 것인지 말이다. 시험관 아기가 처음 태어났을 때 인류는 '신에 대한 도전'이냐 '불임 부부를 위한 축복'이냐를 놓고 뜨거운 윤리적 논란을 벌였다.

하지만 이제 시험관 아기는 당연한 것쯤으로 받아들이고 있으며, 불과 26년이 지난 지금 국내에는 90여개의 불임클리닉이 성황이다. 현재의 생명의학 발전속도를 봐서 앞으로 10여년 후면 줄기세포 클리닉이 전국 곳곳에 들어설지도 모른다. 그렇게 되면 당뇨병 환자는 자신의 세포로 배아복제를 해서 체장 세포를 만들어 달라고 할 것이고, 심장병 환자는 심장세포를, 뇌를 다친 사람은 자신의 뇌세포를 복제해 달리고 할 것이다.

또한 누구나 그것을 당연한 치료로 받아들일 것이다. 그때가 되면 사고로 죽은 아기를 복제해서 다시 인간 개체로 만들어달라는 요구가 전혀 터무니없이 들리지도 않을 것이다. 이처럼 생명의학 기술의 발달은 인간의 윤리적 한계를 하나하나씩 무너뜨리고 있으며 삶의 패러다임도 바꿔놓고 있다. 그 변화속도가 놀랍기도 하면서 두렵기도 하다.

조선일보, 2004.02.15

2. 가족복지 전망과 과제

가족은 사회의 축소판이며 기본단위로서 끊임없이 사회환경의 영향을 받아왔다. 특히 현대사회의 급격한 변화 속에서 가족은 그 구조와 기능의 수정이 불가피해 왔으며, 미래의 가족이 어떠한 모습으로 변화하여 갈 것인가 역시 급격한 사회변화의 속도만큼이나 예측하기가 힘들다. 그러나 분명한 것은 가족이 인간의 하나의 생활양식으로서 그 존재가치를 인정받는 한, 그것은 끊임없이 자기성찰과 교정의 과정을 거치며 적응적으로 변화할 것이다.

그동안 가족은 형태면에서는 핵가족적 모습을 유지하고 있는 경우에도 내적으로는 가족에 대한 가치와 기대수준에 대한 인식이 상당히 변화하였다. 그리고 가족은 실제로 다양한 모습을 보이고 있으며 빈곤, 폭력, 질병, 노령 등 여러 문제와 직면하고 있다.

이러한 가족문제를 해결하고 가족의 복지를 향상하기 위해서는 정책적으로 접근할 때에 두 가지 측면으로 나누어 숙고해야 할 것이다. 현대사회의 구조적 특성으로 인해 발생가능성이 갈수록 있는 빈곤과 고용불안정, 재해와 질병, 그리고 이로 인해 파생되는 제반 문제들은 가족의 불안정성을 부추기는 가장 중요한 동기가 되고 있다.

따라서 미래의 가족이 고유한 의미의 가족의 전통성과 가족 본질을 유지하고자 하는 대다수의 가족들로 구성된다고 볼 때, 한편으로는 가족의 고유의미의 기능을 수행하도록 가정과 사회에서 가족규범과 윤리교육이 꾸준히 있어야 할 것이다. 즉, 성과 사랑의 규범, 부부, 부모자녀, 친척관계 규범, 지역사회의 질서유지와 시민정신, 이타심, 봉사의식 등은 가족과 사회의 질적 향상과 예방 차원에서 교육이 필요하다.

그럼에도 불구하고 다변화되고 세계화의 물결 속에서 다양한 가치와 생활양식, 그에 따른 개인의 가족, 사회의 문제로 떠오르게 되면 규범적 가족에서 벗어난 가족에 대한 국가의 태도와 복지의 개입은 있을 수밖에 없다. 미래가족의 다양성을 예측하지만 우리는 가족의 건강성과 규범적 가족이 갖는 장점을 키워주는 의미에서 예방적이고 생산적인 가족복지의 목표와 이데올로기, 정책실행을 필요로 하게 된다.

일반적으로 가족복지는 가족의 욕구와 요구에 대한 사회적 서비스라고 보며, 사적 보호에서 공적 보호로 나아갈 때, 사회복지가 발달되었다고 본다. 이는 가족복지에서도 적용될 수 있으므로 가족복지의 발달이라는 차원에서 볼 때, 국가의 역할은 크다. 이미 우리나라 가족복지의 과제로서 가족복지에서의 국가 및 민간과 가족의 역할을 제시하면 다음과 같다(이소희 외, 2000).

첫째, 정부의 사회정책은 '강한 가족(strong family)'을 강화하는 정책을 펴야 한다. 여기서 강한 가족이란 전통적인 가부장적 가족을 의미하는 것이 아니라 변화하는 사회에서 가족생태학적 시각에서 가족구성원 간의 배려, 상호의존, 친밀성을 높이고, 가족성원의 자율성을 신장하고, 발달을 조장하는 정책이어야 하고 동시에 이웃관계를 강화하는 방안을 모색하여야 한다.

둘째, 공적 보호로서의 가족복지는 법적 근거에 의해 실시된다. 즉, 가족성원의 문제를 가족의 내부적인 기능 분담을 통해서 해결하는 것은 가족의 자율성을 보장한다는 점에서 헌법상의 가족 이념과 조화를 이루지만, 가족관계를 둘러싼 제1차적 법률

관계를 통해서 오늘날 당면하고 있는 가족문제를 해결하는 데에는 제한이 있다. 따라서 국가는 이혼, 재혼, 입양 등의 복잡하고 다양화되는 가족관계에서 법적인 문제를 개개인의 인권은 물론 복지권과 함께 논의해야 하므로 전반적인 가족복지를 향상시킬 수 있는 법체제의 마련이 필요하다.

셋째, 법체계를 고려하여 가족복지정책의 방향을 확실하게 설정할 필요가 있다. 즉, '가족에 의한' 또는 '가족을 통한' 복지정책을 강화할 것인지, '가족을 위한' 정부의 정책을 강화할 것인가 하는 것이다. 물론 여기서 고려해야 할 것은 가족에 의한 정책 강화가 국가 책임의 축소로 오도되어서는 안 된다는 것이며, 만약 가족에 의한 정책을 지향할 때 국민적 공감대 형성을 기본적 전제로 해야 한다는 것이다.

넷째, '가족에 의한', '가족을 통한', '가족을 위한' 복지의 어느 형태이든지 복지는 막대한 재정을 필요로 한다. 그러나 조세의존에 의한 재정확보는 국민의 부담을 증가시킬 가능성이 많다. 따라서 민간자원을 정부재정과 연계하는 것이 가족복지를 포함한 한국 사회의 복지 발전에 기여하는 것으로 보므로, 가족과 국가가 상호보완적으로 연결되는 것이 필요하다.

다섯째, 합의에 이른 가족의 개념과 가족복지 관련법의 체계화 및 가족복지정책 방향이 설정되면 이에 맞는 가족복지 프로그램이 개발, 실시되어야 한다. 여기서 프로그램이란 가족의 욕구에 기초한 가족문제 발생을 예방하는 프로그램 및 이미 발생한 가족문제에 대응하는 프로그램이 함께 개발되어야 한다.

여섯째, 개발된 가족복지 프로그램은 가족복지적 접근이 용이한 전문 가족복지 사에 의해 실시되어야 한다. 여기서 전문 가족복지사란 현행 사회복지사가 종전처럼 개별대상 중심의 복지서비스를 실시하는 것이 아니라, 가족에 대한 통합적 접근을 실시하는 것을 말한다.

우리나라의 가족복지정책은 명시적으로 가족복지 영역으로 한정하여 제시된 내용도 없고 그 한계도 매우 모호하지만, 일반적으로 가족복지 내용에 포함될 수 있다고 보는 공적부조나 아동 · 부녀자 · 노인복지제도 등이 사회복지정책의 일부 분야로 시행되고 있어 결과적으로 가족에게 영향을 미치는 비의도적 정책이라고 할 수 있다. 그러나 가족복지의 기본개념에 들어맞는, 즉 가족 전체를 지향하고 목적으로 하는 제도적이고 정책적인 대안수립이 이루어지지 않고 있고, 실제적으로도 가족의 기능 강화를 꾀할 수 있는 체계적이고 포괄적인 실천적 사업들이 이루어지지 못하고 있는 실정이다.

따라서 앞으로 우리나라에서 가족복지 이념이 충실히 수행되기 위해서는 전문 가족복지 요원의 확충 등을 통해 전체로서의 가족을 다룰 수 있는 조직을 강화시켜야 하고, 가족생활교육, 가족상담 등을 통해서 가족의 변화양상에 탄력적으로 적용될 수 있는 정책의 예방적 · 치료적 기능이 강화되어야 할 것이다.

3. 미래가족구조의 전망

이상적 가족으로, 가족은 혈연관계로 맺어진 핵가족 속에서 보편적 가족의 모습이 존중받게 될 것이지만 비혈연적 가족관계도 형성될 수 있기에 무시할 수 없는 속도로 다양한 가족이 증가하고 있으며, 앞으로는 더욱 다양화할 것으로 추정되고 있다. 따라서 가족의 이상주의적 정의에 대한 불가피성이 제기되고 있다.

1) 공동체가족의 증가

공동체 연구가 활발히 진행되면서 박차를 가한 것은 제2차 세계대전이 종결된 20세기 후반부터라고 할 수 있다. 현대사회에 와서는 행복한 가정에 적용할 수 있는 방법은 직면한 문제들을 개인이나 가족이 개별적이라기보다는 공동체적 접근으로 해결해야 한다는 공동체가족이 더욱 증가하게 되었다. 더 구체적으로 이러한 맥락에서 공동체운동이 필요하게 된 이유는 다음과 같다.

(1) 세대 간의 문제

젊은 세대가 기존질서(기존세대)에 반항하고 그 대신 새로운 질서, 새로운 사회를 건설한다는 당위성을 강조하고 현실사회에 대한 대안으로 새로운 공동체를 만들어 보겠다는 의지적 표명으로 고민이 제기되었다.

(2) 가부장적 권위주의

가부장적 권위주의가 현존하면서 자녀의 인격이나 인권이 무시되고 침해되면서 자유를 박탈당하고 있기에 자율적 성장을 기대하면서, 부부관계에 있어서도 서로가 서로에게 사랑을 빙자해서 월권을 행사하기도 한다.

(3) 가족은 생산과 소비의 공동단위의 기능 및 분배

가족은 생산과 소비의 공동단위의 기능 및 분배를 동시에 수행할 때 여성의 참여의식을 기대할 수 있고 핵가족관계 속에서 여성은 생산에서 소외당하고 있지 않다는 것을 인지하게 하는 효과가 있으며, 특히 가사노동은 "여성이 감당해야 한다"는 고정관념에서 탈피하고 가사분담을 실천하며, 공적 분야(지역사회)를 중심으로 의식주의 소비생활이 이루어져야만 여성이 가사노동에서 자유롭게 된다.

(4) 놀이와 일의 가치문제

놀이와 일의 가치문제를 여가선용 면에서 고찰해 볼 때 19세기의 유토피아를 꿈꾸는 사람들은 노동의 신성성을 주장하였다. 그러나 현대 자본주의 형태의 국가에서는 소득 자체에만 의미를 부여하고 있어 오락과 휴식 등 건전한 여가놀이가 점점 사라지고 있는 실정이다. 따라서 공동체생활에서도 취미가 비슷한 사람끼리 모여 놀이문화를 구축, 여가를 즐기고 있다.

(5) 정체감의 문제

정체성은 나를 찾는 문제인데 삶의 분화, 복잡한 문화생활 등 경쟁적이고 전문화된 사회에서 개인은 자기의 한계를 인식하면서 자신이 할 수 있는 일이 고작 일부분적 기능밖에 감당하지 못함을 깨닫고 소외의식을 느끼고 자아정체감이 불분명하게 된다. 그러므로 불확실성으로 인하여 뚜렷한 공동체 성원으로서 이해 타산적이 아닌 분명한 소속감과 자연발생적 사랑과 존경심이 필요하게 되었으며 정체성 문제가 대두되었다.

(6) 인간혁명

원만한 인간관계를 기대해 보면서 비대해진 관료조직, 디지털문화 앞에서 무기력한 인간을 어떻게 새롭게 인간으로 조명할 수 있는가? 고민해 보면서 창의력과 새로운 의욕을 어떻게 소생시킬 수 있는가? 하는 물음은 인간혁명의 필요성을 제시하는 데 견인차적 접근이 되었고 충분한 이유가 되었다.

동거가 보편화되면서 1999년 프랑스는 '모든 형태의 동거커플에게' 결혼한 부부와 똑같은 사회적 · 법적 세제상의 복지혜택을 보장하는, 결혼도 동거도 아닌 새로운 제도인 시민연대협약(PACS)법안이 통과되었다(이기숙 외, 2002). 즉, 결혼도 동거도 아닌 제3의 길과 같은 '팍스(PACS)'라고 부르는 제도인데, 프랑스에서는 남녀(또는 동성커플)가 동반자 관계를 맺는 데 있어 결혼과 동거 외에 이와 같은 '팍스'라는 또 다른 방법을 취하고 가족을 형성해 간다.

따라서 '문서화된 결혼계약'쯤으로 번역될 팍스는 결혼과 동거의 중간 형태로 설명할 수 있는데 결혼보다는 책임소재가 덜 분명하고 동거보다는 강한 가족의 성격을 형성한다는 특징을 가지고 있다. 성당에서 결혼하고 시청에서 혼인식에 관한 절차를 거쳐야 하는 번거로움을 피하고 절차를 간소화한 일명 팍스는 양자가 서명한 혼인계약서를 법원에 제출하면 부부로서의 효력이 발생한다.

모든 집안 기구는 일상적 결혼과 같이 양자의 공유재산으로 처리되고 특히 주택 등의 소유권은 원하는 한쪽 혹은 양자가 공동소유 등 자신들이 원하는 바를 합의하고 팍스 계약서에 명기하면 된다. 과거엔 동거가 개별과세 때문에 절세수단으로 악용되기도 하였지만 현재는 제도적 개선으로 세금공제방식을 달리하고 기초공제 등이 생겨 별로 유리하지 않다.

2) 결혼이민자 가족의 문제

국제결혼은 우리 사회에서 오랜 기간 동안 환영받지 못했다. 그러나 최근에 오면서 외국 여성과 한국 남성의 결혼이 매년 증가하여 국내거주 여성 결혼이민자가족이 급증하고 있다. 중국 조선족과 베트남 여성 결혼이민자가족이 점점 증가하고 있는데 이러한 현상은 남녀의 성비 불균형, 여성 독신자 비율 증대 등 한국사회의 인구학적 특성과 농촌총각 등 내국인 간 결혼에서 소외된 남성이 국제결혼을 선택하는 현상의 증가 등에 기인한다고 볼 수 있다(여성 결혼이민자가족의 사회통합지원 대책, 2006).

3) 사이버세상에서의 전자가족의 증가

사이버세상에 직면해 있는 시점에서 '이홈'(www.ehome.co.kr)과 같은 전자가족, 사이버가족이 출현하고 있다. '이홈'과 '전자가족'이란 실제 주택처럼 온라인상에 존재하는 주택을 뜻하는데, 가족성원별로 방이 존재하며 일기 쓰기, 일정 관리, 웹하드, 블로그 등 기본기능은 물론 전자공간에서 이루어지는 모든 활동(오락, 상거래, 교육, 의료, 여가활동)을 쉽게 이용할 수 있게 한다.

이와 같은 전자가족이 있는가 하면 다른 의미에서 복잡한 인간관계 속에서 실제적 혼인생활은 하지 않고 가상적 사이버세상에서 결혼생활을 하는 전자가족이 탄생하고 있다. 그리고 사이버상에서 전자거래로 사이버 부동산이 생겨 하늘의 별 등을 가상적으로 매매하는 다양한 사이버세상을 만나게 될 것이다. 이에 우리는 사이버가상 가족체계에 대한 연구도 있어야 할 것이다.

그리고 하루 일을 마치고 집으로 돌아오면 자신에게 보내진 이메일(E-mail)이 휴대폰에 저장되어 데이터를 검색하고, 저녁식사가 준비되는 동안 가족전용 웹 사이트를 이용, 멀리 떨어져 사는 가족과 사이버대화를 나눈다. 시간에 구애받지 않고 원하는 시간에 온라인서점에 들러 결재정보를 통해서 상품을 주문하기도 한다. 사이버대학을 통하여 기존의 대학을 나온 것과 동일한 학위를 받을 수 있지만 현재는 평생교육법에 의한 학위로 제한점이 있으나 곧 정상화될 것이며 정규대학에서도 사이버강의 시대를 병행 내지 독립학위 프로그램으로 운영하게 될 것이다. 또 손바닥 위에 올려지는 작은 컴퓨터에서 발사되는 적외선으로 전자화폐가 지불되고, 개개인의 눈의 홍채를 자동판별해서 신원조회를 할 수 있게 된다.

이것은 먼 미래의 모습이 아니라 텔레비전 광고, 영화, 드라마 속에서도 쉽게 만나는 현재의 모습이 될 것이다. 초고속통신망의 발달로 널리 보급된 인터넷이라는 기술적 진보가 유비쿼터스라는 개념으로 우리의 가정생활에 개입하게 될 것이다. 이제 우리 사회는 농업혁명에서 산업혁명 그리고 디지털정보혁명에 이어 제4차 산업혁명 시대를 맞이하면서 더욱 다양화된 모습의 가족구조를 보게 될 것이다.

4. 가족복지의 과제

1) 가족복지제도의 방향

(1) 다양한 가족에 대한 가족제도 개선

변화하고 있는 다양한 가족에 대한 바람직한 대안을 수립하고 이들의 욕구를 충족하되 전통적 가정의 모델을 제시하여야 한다. 다만, 먼저 가족정책의 방향이 가족의 가치와 기능 그리고 형태 등의 다양성을 인정하는 것으로부터 출발해야 한다.

이에 다양성을 인정한다는 것은 다양한 생활공동체의 다양한 가구형태를 정책적, 법적으로 보장한다는 것이다. 이것을 통해 가족정책의 대상에서 가족성원이 배제되는 문제를 최소화하여야 가족복지정책의 참여를 유도할 수 있다.

(2) 가사분담의 사회화 및 성별 공유

가사 분담적 돌봄 제공을 여성과 남성이 함께 부담함으로써 임금노동에의 동등한 참여를 보장받을 수 있는 젠더이슈로 공유하는 정책들이 만들어져야 하는데, 예를 들어 육아휴식 등 가족친화적 제도를 시간제 노동자에게 확대시키는 정책은 현실적 조건상 시간제 노동에 종사하고 있는 많은 여성에게 안정적 임금 노동권을 보장하면서도 그들에게 돌봄에 대한 권리를 확대하는 방식으로 더욱 중요한 선택이 될 것이다.

2) 가족복지정책의 방향

(1) 가족관련 법과 가족정책 전달체계의 문제

가족복지의 목표는 행복한 가정을 만들어 가는 문제이다. 이것은 아동보육과 노인요양 및 민주적 역량과 편안한 가족환경조성 등이 개별가족의 책임소재에서 차원을 넘어 공공의 책임으로 전환시켜 사회적 합의가 전제되어야 가능하다.

이에 정책과제와 개별사업을 계획하고 개발하며, 재정적 확보주체를 분명히 하고 우리 모두가 함께 이를 효율적으로 수행할 행정전달체계 확립이 필요하다. 특히 가족정책관련기본법을 제정하고자 하는 의지적 표명으로 건강가정기본법이 마련되어 현재 추진하고 있는 초기단계로 전담 행정부서의 노력과 지자체의 적극적 의지가 있어야 할 것이다.

현재는 운영주체가 대개 민간에 위탁 운영되고 있어(2005년 1월 1일부터 시행) 소극적으로 대응하고 있는 실정이다. 따라서 아동양육, 노인부양, 다양한 가족문제에 대한 가족해체요인을 최소화하고 예방적 차원에서 종합적이고 체계적인 전달체계와 지원책을 마련할 수 있는 중추 역할을 할 것으로 기대하는바, 전체 사회적 차원에서 인식 제고와 깊이 있는 논의 및 실천의지가 필요하다.

(2) 저출산 · 고령사회 대비책의 가족지원서비스 확충

산업사회의 남성 위주의 고용시장은 점점 다변화되면서 남성 직장의 취업안정성이 위협받는 상황에서 여성의 취업욕구는 계속 늘어나고 있다. 그러나 성인지적 차별이 구조화된 한국의 노동시장에서 여성노동력을 양적 · 질적인 측면에서 어느 정도나 수용할 수 있는지는 인식의 차이로 현재는 매우 불투명하다.

따라서 노동시장에서의 성차별 시정 및 비정규직 여성을 보호하기 위한 정책으로 직장 내에서 성희롱과 양성평등의 고용정책을 시행하고 여성가족부가 신설되어 다각화하면서 국무총리실 소속의 청소년위원회와도 통합 정부조직을 개편하고 새로운 가족복지정책을 마련하고자 노력하였다(2006년 10월 국회에서 입법 심의).

그리고 여성의 일자리 창출이 시급한 과제로 대두되고 있다. 이에 가족정책은 특히 여성고용정책과 긴밀하게 연결하여, 가정과 직장을 양립할 수 있도록 지원하는 방향으로 운용되어야 한다. 여성가족부를 신설한다는 것은 꼭 여성취업에 도움이 되는지는 추가 검토가 필요하다.

(3) 가족을 위한 복지 프로그램과 서비스 확충

행복한 가정 만들기 일환책으로 설립된 건강가정지원센터는 기본적으로 상담의 전문화와 함께 가족기능을 강화하거나 복원, 유지하는 데 필요한 보육, 재가복지 등의 사회적 지원서비스가 연계된 통합주의적 방향 속에서 모색되고 있다. 특히 장기요양보험제도(2007년 6월 24일 국회 법안 통과)는 여성이 전통적으로 담당했던 고정적 노인부양 역할에 대한 변화를 정책적 방향으로 설정하고 새로운 가족지원체계로 발돋움되기에 복지계의 관심사이며 이미 국민건강보험공단이 시범사업을 실시하고 2008년 7월 1일부 시행해 온 노인요양보험제도의 성공에 달려 있다 하겠다.

(4) 통합적 서비스 제공과 전문인력의 교육과 자격에 관한 문제

현재 건강가정기본법에서 가장 논란이 되는 것 중의 하나가 전문인력인 건강가정사(가족지원상담원)의 자격에 대한 부분이다. 건강가정기본법은 '가족문제'에 대한 예방적 차원의 개입방법으로 '상담'을 주요한 수단으로 간주하고 있어, 전문인력은 가족문제에 대한 전문적 상담능력을 갖춘 자이어야 한다.

이것은 상담을 통해 가족해체 위기가족의 문제를 완화시킬 수 있는 전문인력의 자격조건으로 현장경험이 필수적으로 요구되고 있어 건강가정 관련시설 현장실습을 강조하고 있다. 현재는 자격증보다는 자격과정이수로 대체하여 자격제도를 부여하고 있지만 실행의 적합 여부는 확실하지 못하여 그 실행을 검토하고 있는 실정이다(2007년 12월 현재).

그러나 이것은 불완전한 자격제도로 몇 가지 보완되어야 할 사항과 개선되어야 할 문제점이 남아 있다. 또한 건강가정사는 가족의 문제를 개별가족의 고립된 문제로 인식하지 않고 지역사회 및 전체 사회와의 상호관계 속에 이해되는 능력이 갖추어진 전문가이어야 한다. 그러므로 전문인력은 가족과 지역사회의 관계를 유기적으로 결합시켜 지역사회자원을 연계활용하고 그 자원을 효율적으로 운영할 수 있는 전문교육을 받은 집단이어야 한다.

3) 다변화 사회에 양성평등가족을 위한 대책

(1) 우리 집

내가 잘 아는 지인이 외국인과 펜팔을 하면서 상대방으로부터 그의 집이 궁금하다고 편지로 물었다. 그는 카메라를 들고 칫솔을 준비하여 덕수궁을 찾았다. 그리고 대한문과 석조전 앞에서 있는 폼을 다 잡고 양치질을 하면서 사진을 찍고 그곳이 자신의 집이라고 설명을 붙였다고 한다.

우리 집은 반듯하게 있는 것이 좋다. 집이 의미하는 소유성, 이것은 나로 하여금 안전성을 주고 휴식과 편안함을 주기에 우리 집은 있어야 한다. 여기에서의 우리 집은 가족의 이름으로 또 자신의 이름으로 등기되어 있는 소유상황을 의미한다.

(2) 실천 가능한 가훈

자녀가 사회를 보는 눈은 가정에서 형성된 가치관을 통해서 길러지게 된다. 그런데 가치관의 훈련은 그 가정의 가훈에서 기인된다고 생각한다. 가훈은 가계(家械), 정훈(庭訓), 가규(家規), 가헌(家憲), 가의(家儀), 가학(家學), 가법(家法), 가범(家範)이라고도 한다. 가정의 윤리적 지침으로서, 가족이 지켜야 할 도덕적 덕목을 간명하게 표현한 것이다.

우리나라에서는 가훈이 없는 집안이 거의 없을 정도로 보편화되어 있었다. 김유신(金庾信) 집안의 '충효', 최영(崔瑩) 집안의 '황금 보기를 돌같이 하라', 신사임당(申師任堂)의 '신의, 지조, 청백, 성실, 우애', 김굉필(金宏弼)의 '인륜(人倫)', 이언적(李彦迪)의 '근검과 절약', 이이(李珥)의 '화목과 우애' 등은 오랫동안 그들 집안의 생활신조로 이어졌던 대표적 가훈들이다. 특히 우리나라에 전래되고 있는 가훈을 살펴보면 훈계, 자녀교육, 마음가짐과 몸가짐, 건강관리, 대인관계, 재산관리, 관혼상제, 관직생활 등 크게 8가지로 분류하고 있다.

따라서 필자는 복잡한 현대를 살아가는 우리에게 가훈은 어느 가정에나 반드시 존재해야 한다고 생각한다. 우리 집(필자 박귀영)의 가훈은 "네가 큰일을 행하겠고 반드시 승리를 얻을 것이다"이다.

(3) 가정에의 자녀(자식)

어느 부부가 결혼한 후 오래도록 임신하지 못하고 자녀가 없어 고민 끝에 부부가 산부인과에서 진찰을 받은 결과 남자의 정자 수가 적고 무력하여 생산의 희망성이 희박하다는 진단을 받았다. 이 부부는 체념한 듯 자식은 두지 못할망정 몸이나 건강하게 노력하며 살자고 약속하였다. 문헌을 통하여 식초가 좋다는 것을 알고 현미식초를 선택하여 식사 때마다 식초를 곁들인 반찬과 자연식을 먹으며 적절한 운동을 하면서 건강한 신체로 생활을 하였다. 호사다마(好事多魔)로 이게 웬일일까? 부인에게 이상한 병이 생겼다. 고민 끝에 두 부부는 산부인과를 찾아갔다. 의사가 부인을 진찰하고 난 후 "축하합니다." "웬 축하?" 하였더니 임신 3개월이란다. 두 부부는 놀라면서 말없이 집으로 돌아왔다. 그날부터 남편은 아내를 의심하고 가정불화가 생겼다. 남편은 아내를 꾸짖으며 누구의 자식인가 바른대로 대라고 호통 치는 것이었다. 아내는 억울함을 호소하며 남편을 설득하였으나 불화는 가중되었다. 아내는 견디다 못하여 병원에서 이 사연을 호소하였다. 의사의 말이 다시 남편의 정액을 다시 검사해 보자고 하여 아내는 남편을 설득시켜 병원으로 같이 가서 검사를 하였다,

'지성이면 감천'으로 신기하게도 남편의 정자가 정상치로 검사결과 생산능력에 하자가 없음을 확인하게 되었다. 남편은 그제서야 부인에 대한 의심을 풀고 만족해 하였다. 이것은 두 부부가 자연건강식을 통하여 서로 아끼고 사랑하는 마음으로 함께 하였기에 그리고 섭생과 운동을 하면서 건강한 삶을 영위하였기에 이러한 행복이 찾아왔다고 확신해 보면서 우리는 자녀를 번성하고 양육할 책임을 가지고 만물을 다스려야 하는 문화명령을 받았음을 인지하여야 한다.

(4) 고학력 주부 재취업

남성보다는 여성이 가정주부로 가사를 전담하는 시대는 이제 지나갔고 가사를 부부가 아닌 자녀까지도 분담하는 시대에 살면서 여성은 재취업을 위해서는 배워야 한다. 그리고 위험한 주부 아르바이트가 있음을 인지하고 꼼꼼하게 챙겨야 한다.

따라서 화려했던 지난날에 너무 연연하지 말고 미래를 준비하며 설계하고 이제 직업은 일생 3번 이상 바꾸면서 살아가는 시대가 도래하였다는 사실을 인정해야 한다. 남성도 이에 따른 준비와 새로운 패러다임을 가지고 살아가야 한다. 그리고 남편을 이해해야 한다. 현대는 능력 위주의 시대로 물론 성실성도 중요하지만 직장을 여러 곳으로 옮긴다 하여 무능한 사람이 아님을 알아야 한다. 교육기관은 지식과 함께 여성이 취약할 수밖에 없는 사회적 인맥을 재형성하여 일거양득의 효과를 기대해 볼 수 있다. 재취업을 시도하는 주부들이 정보를 대개 인터넷과 신문홍보매체를 활용하여 얻은 후 몇 번 시도하다가 바로 포기해 버리는 경우가 많으나, 진로결정을 하는

데 그리 쉽지만은 않다는 사실을 알고 꾸준하고 성실하게 준비하라고 말하고 싶다.

그리고 재취업의 새로운 세상을 만나게 되면 가정생활에도 활력을 되찾게 되고 자녀에게도 공부하며 노력하는 부모를 모범으로 삼게 되므로 현대 가정에 새로운 비전으로 제시해 보는 바이다.

부록 1

가계도 및 생태도

• 가계도

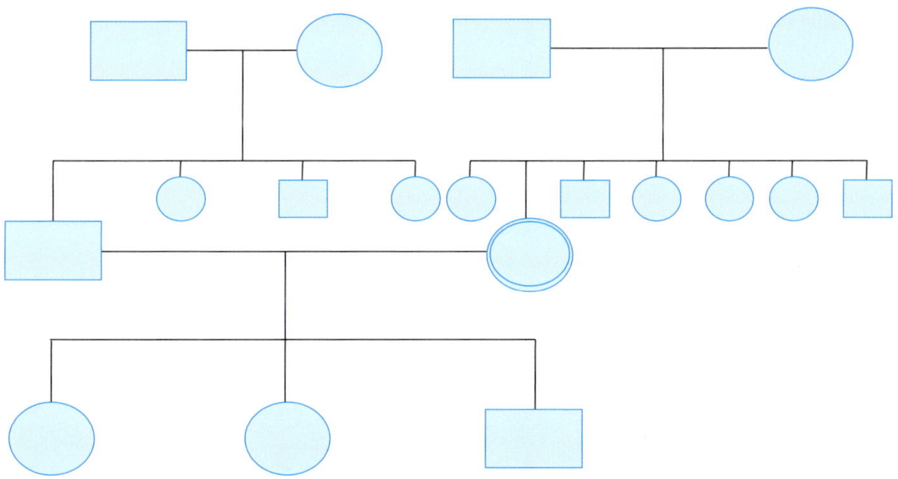

범례
평가

• 생태도

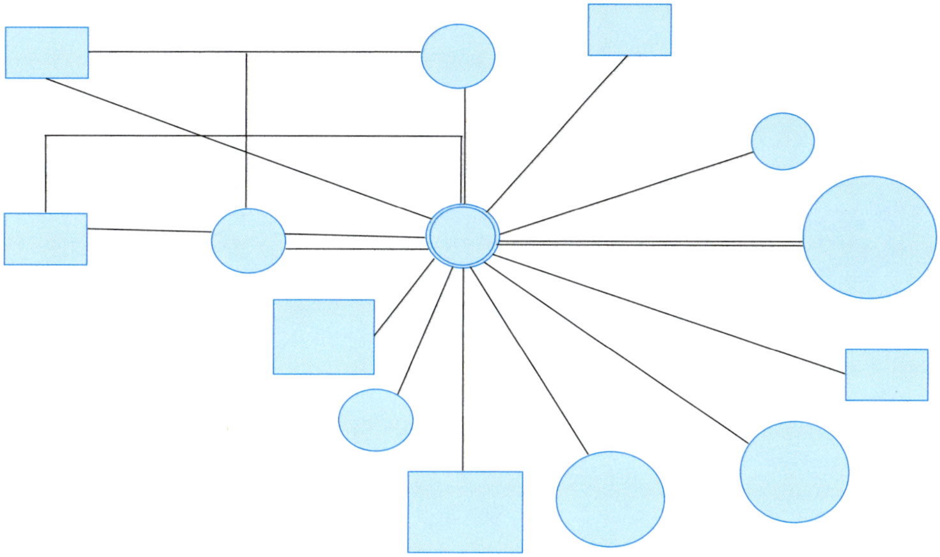

범례
평가

- **소시오그램**

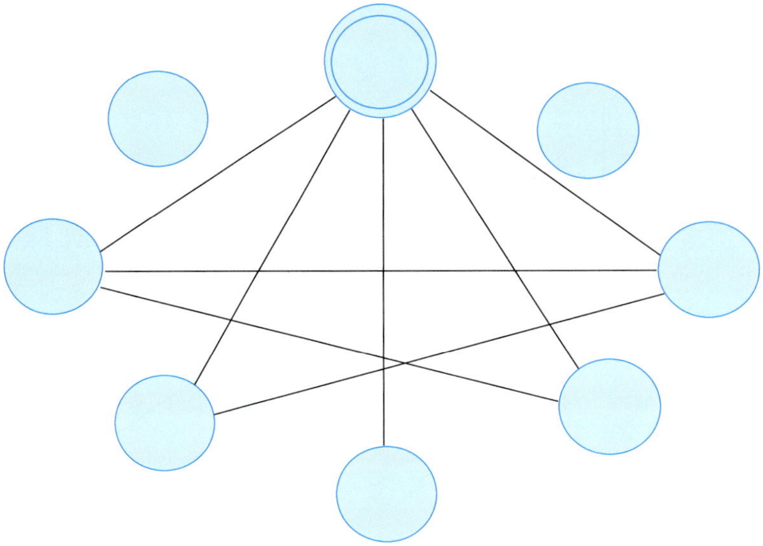

범례
평가

부 록 2

가족상담 기록서

가족상담 기록서

클라이언트 (IP)		성별		연령	
날짜		장소		총 회수/시간	
실습생명				실습지도자	

1. 의뢰과정

2. 문제상황에 대한 가족의 정의

3. 가계도

4. 가족생태도 : 가족의 하위체계 간 관계 등 기록

5. 가족의 사회자원망

6. 가족생활주기

7. 가족사정 및 이론적 근거

8. 개입목표와 개입전략

9. 개입내용 정리

회기	내용	주요 질문과 내담자의 반응

10. 평가 및 사후관리계획

부록 3

다문화가족지원센터 현황

다문화가족지원센터 현황

('17. 2. 1. 현재)

센터명			위탁기관명
1	서울(24)	종로구	대한불교조계종사회복지재단
2		중구	동국대학교 산학협력단
3		용산구	상명대학교 서울산학협력단
4		성동구	한양대학교 산학협력단
5		광진구	한국청주교살레시오회
6		동대문구	(사)한국건강가족실천운동본부
7		중랑구	조계종사회복지재단
8		성북구	고려대학교 산학렵력단
9		강북구	성신여대산학협력단
10		도봉구	덕성학원
11		노원구	삼육재단
12		은평구	환원학원
13		서대문구	이화학당
14		마포구	홀트 아동복지회
15		양천구	상명대학교서울산학협력단

센터명			위탁기관명
16		강서구	강서희망나눔복지재단
17		구로구	성공회대학교 산학협력단
18		금천구	숙명여자대학교 산학협력단
19		영등포구	대한불교조계종 사회복지재단
20		동작구	중앙대학교 산학협력단
21		관악구	서울대학교 산학협력단
22		강남구	밀알복지재단
23		송파구	섬김과 나눔
24		강동구	가정을건강하게하는시민의모임
25	부산(9)	동구	주는사랑복지재단
26		부산진구	사)부산여성의전화
27		동래구	부산광역시사직종합사회복지관
28		남구	부산광역시 (여성회관)
29		북구	인천사회사업재단
30		해운대구	사)세계시민사회센터
31		사하구	(사)한국인재뱅크
32		사상구	부산생명의전화
33		기장군	기장군도시관리공단
34	대구(7)	동구	선목학원
35		서구	가정복지회
36		남구	함께하는마음재단
37		북구	선린복지재단
38		수성구	함께하는마음재단
39		달서구	계명대학교 산학협력단
40		달성군	달성복지재단
41	인천(9)	중구	인천교구천주교회유지재단
42		동구	인천동구청
43		남구	사회복지법인 일현

센터명			위탁기관명
44		연수구	인천가톨릭사회복지회
45		남동구	인천남동구청
46		부평구	인천YWCA
47		계양구	웰브(구 빈곤퇴치운동본부)
48		서구	인천대학교 산학협력단
49		강화군	인천교구천주교회
50	광주(4)	서구	건강가정개발연구원
51		남구	초당대학교
52		북구	(사)이주가족복지회
53		광산구	가톨릭광주사회복지회
54	대전(5)	동구	우송대학교산학협력단
55		중구	대전ywca
56		서구	배재대학교 산학협력단
57		유성구	대전대학교 산학협력단
58		대덕구	대전가톨릭사회복지회
59	울산(5)	중구	울산광역시 YWCA
60		남구	(사)울산광역시 아름다운다문화가정공동체
61		동구	울산광역시아름다운다문화가정공동체
62		북구	통도사 자비원
63		울주군	울주군시설관리공단
64	세종(1)	세종시	조치원YWCA
65	경기(30)	수원시	천주교수원교구유지재단
66		성남시	신구학원
67		고양시	승리다문화비전센터
68		부천시	부천여성청소년재단
69		안양시	대림대학교 산학협력단
70		안산시	안산YWCA
71		용인시	지구촌사회복지재단

센터명			위탁기관명
72		의정부시	신흥학원
73		남양주시	정희학원 서울여자대학교
74		평택시	평택복지재단
75		광명시	인클로버재단
76		시흥시	복음자리
77		군포시	천주교 수원교구 사회복지회
78		화성시	고운학원 수원대학교 산학협력단
79		파주시	두원공과대학교 산학협력단
80		이천시	사회복지법인 대한기독교감리교회
81		구리시	한양여자대학교산학협력단
82		김포시	가정을건강하게하는시민의모임
83		포천시	대진대학교 산학협력단
84		광주시	양실회
85		안성시	성결원
86		하남시	사단법인 국제외국인센터
87		의왕시	천주교수원교구사회복지회
88		양주시	경민대학교 산학협력단
89		오산시	나눔과비움
90		여주시	여주대학교 산학협력단
91		양평군	아세아연합신학대학교
92		동두천시	신한대학교
93		가평군	가평군복지재단
94		연천군	서정대학교산학협력단
95	강원(18)	춘천시	홀트아동복지회
96		원주시	성불복지회
97		강릉시	사회복지법인 자비복지원
98		동해시	한국가정법률상담소동해지부
99		태백시	좋은이웃

센터명			위탁기관명
100		속초시	경동대학교산학협력단
101		삼척시	사회복지법인 원주가톨릭사회복지회
102		홍천군	홍천다문화가정후원회
103		횡성군	원주가톨릭사회복지회
104		영월군	원주가톨릭사회복지회
105		평창군	대관령한우복지재단
106		정선군	원주가톨릭사회복지회
107		철원군	철원군새마을회
108		화천군	화천군청
109		양구군	양구군청
110		인제군	인제군청
111		고성군	고성미래복지회
112		양양군	양양군
113	충북(12)	청주시	충북대학교 산학협력단
114		충주시	충주YWCA
115		제천시	원주가톨릭사회복지회
116		청원	충북대학교 산학협력단
117		보은군	아사달
118		옥천군	한국불교여래종
119		영동군	영동다문화공동체개발원
120		증평군	영동다문화공동체개발원
121		진천군	진천군사회복지협의회
122		괴산군	참가정운동실천본북괴산지부
123		음성군	(사)글로벌투게더음성
124		단양군	단양군여성단체협의회
125	충남(14)	천안시	하늘중앙교회
126		공주시	감리회 태화복지재단 공주기독교종합사회복지관
127		보령시	대한구세군 유지재단

센터명			위탁기관명
128		아산시	중부재단
129		서산시	서산시복지재단
130		논산시	건양학원
131		금산군	금산군청
132		부여군	부여군청
133		서천군	윤정복지재단
134		청양군	충남도립대학교
135		홍성군	충남기독교사회봉사회
136		예산군	예산군청
137		태안군	태안군
138		당진시	사회복지삼육재단
139	전북(14)	전주시	아시아이주여성센터
140		군산시	군산대학교 산학협력단
141		익산시	원광대학교 산학협력단
142		정읍시	한울안
143		남원시	사단법인 한울안운동
144		김제시	글로벌투게더 김제
145		완주군	한일장신대학교
146		진안군	새마을운동진안군지회
147		무주군	삼동회
148		장수군	장수군자원봉사센터
149		임실군	섬김복지재단
150		순창군	한울안운동
151		고창군	참사랑누리
152		부안군	부안군청
153	전남(21)	목포시	광주구천주교회유지재단
154		여수시	여수시청
155		순천시	순천제일대학교 산학협력단

센터명			위탁기관명
156		나주시	전남산업기술진흥법인
157		광양시	청암대학교 산학협력단
158		담양군	전남대학교 사범대학 다문화교육연구센터
159		곡성군	가톨릭광주사회복지회
160		고흥군	고흥군새마을회
161		보성군	한국청소년육성협회 보성지부
162		화순군	다사랑건강가정복지협회
163		장흥군	(재)대한예수교장로회 총회 합동측 유지재단
164		강진군	(재)천주교사랑의 씨튼수녀회
165		해남군	두성재단
166		영암군	이주여성센터
167		무안군	무안서로나눔
168		함평군	함평군새마을회
169		영광군	(사)영광군 새마을회
170		장성군	가톨릭광주사회복지회
171		완도군	행복한쉼터
172		진도군	가톨릭광주사회복지회
173		신안군	신안군청
174	경북(23)	포항시	포항시청
175		경주시	경주시
176		김천시	직지사복지재단
177		안동시	(재)천주교 안동교구 유지재단
178		구미시	아름다운가정만들기
179		영주시	천주교 안동교구 사회복지회
180		영천시	대구가톨릭사회복지회
181		상주시	대한예수교장로회총회 한국장로교복지재단
182		문경시	남북학원
183		경산시	(사)글로벌투게더경산

센터명			위탁기관명
184		군위군	대구가톨릭사회복지회
185		의성군	천주교안동교구사회복지회
186		청송군	청송군
187		영양군	한국장로교복지재단
188		영덕군	영덕군청
189		청도군	대구대학교
190		고령군	고령군종합자원봉사센터
191		성주군	성주군
192		칠곡군	선목학원
193		예천군	천주교안동교구사회복지회
194		봉화군	봉화군청
195		울진군	울진군청
196		울릉군	대구가톨릭사회복지회
거점	경남 (19)	경상남도	창원대학교
197		창원시	창원시청
198		창원시마산	마산YWCA
199		진주시	진주시청
200		통영시	마산교구천주교회유지재단
201		사천시	사천YWCA
202		김해시	인제대학교
203		밀양시	대한적십자사경상남도지사
204		거제시	거제YWCA
205		양산시	양산외국인노동자의집
206		의령군	경상남도자원봉사협의회
207		함안군	함안문화원
208		창녕군	새마을운동창녕군지회
209		고성군	고성군여성단체협의회
210		남해군	남해군청

센터명			위탁기관명
211		하동군	하동군청
212		산청군	대한불교조계종사회복지재단
213		함양군	함양군청
214		거창군	거창기독교청년회
215		합천군	합천군청
216	제주(2)	제주시	제주외국인평화공동체 부설 제주이주민센터
217		서귀포시	서귀포이주민센터

출처: 2017년 다문화가족지원센터 현황(17.2.1.)

| 참고문헌 |

권영자(1996). 한국가족의 당면문제와 정책과제. 한국가족복지학회. 창립총회 및 학술대회 자료집.

강이수(1998). 경제위기와 여성노동의 재구조화. 한국여성연구소 창립심포지움. 위기시대의 삶과 한국의 페미니즘.

건설교통부(2003). 2002년도 주택 업무편람.

고정자(1999). 오늘날의 결혼과 가족. 형설출판사.

______(2002). 현대가족문제론. 동아대 출판부.

공세권(1994). 가족정책의 기본골격과 접근방안. 한국보건사회연구원세미나 자료집보건복지부.

______(1995). 가족 결손의 유형별 특징과 가족 정책의 접근 방안, 한국인구보건 연구원.

권육상 · 이태희(2003). 최신가족복지론. 유풍출판사.

권진숙(1996). 배우자 학대 부부 집단 프로그램에 관한 연구. 이화여대 박사학위논문.

금재호 · 김승택(2001). 빈곤의 원인에 대한 실증분석 : 패널데이타 분석을 중심으로. 한국노동경제학회 2001년 추계 학술세미나 발표문.

기든즈 · 앤토니. 현대사회의 성, 사랑, 에로티시즘 : 친밀성의 구조변동. 황정미 역. 새물결.

김경신(1997). 편부모가족에 대한 가족생활교육 실태분석 및 교육 프로그램 개발. 대한가정학회지, 35(2). pp.187-200.

김경호(2003). 노인학대의 예방과 개업 등 법적 근거 마련을 위한 노력. 노인확대 예방과 개입을 위한 토론회 자료집. 노인학대 상담센터전문위원회.

김두헌(1969). 한국가족제도연구. 서울대학교 출판부.

김명자(1991). 중년기 부부의 가족스트레스에 대한 대처양식과 위기감. 대한가정학회지, 29(1). pp.203-216.

김미숙(2001). 장애아동가족의 적응에 대한 가족탄력성의 영향력 분석. 한국가족복지학, 8호

김성천(1995). 한국가족복지정책의 현황과 문제점에 관한 연구. 한국청소년연구, 제20호. 한국청소년개발원.

______(2000). 가족복지의 개념과 범주. 보건복지부.

김성천 · 윤혜미(2000). 가족복지증진을 위한 정책 대안 연구. 보건복지부.

김수정(2002). 복지국가 가족지원체계의 구조변화에 관한 연구. 서울대학교 박사학위논문.
김영모(1992). 빈곤이론 빈곤정책. 한국복지정책연구소출판부.
______(1998). 선진국아동 보육제도와 보육프로그램. 한국복지정책연구소.
______(2001). 한국가족복지 정책 연구. 한국복지정책 연구소 출판부.
김영화 · 이진숙 · 이옥희(2016). 성인지적 가족복지론. 양상원.
김유숙(1998). 가족치료－이론과 실제. 학지사.
김윤재(2007). 가족복지론. 동문사.
김은미(1998). 정보사회와 생활과학. 황상재 편.
김익기 외(1999). 한국노인의 삶 : 진단과 전망, 미래인력연구센터.
김재엽(1998). 한국 가정폭력 실태와 시회계층 변인과의 관계 연구. 한국사회복지학, 35호. p.139.
김재경 · 문숙재(1992). 부부의 갈등과 생활만족도 연구. 한국가정관려학회지, 10(1). PP.53-74.
김정옥 · 박경규(1993). 이혼의 사회적 배경 고찰. 대한가정학회지, 31(4). pp.83-94.
김 진(2003). 여성알코올중독자의 사회적 지지망과 사회적응에 관한 연구. 강남대학교 대학원 사회사업학과.
김진욱 · 박찬용(2000). 경제위기에 따른 빈곤 변화에 관한 연구. 공공경제, 5권2호.
김진환 · 김인숙 · 김혜란 · 김혜련 · 신은주(2004). 가족복지학. 학지사.
김창엽(2000). 국민복지 기본선 확보를 위한 빈곤층 건강대책, 새로운 시대 빈곤층 건강 대책. 건강연대, 국민기초생활보장연대회의.
김태현(1996). 노년학. 교문사.
김태현 · 전길양 · 이영자 · 임선영(2004). 현대가족복지론. 도서출판 하우.
김혜경 외(2012). 노인복지론. 공동체.
김혜련(1993). 남자의 결혼 여자의 이혼. 또 하나의 문화.
김혜연 외(2000). 외국의 여성복지 서비스에 관한 연구. 한국여성개발원 2000년 연구보고서.
남상만 · 나운환 · 유명화 · 이준상(2004). 21세기 장애인 복지론. 홍익제.
남세진 · 조홍식(1995). 한국사회복지론. 나남.
남정자(1993). 청소년비행 유형별 관련요인 분석. 한국보건사회논집, 13(2). 한국보건사회 연구원.
노상학(1996). 미혼모와 혼외자를 위한 사회복지대책연구. 논문집 27. 강남대학교.
노인장기요양보호정책기획단(2000). 노인 장기요양보호의 종합대책 수립방안 연구. 한국보건사회연구원.

대한가족복지협회(1999). 가정 기능회복상담실적 결과 단항별집계 종합보고서.

도미향 · 정은미(2001). 10대 미혼모의 문제와 복지대책에 관한 연구. 청소년복지연구, 3권 2호.

문정희(1985). 정신지체아 어머니가 받는 사회적 지지와 스트레스에 관한 연구. 이화여대 석사학위논문.

문화관광부(2002). 청소년백서.

류종훈(2004). 가족치료와 가정상담. 도서출판 동인.

______(2004). 최신건강론. 청목출판사.

______(2001). 가정상담학의 이해. 학지사.

______(2005). 사회복지 실천론. 유풍출판사.

______(2006). 최신 가족복지론. 학현사.

박귀영(2009). 가족복지론. 은혜출판사.

______(2017). 가족복지론. 수양재.

______(2017). 사회복지실천기술론. 수양재.

박귀영 외(2015). 사회복지실천론. 양서원.

______(2015). 노인복지론. 양서원.

______(2014). 가족과 젠더. 양서원.

박미은 외(2015). 가족복지론, 공동체

박병호(1996). 가족정책의 방향. 한국 가족정책의 이해. 학지사.

박숙자(2001). 여성정책으로서의 가족정책 조명, 여성복지증진을 위한 가족정책 세미나. 한국여성개발원. pp.100-105

박영란 · 황정임 · 정재훈(2001). 외국의 여성복지서비스에 관한 연구. 한국여성개발원.

박용순(2001). 빈곤과 자립. 학지사.

박재홍(1991). 한국사회의 노인문제 : 교환론적 관점을 중심으로. 한국사회학, 25집. pp.1-19.

박종한 · 고효진(1991). 경북 영일군 어느 면지역 노인들에서 치매의 원인적 분류 및 주요 치매의 상대적 유병률. 신경정신학, 30. pp.885-891.

방선욱(1992). 이혼적응을 위한 프로그램 개발에 관한 조사연구. 서울여대 석사학위논문.

배영미 · 이형실(2002). 청소년 미혼모와 일반 청소년의 자아상태, 인생태도 및 가족체계에 관한 연구. 대한가정학회, 40권 6호. pp.39-51.

변화순(1994). 공동체적 삶을 향한 가족 · 열린사회와 가족. 한국여성개발원과 유네스코 한국위원회 공동 발간.
______(1995). 가족정책 연구의 관정, 자리매김, 여성연구, 12월호.
______(1996). 이혼가족을 위한 대책연구. 한국여성개발원.
변화순 · 송다영 · 김영란(2002). 가족유형에 따른 생활실태와 복지욕구에 관한 연구. 한국여성개발원. p.220.
보건복지부(1994). 보건사회 백서.
______(1997). 여성복지사업 지침.
______(1998). 보건복지부백서.
______(1998). 보건복지부 백서.
______(2000). 보육사업안내.
______(2001). 여성복지사업안내.
______(2001). 보건복지 백서.
______(2001). 2001년 국민기초생활보장사업 안내.
______(2002). 여성보건복지과 내부자료.
______(2013). 제2차 건강가정 기본계획 1013년도 시행계획(2011-2015)
______(2017). 여성가족복지부 내부자료.
사랑의 전화(1993). 1992년 상담통계분석.
서울시 중앙가정상담소(1991). 가정불화원인-연도별 추세.
서동인 · 정한숙(1994). 가족생활주기에 따른 도시가족의 부부관계, 한국도시가족의 부부문제연구, 한국가족 상담교육연구소 개소 1주년 기념 학술대회논문.
서울대학교 지역의료체계 시범사업단(1994). 치매환자 관리사업 개발.
서울시가정상담소(2000). 상담 현황.
서울특별시(2001). 2001년 여성복지 사업안내.
__________(2001). 사회복지관 우수프로그램 모음집.
성정현 외(2014). 가족복지론. 양서원.
손승영(1995). 한국사회의 변화와 가족 · 한국가족문화의 오늘과 내일.
______(2001). 가족정책의 새로운 방향, 여성과 가족정책 세미나 : 가족정책의 새로운 전망. 자료집.
송성자(1990). 가족관계와 가족치료. 홍익제.

______(2001). 한국문화와 가족치료 : 해결중심접근, 법문사.
송정아 · 전영자 · 김득성(2001). 가족생활교육론. 교문사.
송정아(1995). 가족생활교육프로그램 개발연구(통합적 모델). 한국학술 진흥재단보고서.
송정애 · 정해은(2012). 가족복지론. 양서원.
신섭중 외 역(1995). 일본 현대복지학총랑. 대학출판사.
신은주(2000). 가정폭력과 공적전달체계. 가정폭력 대응전략 수립을 위한 대 토론회 자료집. 보건복지부.
여성부(2001). 여성 백서.
______(2003). 전국가족조사 및 한국가족보고서.
오승혜(1998). 발달장애아동 어머니들의 심리사회적 적응을 위한 지지집단프로그램에 관한 연구. 카톨릭대학교 석사학위논문.
원석조(2002). 사회문제론. 양서원.
원호택(1991). 청소년 범죄행동 유발요인에 대한 심리학적 연구. 한국행사정책연구원.
원석조(2002). 사회문제론. 양서원.
유계숙 · 임춘회 · 전춘애 · 천혜정(1998). 또 하나의 우리, 재혼가족 : 재혼가족에 대한 실태 연구와 재혼준비교육 프로그램 모형 개발. 한국가족상담 교육연구소 개소 5주년 기념 학술대회.
유영주 · 김경신 · 김순옥(1996). 가족관계학. 교문사.
윤명숙 · 최송식(1995). 알콜중독 가족개입 프로그램 연구. 부산정신학회 4월.
윤명숙(2000). 한국 알코올중독의 현황과 재활방안. 한국의 알코올중독 현형과 재활대책. 서울 가톨릭사회복지회 가칭 '가톨릭 알코올중독 재활단체협의회' 준비위원회.
윤미현(2000). 10대 미혼모의 임신 및 유아입양관련요인에 관한 연구. 숙명여대 박사학위논문.
이가옥 외(1991). 가정봉사원제도의 정착화 방안. 한국보건사회연구원.
이가옥 외(1994). 노인생활 실태 분석 및 정책과제. 한국보건사회연구원.
이기숙 · 공미혜 · 김득성 · 김은경 손태홍 · 오경희 · 전영주(2001). 결혼의 기술. 신정.
이경희 · 이소희(1993). 가족복지. 형설출판사.
이소희 외(2000). 현대가족복지론. 양서원.
이선우(2000). 2000년 장애인 실태조사의 결과에 때한 소고. 복지동향 4월호. 나눔의 집.
이성희 · 권중돈(1993). 치매노인과 가족의 생활실태 및 복지욕구. 서울북구노인종합복지관.
이영분 · 양심영(2000). 사랑의 전화 상담분석, 한국의 가족문제 : 사회변화에 따른 추이. 2000년 국제학술대회. 한국가족치료학회.
이영숙 · 고성혜(1994). 청소년기 가족문제. 한국청소년개발원.
이원숙(2004). 가족복지론. 학지사.
이영실 외(2012). 가족복지론. 양서원.
이장호(1998). 상담면접의 기초. 중앙적성출판사.
이정옥(1999). 유럽 통합에 따른 가족정책의 확산과 수렴. 한국사회, 제2집 1호. 고려대학교 한국사회연구소.
이종복 · 장창호 · 최경익 · 최영신 옮김(2001). 가족복지. 도서출판 : 나눔의 집.
이진숙(2000). 사회과학적 토의에 비추어진 독일의 가족제도와 가족정책 : 가족보고서를 중심으로. 가족과 문화, 제12집 1호. 한국가족학회.
______(2001). 가족내 간병과 간병보험의 복지정책적 함의. 한국인구학, 제24권 제1호.
______(2002). 독일 가족정책의 변천에 대한 연구-주요정당의 : 정책이념과 정책수단의 변화를 중심으로. 한국인구학, 제25권 제1호.
이춘재 외(1998). 청년심리학. 중앙적성출판사.
이혜경(1995). 한국 가족 정책의 이해. 학지사.
이효재(1985). 분단시대의 사회학. 한길사.
임지향(2000). 정신지체아 부모가 지각한 가족기능과 일상스트레스 대처방식. 대구대학교 석사학위논문.
장현섭(1994). 가족의 현황과 전망, 열린사회와 가족. 한국여성개발원과 유네스코 한국위원회 공동발간.
장혜경(2002). 국가경쟁력재고를 위한 여성관련 인프라 구축, 여성과 국가경쟁력. 한국여성개발원 개원19주년 기념 심포지움(2002.4.23)자료집.
전광석(1995). 가족정책관련법.
정경숙(19990). 결손가정학생의 가정환경 및 성격특성. 연세대학교 석사학위논문.
전길양 · 송현애(1997). 노인홀대에 관한 연구. 한국가족상담교육단체협의회 학술대회 자료집.
전준우(1988). 가족복지론. 홍익출판사.
정현숙(1994). 가족학 연구와 발달적 접근. 한국가족학연구회.
정현숙 · 유계숙(2001). 가족관계. 신정.
정혜정(1999). 가족상담의 특성 및 제 접근법. 가족상담사 2급 연수과정. 한국가족연구학회.

제갈광철(2000). 정선지체아 어머니의 자아존중감과 스트레스에 관한 연구. 대구대학교 석사학위논문.

조대경 외(1986). 정신위생. 중앙적성출판사.

조애저(1999). 노인인구의 제 특성과 정책방향. 보건복지포럼 2월호.

조복회 · 정옥분 · 유가효(1989). 인간발달. 교문사.

조르쥐뒤비 외(1999). 여성의 역사. 세모아.

조은(1990). 도시빈민 가족의 생존전략과 여성. 한국가족론. 여성 한국사회연구회.

조은 외(1996). 근대가족의 변화와 여성문제. 서울대학교 출판부.

조주은(2004). 현대 가족 이야기, 이가서.

조추용 · 오정옥 · 한성심 · 이채식(2001). 가족복지론. 도서출판 : 창지사.

조혜정(1985). 한국사회의 변통과 가족주의. 한국문화인류학, 제17집. pp.79-96.

조홍식(1991). 도시빈민가족문제에 대한 사회사업실천에 관한 연구−생태 체계적 관점의 문제사정도구 개발과 적용을 중심으로−. 한국사회복지학, 18권.

조홍식 · 김인숙 · 김혜란 · 김혜련 · 신은주(2002). 가족복지학. 학지사.

최경석 · 김양희 · 김성천 · 김진회 · 박정윤 · 윤정향(2003). 한국가족복지의 이해. 도서출판 : 인간과 복지.

최성재(1994). 사회정책과 가족. 한국가족학회. 현대사회와 가족. 교육과학사.

______(1995). 복지국가와 가족. 한국가족학회(편). 복지국가와 가족, 도서출판 : 하우.

최일섭 · 최성재(1995). 사회문제와 사회복지. 나남.

최연실(1996). 청소년 자녀기 가족의 가족스트레스에 관한 연구. 서울대학교 박사학위논문.

최충육(1993). 청소년문제론. 한국청소년개발원.

통계청(2000). 경제활동인구연구 1999.

______(2001). 경제활동인구연구 2000.

______(2001). 혼인 · 이혼통계결과.

______(2015). 인구통계연보.

______(2016). 인구동계연보.

표갑수(1994). 아동 · 청소년 복지론. 청주대출판부.

한경혜(1993). 한국 이혼부부의 적응과 관련변인에 관한 실증적 연구. 한국가족학 연구회(편). 이혼과 가족문제. 도서출판 : 하우.

가족학연구회 편(1995). 한국 가족문제－진단과 전망. 도서출판 : 하우.

한국보건사회연구원(1994). 사회복지정책 발전 방향. 정책토론회.

________________(1995). 장애인실태조사.

________________(1998). 한국 가정폭력의 개념정립과 실태에 관한 연구.

________________(1998). 노부모 학대 실태에 관한 사례연구: 6개 대도시 노인(종합)복지회관 이용 노인을 중심으로.

________________(2001). 보건통계연보.

한국성폭력상담소(2004). 2003년도 상담현황. 나눔터 제46호.

한국아동학대예방협회(2000). 한국의 아동학대 실태 및 후유증. 한국아동학대 예방협회 23회 세미나 자료집.

한국여성 개발원(2000). 한국가족의 변화와 여성의 역할 및 지위에 관한 연구.

______________(2001). 여성과 가족정책 세미나 : 가족정책의 새로운 전망 자료집.

______________(2002). 출산율 1.3 진단과 대안. 여성정책포럼 자료집.

______________(2004). 여성정책동향.

한국여성민우회(2000). 새로 짓는 우리집5-한부모를 위한 가이드4－다양한 가족.

한국청소년개발원(1993). 청소년 복지론. 서원.

한군카운슬링연구소(1992). 비행청소년의 이해와 지도. 성원사.

한도숙(2000). 북구 국가들의 여성정책. 한국조세연구원.

한창훈(1987). 한국가족정책에 관한 연구－ 사회복지서비스의 개선방안. 서울대 박사학위논문.

함인회(1995). 사회변화와 가족. 영성한국사회연구회(연). 가족과 한국사회. 정문사.

함인한(1981). 청소년. 상조사.

홍계옥(1995). 유아의 기질 및 어머니의 양육행동과 모자 애착행동간의 관계. 고려대 박사학위논문.

홍숙자(2001). 노년학 개론. 도서출판 : 하우.

홍원선(2001). 한국인의 음주실태와 정책 대안. 한국여자의사회와 함께 하는 여성건강2001. 한국여자의사회.

Adams. B. N. (1980). *The Family* (3rd ed). Chicago: Rand McNally.

Adelman. K D., Lachs. M. S., & Breck man. R. (2003). 노인학대와 방임.

Alessi, J. J., H. (1998). Group Treatment of Children in Shelters for Battered.

Alice C. Kilpatric & Thomas P. Holland 저.유계숙 외(2008). 가족복지실천기술론. 시그마프레스

Women In Hobens. A. R. (2nd ed). Battered Women and Their Families: 1 Invention strategies and Treatment Programs. Springer Publishing Company. Inc

Aldous & Durnan(1990). Occupational characteristics and males Role perform ance in the family. *jurnal of Marriage and the family*, 31.

Ambert(1986). Being a step parent :Living and Visiting Stepchildren. *Journal of Marriage and the Family*, 48. pp. 795-804.

Babor(1987). *Alcoholic Typologies. in Alcoholism: Origin and Outcome*. New York: Raven Press.

Boat, B. W., & Everson, M. D. (1988). Interviewing Young Children with Anatomical Dolls. *Child Welfare*. 337-352.

Bograd, M. (1988). Feminist Perspectives on Wife Abuse: An Intorduction. In Yllo. & Bograd (Eds), *Feminist Perspectives on Wife Abuse*. Sage Publications.

Caffaro, J. Y., & Conn-CaFFaro. A. (1998). Sibling Abuse Trauma: Assessment: and Intervention Strategies for Children, Families and Adults. The Haworth Press. Inc.

Collins, D., Jordan. C., & Coleman. H. (1999). *An Introduction to Family Social Work*. F. E. Peacock Publishers. Inc.

Doyle, C. (1994). *Working With Abused Children*. London: MacMillan Education LTD.

Doyle, C. (1994). *Child Sexual Abuse: A. Guide for Health professionnals*. Chapman & Hall.

Emery, R. E. (1999). *Marriage, Divorce, and Children's Adjustment* (2nd ed.), Sage Puhlications. Inc.

Figley, C. R. (1983). Catastropes: An Overview of Family Reactions. In Figley C. R., & McCubbin. H. I. (Eds). *Stress and the Family*. New York: Brunner/ Mazel publishers.

Gilbert, N. (1979). An Initial Agenda for Family Policy. *Social Work*, Vol.24, No.6. 447-450.

Godenherg, H., & Goldenberg, I. (1998). *Counseling Today's Families* (3rd ed.). Brooks/Cole Publishing Company.

Hagan, J. L., & Early. T. J. (1994). Social Services for Battered Women : Are They Adequate, Accessible, and Appropriate? *Social Work*, Vol. 39. No.695-704.

Hetherington, E. M., & Kelly. J. (2002). *For Better or For Worse: Divorce Recollsidered.* New York: W.W. Norton & Company.

Kamerman. S. B. (1995). Families Overview. Encyclopedia of Social Work (19th eds.). National Association of Social Workers Press. 927-935.

Kemp, A. (1998). *Abuse in the Family: An Introduction.* Brooks/Cole Puhlishing Company

Leon. A. M. (1999). Family Support Model: Integrating Service Delivery in the Twenty-First Century. Families in Social. 14-24.

Longman. Patterson, J. M., & McCuhhin, H. I.(1983). Chronic Illness: Family Stress and Coping. In Figley, C. R., & McCubbin. H. I. (Eds.), *Stress and the Family*. New York: Mazel publishers.

McGoldrick, M., & Gerson, R. 저. 이영분 외(2005). 가족분석가계도. 학지사.

Moroney, R. M. (1976). The Family and the State Considerations for Social Policy.

Porter, F. S., Blick, L. C., & Sgroi. S. M. (1985). Treatment of the Sexuany Abused Child. In Sgroi. S. M. (ed.), Handbook of Clinical Intervention in Child Sexual Abuse. D.C. Heathe and Company.

Reedman, R. J. (1995). Developmental Disabilities: Direct Practice. Encyclopedia of Social Work(19th ed.). NASW. Washington. DC. 721-729.

Roberts‘ A. R., & Roberts, B. S. (2002). A Comprehensive Model for Crisis Intervention with Battered Women and Their Children. In Roberts, A. R. (Ed.), *Handbook of Domestic Violence Intervention Strategies : Policies, programs and Legal Remidies*. Ocford University Press.

Sager, C. J., Brown, H. S., Crohn, H., Engel, T., Rodstein, E., & Walker, L. (1983). *Treating Remarried Family*. New Yark: Brunner/Mazel. Inc.

Singer, G. H. S., & Powers L. E. (1993). Contributing to Resilience in Families. in Singer G. H. S., & Powers, L. E. (Eds.), *Families, Disabilit, and Empowerment: Active Coping Skills and Stralegies for Famil interventions*. Paul H. Brookes Publishing Co., Inc. 1-26

Singer, G. H. S., Irvin, B., Hawkins, N., Hegreness. J., & Jackson. R. (1993). Helping

Families Adapt Positively to Disability: Overcoming Demoralization Through Community Supports. In Singer, G. H. S., & Powers. L. E., Families, Disablity, and Empowerment: Active Coping Skills and Straegies for Family Interventions. Baltimore: Paul H. Brooks Puhlishing Co., 61-84.

Thomas. E. J., & Agcr, R. D. (1993). Unilateral Family Therapy with Spouses of Uncooperative Alcohol Abusers. In O' Farrell. T. J. (Ed.), *Treating Alcohol Problems; Martital and Family Interventions*. Interventions. The Guilford Press.

United Nations (1996). *Family: Challemges for the Future*. United I' Nations Publications.

Walker, L. E. (1988). The Hattered Woman Syndrome. In Hotaling, G. T., Finkelhor, D., Kirkpatrick. J. T., & Straus. M. A. (Eds.), *Family Abuse and Its Consequences: New Directions in Research*. Sage Publications.

Whalen. M. (1996). *Counseling to End Violence Against Women : A Subversive Model*. Sage Publications.

Zimmerman. S. L. (1983). The Reconstructured Welfare State and the Fate of Family Policy. Social Casework. Oct.

Zimmerman. S. L. (1988). *Understanding Family Policy: Theoretical Approacbes*. Sage Publications.

| 찾아보기 |

[기타]

저자 소개

박귀영

한영신학대학교 일반대학원 사회복지학박사(D.S.W)
현, 한영대학교 사회복지학과 교수
〈저서〉 자원봉사론, 사회복지실천기술론 등

오현숙

대구대학교 대학원 사회복지학 전공 철학박사
현, 호산대학교 휴먼복지학부 학부장
〈저서〉 사회복지법제론 사회복지정책론 등

이우언

계명대학교 심리학과 박사과정 수료
현, 수성대학교 사회복지과 교수
〈저서〉 영유아발달, 정신건강론 등

전미숙

신라대학교 대학원 사회복지학박사
현, 제주한라대학교 복지행정과 겸임교수
〈저서〉 사회복지조사론, 사회복지개론 등

정명희

평택대학교 대학원 사회복지학박사
현, 중원대학교 사회복지학과 교수
〈저서〉 정신건강론, 사회복지실천론 등

최병태

대구가톨릭대학교 대학원(사회복지학 석사)
영남대학교 대학원 박사과정 수료
대구대학교 대학원 박사과정 수료
현, 수성대학교 보건복지경영과 교수
〈저서〉 사회복지행정론, 노인복지론, 사회복지조사론 등

가족복지론

1판 1쇄 인쇄 ― 2017년 8월 25일
1판 1쇄 발행 ― 2017년 8월 30일

저 자 - 박귀영 · 오현숙 · 이우언 · 전미숙 · 정명희 · 최병태

발 행 인 - 강 철 원
발 행 처 - 양 성 원
주 소 - 경기도 파주시 검산로 173번길 29-20
전 화 - 031-946-3861(代)
팩 스 - 031-946-3864
이 메 일 - tnwpub@naver.com
홈페이지 - tnwpub.co.kr
출판등록 - 2015년 8월 31일 제 2015-000211 호

ISBN 979-11-6126-062-4

정가 18,000원